国土空间规划与利用研究

马旭东　刘慧　尹永新　著

吉林科学技术出版社

图书在版编目（CIP）数据

国土空间规划与利用研究 / 马旭东，刘慧，尹永新

著. -- 长春：吉林科学技术出版社，2022.8

ISBN 978-7-5578-9374-3

Ⅰ．①国… Ⅱ．①马… ②刘… ③尹… Ⅲ．①国土规

划－研究－中国 Ⅳ．①F129.9

中国版本图书馆 CIP 数据核字(2022)第 113551 号

国土空间规划与利用研究

著	马旭东　刘　慧　尹永新
出 版 人	宛　霞
责任编辑	王　皓
封面设计	北京万瑞铭图文化传媒有限公司
制　版	北京万瑞铭图文化传媒有限公司
幅面尺寸	185mm×260mm
开　本	16
字　数	326 千字
印　张	15.25
印　数	1–1500 册
版　次	2022年8月第1版
印　次	2022年8月第1次印刷

出　版	吉林科学技术出版社
发　行	吉林科学技术出版社
地　址	长春市南关区福祉大路5788号出版大厦A座
邮　编	130118
发行部电话/传真	0431-81629529　81629530　81629531
	81629532　81629533　81629534
储运部电话	0431-86059116
编辑部电话	0431-81629510
印　刷	廊坊市印艺阁数字科技有限公司

书　号	ISBN 978-7-5578-9374-3
定　价	58.00 元

前　言

　　本书属于国土空间规划与利用方面的著作，整体构架以国土空间规划为基础，具体由前言、国土空间规划发展综述、国土空间规划重要控制线体系构建、国土空间详细规划编制、国土空间布局优化、国土空间利用以及管制、国土空间规划引领下的城市发展、国土空间规划背景下实用性村庄规划编制等几大部分内容组成，全书以如何实现国土空间规划与利用为宗旨，确保国土空间规划的合理性，实现国土公共资源的优化和配置。本书可为国土空间规划、城市规划、乡村规划等方面的相关研究者与从业人员提供大量参考。

目录
CONTENTS

第一章 国土空间规划发展综述

第一节 相关概念界定

一、国土空间规划

国外一些学者认为空间规划往往被作为一个实践问题进行考虑。空间规划最早是作为物质空间形态的规划，以设计城市空间为核心。随着规划理论的进展以及规划在欧洲各个国家的实践，此时的空间规划偏向于战略性，其作为指导土地利用的一种规划类型。1975年以后，空间规划的地位逐渐下降，其作用主要体现在市场管控方面。城市更新、基础设施建设、居住区设计等规划类型成为主流。1985年以后，由于城市环境问题突出以及社会公平正义的缺失，非空间要素越来越受到人们的注意，这时期的空间规划在考虑物质空间的同时，也逐渐开始将物质空间与非物质要素统一考虑，既安排地理空间要素，也将相关政策在其上进行体现。直到1997年，空间规划有了明确的定义，《欧盟空间规划体系和政策纲要》里指出空间规划是一种技术手段，用来帮助决策者安排未来各类空间的发展。

国内学者对其概念也进行了定义，其中，杨保军等认为空间规划是一种空间政策工具，其目的为实现社会、经济、环境等要素的合理调配，空间规划已逐渐成为现代国家空间治理的核心手段。严金明认为世界上大多数国家的空间规划体系与定义均包含了三方面内容：一个中期、长期的国土发展战略，一个不同空间尺度下整合各行业、各部门政策的协调方法，以及一个处理土地空间利用和资源发展问题的政府治理持续性过程。张京祥认为，空间规划是在一定时间段和地域范围内，国家公共管理部门为实现一定的空间治理目的而采取的一系列方式、方法的总称。国土空间规划可以理解为是对土地利用规划、生态环境保护规划、城乡规划等规划系统有机的复合，规划内容涵盖土地利用、产业发展、生态保护、公共设施、基础设施等众多方面，是对城乡空间的全面统筹安排。

自我国共产党第十八次全国代表大会召开之后，全国开始进行国土空间规划优化部署和生态文明建设，随后中央进行了多次有关空间规划的工作会议，其都明确要求促进空间规划体系的建设、进行多规合一的详细要求。从 2014 年起，我国国务院各部委多次进行了省级层面空间规划、市县级层面多规合一等空间规划革新工作。2019年 5 月，新时期国家、省、市、县、乡五个层面的国土空间规划工作开始启动。目前，基于前期试点市县与省级层面开展国土空间规划的实践经验与阶段成果，全国各地对国土空间规划这一庞大体系的建立也在规划行业内密锣紧鼓地开展中。

二、国土空间规划的基本关系

（一）规划与市场

规划与市场的关系问题，关乎新时代国土空间规划的功能定位和使命担当，是规划有效发挥作用的核心和关键问题。

现代规划有两大思想渊源，一是市场经济下的土地利用国家干预思想，缘起于19 世纪末的西方大国；一是计划经济下的生产资料集中统一分配思想，产生于前苏联时期。中国规划的演化进程不同程度地打上了这两种思想的烙印。

历史上，西方资产阶级国家取得政权后，崇尚经济自由主义，普遍经由宪法规定"私有财产神圣不可侵犯"，在土地开发上大多采取自由放任政策。19 世纪后叶，随着工业化、城市化发展，自由放任的土地开发政策所带来的消极影响日益扩大，土地绝对私有权观念开始动摇，不得不在"私有财产神圣不可侵犯"的信条之上附加了"为了公共利益的需要除外"的限定。1922 年美国最高法院裁定区划（Zoning）合宪，这一作法被西方各国仿效，区划成为实施土地用途管制、维护社会公共利益的基本手段，并逐步演变到城市总体规划。20 世纪 30 年代，以倡导现代国家干预主义的凯恩斯理论得到极大发展，规划受到普遍重视，范围也逐步从城市向区域乃至国家尺度延伸，如著名的美国田纳西河流域规划。归结起来，西方国家空间规划的合法性基础，是纠正市场机制失灵、解决空间开发负外部性问题。

以前苏联为代表的社会主义国家，在高度集中的计划经济体制下，规划与计划混为一体，各类规划是国民经济计划在特定领域的延伸和具体化。

中国自 1953 年制订第一个五年计划，至 2000 年共制订实施了 10 个五年计划。从"十一五"开始，五年计划改为五年规划，功能定位从组织社会经济运行转向引导市场主体行为，为政府履行经济调节、市场监管、社会管理和公共服务提供依据。中国社会主义市场经济不断发展和完善，但五年规划至今仍留有不少计划经济的痕迹，突出表现在过多过细的指标安排和产业规划上。

改革开放以来，中国城市规划和土地规划先后从经济社会发展计划中独立出来，同时注重学习借鉴市场经济国家空间规划的有益经验。但受传统计划经济思维定式和对市场经济规律认识不足的影响，中国空间规划的功能定位至今仍然比较模糊，其中既有市场经济发展中政府空间资源监管缺位和错位的表现，也有计划经济遗存至今的政府过度干预资源配置问题。深化对规划与市场关系的认识，是准确把握规划功能定位、合理建构新时代国土空间规划体系的思想基础。

一方面，要针对市场失灵和市场缺位，建立健全国土空间规划体系，强化国土空间资源监管。市场机制不能解决外部性、垄断、收入分配不公、公共物品提供不足等问题，加上市场不完备、信息不完整、竞争不完全，使得市场失灵和市场缺位普遍存在。市场失灵和市场缺位的普遍性决定了规划管控的必要性。空间资源开发又是市场失灵和市场缺位最易发生的领域之一，空间规划不可或缺，是市场经济下政府的重要职能。要围绕市场失灵和市场缺位所造成的生态环境破坏、资源粗放利用、空间发展失衡、公共设施欠缺、安全空间不足、国土资源退化等问题，加强空间管控，协调空间开发，推动资源节约，维护公平正义，着力建设安全、和谐、绿色、富有竞争力和可持续发展的美丽国土。

另一方面，要克服计划经济思维，改进规划管控方法，推动资源市场化配置。规划作为政府行为，不可避免地涉及到政府对社会经济活动的干预，但这种干预必须是有限度的。在"多规合一"背景下，尤其要克服以下4种计划思维。一是集中管控思维。要强化底线意识，对事关国家安全、区域协调、民生改善等的要素加强管控，但不搞高度集中、精细化的指标管控，充分发挥中央和地方两个积极性。二是面面俱到思维。要坚持问题导向，集中解决空间资源开发保护面临的问题，不随意扩大规划功能，不搞包罗万象、事无巨细的规划，充分发挥市场配置资源的决定性作用。三是条块分割思维。要增强系统观念，注重空间要素有机联系和内在统一，不搞机械拼凑、条块分割式规划，强化规划整体性和协同性。四是确定性思维。市场经济中不确定性普遍存在，寄望精确预测未来各项社会经济活动是不现实的，要摒弃绝对理性人观念，增强弹性思维与动态思维，及时对空间系统的反馈作出反应，形成规划政策与空间实践良性循环的局面。

（二）空间规划与发展规划

空间规划与发展规划的关系问题，事关两大类规划的职责分工和边界认定，影响到"多规合一"的改革走向，进而也影响到国家空间发展战略的有效实施。

2018年3月，中共中央印发《深化党和国家机构改革方案》，赋予自然资源部建立空间规划体系并监督实施的职责，"多规合一"的组织体系已经明确，空间规划与发展规划两大类规划并存的格局正式建立。2018年11月，中共中央、国务院出台《关于统一规划体系更好发挥国家发展规划战略导向作用的意见》（以下简称《意见》），明确要求："坚持下位规划服从上位规划、下级规划服务上级规划、等位规划相互协调，建立以国家发展规划为统领，以空间规划为基础，以专项规划、区域规划为支撑，由国家、省、市县各级规划共同组成，定位准确、边界清晰、功能互补、统一衔接的国家规划体系"。准确把握《意见》精神实质，科学对待两大类规划关系，对于做好新时代国土空间规划极为重要。

　　空间规划与发展规划密切联系，共同组成国家统一规划体系。一是任务衔接。根据《意见》，国家发展规划，"聚焦事关国家长远发展的大战略、跨部门跨行业的大政策、具有全局性影响的跨区域大项目，把党的主张转化为国家意志，为各类规划系统落实国家发展战略提供遵循"。国家空间规划，"聚焦空间开发强度管控和主要控制线落地，全面摸清并分析国土空间本底条件，划定城镇、农业、生态空间以及生态保护红线、永久基本农田、城镇开发边界，并以此为载体统筹协调各类空间管控手段，整合形成'多规合一'的空间规划"。发展规划重在战略引导和政策指导，空间规划重在空间组织和开发控制，发展规划提出的国土开发和生态环境保护目标有待空间规划加以落实。二是功能互补。发展规划具有统领作用，"发挥国家发展规划统筹重大战略和重大举措时空安排功能，明确空间战略格局、空间结构优化方向以及重大生产力布局安排，为国家级空间规划留出接口"。空间规划具有基础作用，"强化国家级空间规划在空间开发保护方面的基础和平台功能，为国家发展规划确定的重大战略任务落地实施提供空间保障，对其他规划提出的基础设施、城镇建设、资源能源、生态环保等开发保护活动提供指导和约束"。统领作用体现规划的发展功能，基础作用体现规划的稳定功能，二者相辅相成，共同构筑起中国特色"规划大厦"。

　　空间规划与发展规划也相互区别，要坚持在战略一致基础上实行差异化管理。一是规划性质不同。空间规划和发展规划都服务于国家发展战略，但空间规划更注重长期可持续发展，具有约束性和基础性，而发展规划则更注重中近期发展目标，具有指导性和针对性；二者都属于综合性规划，但发展规划涵盖经济社会发展各个领域，涉及人力、资本、资源、科技等各类要素的合理配置，而空间规划则侧重空间资源的合理、高效和可持续利用，包括国土空间的源头保护、过程管控和退化修复。二是作用机制不同。《意见》指出，"国家发展规划居于规划体系最上位，是其他各级各类规划的总遵循"，发展规划主要通过其他各级各类规划、年度计划以及财政、金融、产业、区域政策等发挥作用。国家空间规划是国家发展规划的下位规划，"要细化落实国家发展规划提出的国土空间开发保护要求"，同时也是地方各级空间规划的最上位规划，"是各类开发建设活动的基本依据"。习近平总书记强调，要坚持底线思维，以国土空间规划为依据，把城镇、农业、生态空间和生态保护红线、永久基本农田保护红线、城镇开发边界作为调整经济结构、规划产业发展、推进城镇化不可逾越的红线。可见，空间规划不仅要在城乡建设和国土空间开发保护中发挥直接作用，也要在经济结构调整、产业转型升级中发挥重要作用。三是规划期限不同。无论是区域和城乡开发格局优化，还是国土整治和生态修复，都是一个长期过程，因此，空间规划期限较长，一般为 15～20 年。而发展规划要适应国内外发展环境和市场变化，期限不宜过长，一般为 5 年。《意见》提出，国家级空间规划，规划期与国家发展规划不一致的，应根据同期国家发展规划的战略安排对规划目标任务适时进行调整或修编。这是落实国家发展战略、维护国家发展大局的需要。按照这一要求，未来空间规划应当通过 5 年一次的评估调整，作好与发展规划在发展目标、发展任务和空间政策等方面的衔接，为重大战略任务落地实施提供空间保障。但从长远可持续发展出发，生态保护红线、永久基本农田、城镇开发边界不能随意更改，城镇空间、农业空间、生态空间的基本格局应当保持稳定。

空间规划与发展规划的关系也是国际规划界研讨较多的课题。其主流观点认为，一方面，空间规划仍然以物质环境为基础平台，物质环境的规模与布局会显著影响社会经济生活，因此空间规划要将服务社会经济作为重要使命；另一方面，物质环境规划的对象是诸如建筑、道路、土地等物质实体，与教育、卫生、就业、社保等截然不同，这是物质环境规划独立于各类经济社会发展规划的根本原因。也就是说，既要肯定空间规划与社会经济生活紧密相关，又要将空间规划与发展规划相区隔，二者目标衔接、分工协作，共同促进国家发展战略的实施。

三、国土空间规划的主要内容

（一）高质量发展与高品质国土

从高速增长转向高质量发展，是适应中国社会转型发展的客观要求，是顺应人民美好生活需求的必然之举。高质量发展建立在高品质国土基础之上，处理好高质量发展与高品质国土的关系，事关新时代国土空间规划的目标确立和路径选择。

国土是经济社会发展的物质基础，传统重增量、重规模、重扩张的粗放式国土开发，助推了高投入、高污染、低产出的粗放式经济增长，导致自然资源透支、环境不堪重负、优质生态产品短缺，成为国家发展的短板。推动高质量发展，必须加快转变发展方式，进而要求加快转变国土开发方式和空间治理方式。规划作为国土空间治理的基本手段，首先需要进行变革。国土空间规划的变革，不仅仅是规划目标体系、技术体系和实施体系的自我变革，更是推动以质量变革、效率变革、动力变革为特点的国土开发方式和空间治理方式的转型需要，是将生态文明绿色追求与中国经济社会转型发展有机结合的必然要求，是资源环境约束加剧背景下探寻高质量发展路径的制度创新。

高质量发展不仅是绿色、低碳、可持续的发展，也是高效、充满活力、富有竞争力的发展，高质量发展有赖于高品质国土的空间支撑。有研究认为，"深圳速度"既是遵循市场经济规律发展的结果，同时富有远见的空间规划也功不可没，特别是通过带状组团式布局增加了空间结构的弹性，以及适度超前的城市基础设施，为"深圳速度"提供了良好的空间支撑，使深圳快速实现弯道超车。国内外众多空间规划实践表明，通过塑造高品质国土，可以实现开发与保护的统一、提高竞争力与保障可持续发展的统一。

空间规划是塑造国土空间的基本力量。必须看到，过去由于规划理念落后、规划衔接不够、规划管理乏力，降低了空间治理水平和治理能力，造就了大量低品质空间。从城市层面看，1990年代以后是中国历史上城市发展规模最大、速度最快的时期，工业化、城镇化的成就举世瞩目，但城市的尺度却越来越非人性化，从南到北、从东到西，大地"千城一面"，建筑设计与城市空间设计贪大、求怪、媚洋成为风气。从区域层面看，西北部分省区过度开发与粗放开发并存，河湖干涸、石漠化、草原退化加剧；东南沿海部分省市国土开发强度已经超过区域资源环境承载能力，大量农业和生态空间被蚕食，土壤侵蚀、湿地萎缩、地下水位下降等生态环境问题突出。许多国土空间不宜居、不宜业、不宜游、不宜学、不宜养，与人民群众美好生活的需求存在较大差距。

塑造高品质空间是新时代国土空间规划的战略目标和必由之路。其具体指标、策略和路径尚需深入研讨，我们或许可以从典型国家空间规划中得到某些启示。比如，日本2008年制定的《日本国土形成计划（全国计划）》不再以国土开发为主题，其5大目标分别是：①在经济全球化背景下构筑亚洲一体化。②经济社会可持续发展，包括：形成可持续发展、安居乐业的都市圈，促进美丽便利的山村渔村及农林水产业的新发展，通过地区间交流合作促进人才引进和人口流动。③提高超强抗灾能力和灾后修复能力。④管理与继承美丽国土，包括：完善国土管理体制，促进人与自然和谐共生，流域圈的国土利用和水循环体系的管理，海域合理利用和保护，国土资源的全民性经营。⑤建设新型行政主体主导地区。又如，荷兰2000年制定的《国家空间战略》以建设强劲经济、安全和富有活力的社会，使荷兰成为最具吸引力的国家为总目标，提出了4个具体目标：①提升荷兰的国际竞争地位。②加强城市发展和提高乡村活力，保证城市基本质量标准和城乡通达性。③保护具有国家和世界重要价值的自然景观和文化遗产。④依水而进，确保水安全管理。再如，德国2006年制定的《德国空间发展的理念与战略》围绕增长与创新、保障公共服务和保护资源、塑造文化景观3个理念，提出了3大目标：①提高德国发展潜力以及在欧洲城市和地区间的竞争力。②顺应城市和地区的人口变化，提供基础设施和公共服务支持。③改善居住区环境，保护开敞空间以及发展文化景观。概括而言，各国空间规划围绕塑造高品质国土呈现出一些共同态势：一是强调绿色发展和自然生态价值保护；二是注重竞争力提升和可持续发展的统筹；三是重视区域和洲际合作；四是加强国土基础设施建设；五是突出国家和区域规划特色。

（二）集聚开发与均衡发展

区域均衡发展事关发展权利的平等保障，是国土空间规划的重要价值观。但在促进区域均衡发展的同时，如何保持国土空间开发的活力与高效，也即如何处理好国土空间开发的效率和公平关系，是新时代国土空间规划面临的主要矛盾之一。

中国区域发展失衡由来已久，改革开放以后实施的区域经济非均衡发展战略，加快了东部沿海区域经济发展，带动了整个国民经济的高速增长，但也导致区域发展差距不断拉大。近年来实施区域协调发展战略，中西部地区增速略高于东部地区，但由于基数差距过大，地区经济总量、人均水平和经济密度差距仍在扩大，同时还出现了南北发展差距取代东西发展差距成为主要矛盾、部分省域内发展差距扩大等新情况。区域发展失衡除带来不可忽视的社会、民族问题外，也引发一系列经济问题。特别是人口产业集聚区域与资源富集区域空间错位，导致大跨度人口流动和能源资源调配，不仅降低了空间利用效率，也增加了空间组织风险。

应当看到，市场经济条件下受规模效应、技术进步、资源禀赋等因素的影响，不均衡发展成为常态。尤其是进入工业化、城市化加速发展阶段，规模效应、技术进步对区域发展起到重大作用，区域差异加速扩大有其客观必然性。根据"梯度转移理论""累积因果理论""增长极理论""中心—外围理论"等，区域产业发展呈现由高到低、由沿海到内陆渐次扩散的规律性。同时也应当看到，区域经济发展虽然具有阶段性和非均衡性，但也不宜将非均衡发展绝对化，毕竟，空间一体化均衡发展才是最终目标。区域产业发展中不可忽视政策因素的作用。空间结构和形态演化过程中，集聚因素与分散因素、回流效应和扩散效应同时存在，在不同地区、不同发展阶段表现不一，这既需要把握好均衡与非均衡发展规律，也需要适时适度的政府干预。综合发展基础、发展环境和发展理念分析，现阶段国土空间开发应当坚持集聚开发与均衡发展相协调的原则。集聚开发，就是继续鼓励有条件地区率先发展，引导人口、产业有序集聚，最大限度发挥要素集聚效益，增强国土综合竞争力，提升区域辐射带动能力。均衡发展，就是兼顾效率与公平，统筹配置公共资源，促进基本公共服务均等化，支持特色发展、错位发展，加大对革命老区、民族地区、边疆地区、贫困地区和资源型地区的扶持力度，提升其自我发展能力。实现集聚开发与均衡发展相协调，关键是做到国土开发规模与资源环境承载力相匹配，既防止空间开发的分散化，又克服空间开发的"唯效率论"，在集聚开发、高质量发展基础上实现均衡发展、共同富裕。

（三）新型城镇化与乡村振兴

城镇是生产力布局的主平台，乡村是国土空间的主形态，在实施乡村振兴战略的重大决策背景下，如何认识新型城镇化与乡村振兴的关系，合理安排城镇建设和乡村发展空间，是新时代国土空间规划面临的重要课题。

农业农村农民问题是关系国计民生的根本性问题，中国社会主要矛盾已经转化为人民日益增长的美好生活需要和不平衡不充分的发展之间的矛盾，而最大的发展不平衡是城乡发展不平衡，最大的发展不充分是农村发展不充分，必须始终把解决好"三农"问题作为全党工作重中之重，坚持农业农村优先发展。正是基于这样的认识和判断，党的十九大作出实施乡村振兴战略的重大部署。

同时，无论从历史的还是逻辑的角度分析，乡村振兴并不意味着排斥或放弃新型城镇化，二者是辩证统一的。首先，二者都是历史必然。城镇化是人类社会发展的必然趋势，乡村振兴是人类社会发展的必然要求。发达的城镇与富美的乡村各得其所，是人类社会的共同追求，是通往现代化的必由之路。其次，二者相互促进。新型城镇化强调以人为本，让农民工逐步融入城镇；强调破除城乡二元结构，促进城乡一体化，这些都是与乡村振兴高度一致的。城镇化不是去乡村化，乡村振兴也不是否定城镇化，二者共存共荣、相得益彰。第三，二者和而不同。城镇化更多关注中心城市、城市群的发展和城市竞争力的提升，乡村振兴更多关注农村三产融合发展、美丽乡村建设和乡村治理；城镇化推动要素向城镇集中、更好发挥集聚作用，乡村振兴希望要素流向乡村、留在乡村。要处理好二者的对立统一关系，坚持新型城镇化与乡村振兴同步推进、相互提升，加快形成工农互促、城乡互补、融合发展、共同繁荣的新型工农城乡关系。

科学合理的城镇空间格局对保障新型城镇化健康发展至关重要。在总结国内外城镇化发展态势和经验的基础上，明确了以城市群为主体形态、推动大中小城市和小城镇协调发展的城镇化空间布局战略。以城市群作为城镇空间主体形态，着力打造一批具有区域、国家乃至国际影响力的城市群，才能既支撑起全国经济持续稳定增长、促进区域城乡协调发展、提升国际竞争力，又有利于抑制城镇无序蔓延、促进集约紧凑发展、减少"大城市病"发生、保护农业和生态空间，推动城镇高质量可持续发展。国际规划界对未来城市是集中发展还是分散发展一直争论不断。德国著名空间规划专家、曾担任欧洲空间规划主席的克劳兹·昆斯曼教授指出，"城市的未来是城市群"，这也代表了国际规划界的主流观点。城市群在世界范围内已有大量实践，在发达国家更是成为参与国际竞争不可或缺的平台。

集疏有序的乡村空间格局对乡村振兴同样意义重大。结合乡村多样化、乡土化、分散化特点，未来要着力打造集约高效生产空间、营造宜居适度生活空间、保护山清水秀生态空间的乡村空间格局。

近年来一些地方以特色小镇、田园综合体建设为名，搞违背农民意愿、损害乡土文化、破坏自然风貌的大拆大建，甚至出现以城市标准规划乡村的现象，值得重视。今后，除因生存条件恶劣、生态环境脆弱、自然灾害频发，以及因重大项目建设需要搬迁的村庄和人口严重流失的村庄实施搬迁撤并外，其他村庄应以提升、融合、保护为主，慎重迁并集中。浙江的"坡地村镇"（依山就势、点状布局、垂直开发、差别供地），成都的"小组生微"（小规模、组团式、生态化、微田园），坚持因地制宜、培植特色，受到广泛好评，其规划理念和作法值得借鉴。

（四）新城开发与城市更新

新时代国土空间规划适应高质量发展要求，必须由增量规划为主向存量规划为主转变，由规模扩张为主向结构优化为主转变，核心是处理好新城开发与城市更新的关系。

改革开放以来，中国城市化进程加快，"土地城市化"特征突出。根据《中国城市发展报告（2015）》，中国设市城市建设用地从1981年的0.672万 km^2 扩增至2014年的4.99万 km^2，增长了6.43倍，年均增长6.27%。另据原国土资源部组织的遥感监测，1990—2012年，全国20个城市群建设用地规模由1.54万 km^2 扩大至7.9万 km^2，增长4.13倍；长三角、山东半岛、珠三角、京津冀、长江中游城市群建设用地规模，分别增长了10.4、7.3、10.6、3.6和4.3倍。城市快速膨胀、无序蔓延，既是城乡二元结构、竞争性政府体制、土地财政机制等牵引的结果，也明显受到城市发展模式、规划理念的影响。不顾城市发展基础和发展条件，刻意虚增规划人口、人为做大用地规模、片面拉大城市框架，是规划中常见的现象。在空间布局上，为了降低建设成本、加快建设速度，有意跳出已建成区选址建设，导致新城新区大量涌现。目前全国各类新城新区达到3650多个，规划建设用地面积7.8万 km2，规划人口5.4亿人，已建成3万 km^2 左右。这还不包括县以下自设的数以万计的各类产业园。新城新区是土地闲置、低效利用问题最为集中的区域。根据有关部门 2013 年的一项调查，全国 391 个城市新区规划，人均城市建设用地高达 197m2，已建成区人均城市建设用地达到 $161m^2$。

碎片式、孤岛化新区开发，既占用了大量优质耕地和自然生态空间，也割裂了城市组织结构，破坏了城市肌理，导致城市功能单一、活力下降，城市空间品质和人居环境降低。这样"蛙跳式"的外延扩张不仅加剧了重复建设，也人为制造了职住分离，一些新城新区甚至沦为"空城""鬼城"。与此同时，已建成区因财力不足疏于维护和改造而日渐退化、凋敝，致使交通拥堵、环境污染、安全事故等"城市病"日益普遍，旧城也大多成为城市落后的象征，严重影响城市形象和可持续发展。

从高速增长转向高质量发展，对于城市来说，就是从重新区开发转向重城市更新。城市更新，也称"三旧"（旧城、旧厂、城中村）改造、城市低效用地再开发，在一些省市已有多年实践。从较早大规模开展此项工作的珠三角地区来看，"三旧"改造不仅盘活了大量粗放低效土地，也有效释放了实体产业发展空间，推动了产业优化升级和城市品质提升，增强了城市综合竞争力和资源环境承载力，成为推动城市高质量发展的有力抓手。"三旧"改造的前提是加强和改进城市规划，妥善处理城市活化和文脉传承、功能再造和功能疏解、景观重塑和风貌保护、生产生活生态空间等关系，创造出丰富多彩、更具活力的城市空间。"三旧"改造的关键是深化城市土地使用制度改革，对存量土地与增量土地供应实行差别化管理，在政府、集体、居民和企业之间合理分配土地增值收益。

四、国土空间规划的方法论

（一）"三区"划分与"三线"划定

划分"三区"（城镇空间、农业空间、生态空间）和划定"三线"（生态保护红线、永久基本农田、城镇开发边界），是新时代国土空间规划的主要内容，其工作质量很大程度上决定了规划的实效。结合规划前期试点情况，有必要明晰"三区"与"三线"之间、划定与管理之间的关系。

"三区"是全国主体功能区规划提出的国土空间分区方式。其中，城镇空间，是指以城镇生活和非农业生产为主体功能的地域，包括城镇建设空间和城镇建设空间以外的独立工矿空间；农业空间，是指以农业生产和农村居民生活为主体功能的地域，包括耕地、改良草地、人工草地、园地、其他农用地空间和农村居民点空间；生态空间，是指以提供生态服务或生态产品为主体功能的地域，包括天然草地、林地、湿地、水库水面、河流水面、湖泊水面等绿色生态空间和荒草地、沙地、盐碱地、高原荒漠等其他生态空间。除以上三类空间外，尚有其他空间，包括交通设施空间、水利设施空间和特殊用地空间。划分"三区"的目的，是为了明确一定地域的主导功能，优化国土空间开发保护格局。"三区"与"三生"（生产、生活、生态）空间存在一定关联，但并不等同，体现主导功能基础上的混合利用。全国和省级规划，可以确定"三区"

规模指标，但一般不能确定分区边界，可用城市群、农业生产区、森林保护区等表示分布格局；在市县级以下规划，除确定"三区"规模指标外，一般需要划定分区范围。

"三线"是从保障生态安全、粮食安全和可持续发展出发，划定的生态环境底线和资源开发上限。其中，生态保护红线，是指在生态空间内具有特殊重要生态功能、必须强制性严格保护的区域，包括具有重要水源涵养、生物多样性维护、水土保持、防风固沙、海岸生态稳定等功能的生态功能重要区域，以及水土流失、土地沙化、石漠化、盐渍化等生态环境敏感脆弱区域；永久基本农田，是指在农业空间内，按照一定时期人口和社会经济发展对农产品的需求，依据土地利用总体规划确定的不得占用的耕地；城镇开发边界，是指综合分析城镇发展需要和可能，确定的可进行城镇建设和不可进行城镇建设的空间界限。"三线"划定应以统一的土地利用现状数据为基础，以资源环境承载能力评价和国土空间适宜性评价为依据，自上而下、上下结合划定。全国和省级规划，要明确本级和下一级规划"三线"划定目标，协调跨行政区划定矛盾，预留重大基础设施廊道；市县级以下规划，要逐级确定三条控制线空间布局，最终落实"三线"边界并上图入库。"三线"落地存在矛盾时，要根据空间功能属性，按照生态保护红线（核心区）＞永久基本农田＞城镇开发边界的优先序，兼顾分区的整体性、连续性、稳定性，统筹解决。

划分"三区"是优化国土空间格局的需要，划定"三线"是坚守国土生态安全的需要，在地域空间上既相互衔接，又各有侧重。生态保护红线、永久基本农田分别对应生态空间、农业空间的核心和精华部分，是落实最严格生态环境保护制度和最严格耕地保护制度的重要举措，一经划定，必须严格执行，不得通过调整地方规划改变。城镇开发边界对应城镇空间，规划执行中可保持一定弹性，但要严格规划修改程序，加强社会监督。

值得指出的是，国土空间规划并非完成"三区"划分、"三线"划定就告完结，在"三区""三线"划定基础上打造高品质国土空间，是空间规划的应有之义。包括：按照安全、便利、舒适、优美、活力、集约等要求，塑造高品质生活的城镇空间；与现代农业生产、农民生活方式相适应，打造绿色可持续的乡村空间；完善由生态屏障、生态空间、生态隔离带、生态廊道构成的生态网络，修复山清水秀的生态空间。

（二）规范化与特色化

国土空间规划的编制和管理作为法定的政府行为，规范化、程序化、制度化是前提和保证；国土空间规划的对象又是丰富多姿的物质世界，特色化、个性化、多样化是其魅力和生命力所在。处理好规范化与特色化的关系，具有重要现实意义。

市场经济条件下国土空间规划工作代表国家进行空间资源分配和空间用途管制，不仅关系到国家整体利益维护，也关系到地方发展权保障和公民财产权保护。推进规划工作的规范化，有利于约束政府行为、节制公共权力、保证规划决策的公平公正，有利于扩大公众参与、增加公开性透明度、推动依法科学民主规划，有利于规范行政程序、提高办事效率、增强政府公信力和执行力。可以说，规划的权威性和严肃性就来自于规划工作的规范化。

规范化贯穿规划制定、执行、监管的全过程。就规划制定而言，有必要统一价值取向、统一基础资料、统一规划标准、统一编制规划、统一信息平台、统一归口管理；就规划执行而言，有必要统一"三区三线"管控体系、准入条件、管制规则、负面清单；就规划监管而言，有必要统一绩效考核、统一评价机制、统一执法监督、统一奖惩标准，并通过法规、规程、标准等予以明确。

规划既是政府行为，又是社会实践。作为政府行为，面对各不相同的空间问题，规划要为空间治理开出"良方"，必须因地制宜、因时制宜；作为社会实践，规划是理性与理想相结合的创造性活动，需要不拘一格、张扬个性。规划工作本质上既要求规范化管理，又要求特色化发展。当前规划工作的特色化发展需要从 4 个维度努力。

一是理顺各类规划关系，避免规划同质化。尽管《意见》对发展规划、专项规划、区域规划和空间规划的功能定位作了明确，但现实中各类规划边界不清、内容趋同、管理交叉的现象依然存在。这既需要通过规范化、制度化建设理顺关系、明晰分工，也需要结合规划实践深入探索，加快建立富有特色的国家空间规划体系。

二是明晰各级规划要求，避免规划一般粗。目前，"五级"（全国、省级、市级、县级、乡镇）"三类"（总体规划、专项规划、详细规划）的国土空间规划体系框架基本确立，但各级规划的目标任务、主要内容、成果要求仍未明确，各类规划的分工逻辑、作用边界有待明晰。从过去看，各级规划内容雷同、上下一般粗，各类规划相互脱节甚至目标相左的问题十分突出，要结合"多规合一"的有利时机切实加以解决。总体而言，各级各类规划内容要体现事权一致、逐级细化原则；高层级规划重在战略引领和宏观管控，低层级规划重在指标落地和分区控制；总体规划要体现综合性、整体性，专项规划要体现针对性、工程性，详细规划要体现可行性、可操作性。

三是着力打造城市特色，扭转千城一面现象。多年来，城市规划中忽视城市发展基础和发展条件，忽视地域文化和人居环境特征，简单模仿西方国家城市建筑景观、刻意攀比国内特大城市设计标准、片面布局大尺度基础设施、盲目追求低俗文化品味等问题突出。城市特色是城市的灵魂和价值所在。要结合空间规划编制实施，着力打造城市特色，以特定的城市形态、景观和肌理定格城市符号、凝结城市特征，充分体现城市精神、彰显城市个性、丰富城市面貌、活跃城市生活，推动城市高质量可持续发展。

四是提高乡村规划水平，编制实用特色的村镇规划。目前乡村规划水平总体比较低下，许多乡村规划缺乏特色、徒有形式、内容空洞。提高乡村规划水平，当务之急是纠正简单照搬城市规划的作法，组织编制接地气、好实施、能解决实际问题的规划，编制体察群众疾苦、反映农民需求、帮助村民致富、推动乡村发展的规划。在此基础上，针对地域自然因素、人文资源和乡土风俗，通过提炼、加工与升华，编制富有地域特色、承载田园乡愁、体现现代文明的升级版乡村规划，促进乡村振兴战略的实施。

（三）政策创新与技术创新

市场经济条件下的空间规划是理性决策和利益博弈综合作用的结果，融技术性与政策性于一体。近年来，一系列政策创新以及新理论、新方法、新技术的应用，有力推动了中国空间规划的编制和实施，提高了国土空间治理水平和治理能力。"多规合一"体制，为规划的政策创新和技术创新提供了更大空间，也提出了更高要求。

现代空间规划起源于城市规划，其知识源头既包括自然科学和工程技术，也包括社会科学特别是公共政策学。随着空间规划范围逐步向城乡、区域、国家乃至跨国延伸，规划视角已由专注物质环境转向关注社会、经济、生态、环境等综合环境，规划观念已由机械理性观转到注重社会文化的多元规划观；规划主题已由城市建设、经济发展转向产权保护、社会公正、包容性发展、可持续发展、全球化等，规划方法已由蓝图设计、分区控制转向情景模拟、社会分析、利益协调和过程控制的综合运用。当代空间规划作为空间治理的基本手段，具有显著的公共政策特征。作为公共政策的空间规划，要发挥其对未来空间利用的引导、调控和组织功能，就既要体现社会公正、多元价值和公民文化，又要高度理性、清晰严谨、可执行，是政策性与技术性的统一。

近年来中国围绕空间规划实施进行了大量政策创新，制度供给明显加快。随着快速城镇化和大规模国土开发导致的土地供需矛盾日益加剧，以及深化供给侧结构性改革的需要，持续推进了土地利用政策创新。特别是城乡建设用地增减挂钩、工矿废弃地复垦利用、低丘缓坡土地综合开发、城镇低效用地再开发、地下空间开发等试点政策相继推出，在推动土地节约集约利用的同时，释放了大量发展空间，优化了空间结构。主体功能区制度本身是中国生态文明建设的重要制度创新，近年来围绕规划实施推出了一系列创新举措，初步建立了财政、投资、人口、产业、环境等配套措施，完善了财政转移支付、绩效考核等政策，实施了横向生态补偿、生态产品价值实现机制试点，取得了一定成效。

空间规划的技术创新也在加快推进。"多规合一"理论与技术创新成果丰硕，有力支撑了空间规划体制改革。尤其是从2014年起开始的28个市县"多规合一"试点，在空间规划理论研究和技术方法上取得了重要成果。大数据在城市规划中的应用不断深化，提出了一系列利用大数据达到更好规划效果的理论方法和应用方法，例如空间句法、城市网络分析、数据增强设计和跨城市尺度研究的大模型理论等，提高了城市规划编制质量。

"多规合一"为空间规划创新发展提供了更为有利的制度环境和强大动力，展望未来，政策创新与技术创新的步伐必将全面加快。

政策创新。建立统一的自然资源资产管理体制，将夯实国土空间开发保护的权利基础，从而对国土空间开发保护产生深远影响，为此，需要着力理顺全民所有自然资源资产管理的权责关系，加快自然资源资产权利体系建设进程，推进自然资源统一市场建设。建立统一的国土空间用途管制制度，将强化国土空间治理的制度保障，有力促进国土空间规划的编制实施，为此，需要加快建立国土空间规划体系，构建国土空间全覆盖用途管制制度，创新规划监督实施机制。统一行使生态保护修复职责和统筹山水林田湖草系统治理，将推动生态保护修复一体化，为此，需要加快建立健全源头保护和全过程修复治理相结合的工作机制，建立健全多元化生态补偿制度，探索建立生态产品价值实现机制，打通从"绿水青山"到"金山银山"的转化路径。技术创新。

借鉴国际上先进成熟的规划理论、技术和方法，建立健全中国空间规划理论、技术及方法体系，进一步提升基础理论和科学技术对增强规划科学性的作用。充分运用大数据构建空间规划基础信息和管理信息平台，并借助云计算处理技术和人工智能技术，提高数据处理的自动化和智能化程度，实现国土空间规划的智慧化。在空间规划基础信息平台基础之上，构建公共管理信息共享平台，打造统一的后台基础数据库、统一的规划编制平台、统一的规划信息查询和审批办公系统等主体功能，实现在"一张图"上共同开展审批、实施、评估、调整、修编、监管等工作。低空无人机倾斜摄影技术通过快速获取多角度影像数据、自动实景三维建模和三维模型立体量测，数据成果可直观反映地物的外观、位置、高度等属性，在未来空间规划编制、城市精细化管理和生态保护修复中将有广泛应用。

（四）规划编制与规划实施

规划实施不佳是一个世界性问题，但规划实施不佳却不能单纯归咎于规划实施本身，把规划编制和规划实施作为一个整体，才能全面、客观找到根源所在。

弗里德曼认为，从根本上解决规划实施与规划编制脱节的问题，必须在制定规划时一并考虑规划实施的任务，而不能把规划实施有意识地留待规划过程的"后期"或"后一阶段"来完成。为此，他提出"以行动为中心"的规划模式，以此取代"以设计为中心"的经典规划模式。20世纪八九十年代，一些学者又相继提出"沟通规划理论"，进一步确立了"以行动为中心"的规划观。"以行动为中心"的规划观，就是要把规划编制和规划实施作为一个整体，在开始编制阶段就要着眼规划实施，专注规划实施，到了规划实施阶段再严格执行规划，并加强监管评估，及时反馈完善。结合中国国情，落实"以行动为中心"的规划观，必须全面推进科学规划、民主规划、依法规划。

推进科学规划。科学规划是规划有效实施的前提。其目标，是将各种空间需求以适宜的用途、适宜的规模匹配到适宜的空间位置，其中既涉及到规划模式和方法问题，也涉及到规划理念问题。从中国规划事业的发展历程看，在计划经济时代，几乎不存在规划编制与规划实施之间脱节的问题。这并不是说当时的规划都很科学，而是在政府指令性计划配置下，再不科学的规划都能得到执行。但是，随着市场化改革的推进，市场主体及其价值观日益多元化，社会行为模式日益多样化，规划能否通过市场检验就不再仅仅取决于政府意志和规划师意愿。市场经济下，空间规划既要遵守自然规律，加强科学论证和理性决策；也要遵守市场规律，更新规划理念和规划方法。比如，传统的"蓝图"规划已不再有效，要代之以刚性与弹性相结合的规划。又如，过去"开发型"规划盛行，今后要实行"开发型"规划与"控制型"规划相结合。归结起来，就是通过科学规划树立规划权威。

推进民主规划。民主规划是规划有效实施的基础。民主规划不仅是规划方案的民主决策，更是全程的、深度的公众参与。从世界范围看，在"以设计为中心"的规划时期，规划事务主要由职业规划师和政府官员完成，公众参与规划的范围和深度有限；在"以行动为中心"的规划时期，规划逐渐成为政府、规划师、开发商、公众等相关利益方进行利益博弈和利益协调的过程,公众逐步取得了规划的主导权,公众参与成为规划的主要方法。此外,空间规划作为维护社会公共利益的工具取得了合法地位,但与私人财产权利保护之间也产生了一定矛盾,从防止公权对私权的不恰当干预出发,也需要扩大公众参与。中国国情不同,不能简单照搬西方模式,但随着市场化改革的深化,公众参与规划也需要提到重要日程。要坚持开门作规划,完善公众参与机制,增强公开性透明度,集思广益、凝聚共识,着力以民主规划推进规划的科学化和法治化。

推进依法规划。依法规划是规划有效实施的保障。空间规划涉及到国家、地方、企业和个人的利益调整,运用法治手段成为各国空间规划编制和实施的基本手段。从中国看,一方面,完善空间治理体制机制、健全空间用途管制制度、建立生态补偿制度、严格规划执法监管、落实责任追究制度,需要严格的法治作保障;另一方面,约束政府规划权力的行使,保护权利人合法权益,也需要严格的立法加以规范。要大力推进国土空间规划法治化,抓紧制定《国土空间规划法》《国土空间用途管制法》《国土空间生态修复法》等,切实维护规划的权威性严肃性,促进规划规范化制度化管理,为科学规划和民主规划创造良好法治环境。

五、国土空间规划的基本架构

(一)范式的转变

1. 新的架构

如果把国土空间规划比作一个游戏(game),当下最迫切的就是设计这个游戏的规则(rules)。好比象棋,首先要知道比赛的棋子有哪些;棋盘上有哪些线、格子;每个棋子在这些线、格子里应当怎样走;什么标准判定输赢;博弈的棋手是谁;棋手要遵循怎样的规则……棋子、棋手和规则三个维度共同组成了完整的棋局架构。只有精彩的架构,才会有精彩的博弈;规则可以很简单,博弈却会千变万化。

国土空间规划的架构和传统城市规划的架构,不是五子棋和围棋的差别,而是围棋和象棋的差别——棋子和棋盘从一开始就完全不一样。所谓"一张蓝图绘到底"不是让城市保持像象棋开局时的"合理布局",而是要在不变的规则下,每个棋子都能随机应变,面对市场展开千变万化的博弈。换句话说,新的国土空间规划架构不是找到一个最优的"结局",而是在给定规则下,追寻最优的"过程"。

这就要求在国土空间规划的架构设计上,有更加原创的想象力——要从"单词"开始,重新定义规划的术语和语法。国土空间规划之所以不能从传统的规划中产生,因为新的国土空间面对的是全新的任务,而不是现有任务的扩展,相应地,国土空间规划必须是范式的转变,而不是传统的延伸。

2. 无法照搬国外

国家提出建立国土空间规划体系要求后,整个行业一片茫然,一些反应快的学校迅速开始翻译国外有着类似名称的规划,试图从中寻找启发国土空间规划的线索。这些资料肯定是有用的，但企图从国外找到能够适合中国需求的规划架构，在一开始就是不可能的。因为改革初期那种只要跟随发达国家航迹就可以找到正确航线的条件已不复存在。过去四十年，中国的土地制度和国外的土地制度已经分化为两个完全不同的"物种"正是由于中国土地制度与其他国家不同，决定了中国地方政府与其他国家的地方政府也分化为两种不同的"物种"。结果是中国的"规划"虽然与其他国家的"规划"名字相同，但实际上的内涵却已渐行渐远，甚至分道扬镳。经济增长的主要动力——资本，很大程度上来源于土地，这和其他国家资本形成的结构和过程完全不同。如果说，城市规划在其他国家的作用是离合器，是方向盘，那么在中国，城市规划本身就是发动机。规划任务的差异，使我们不得不打消从国外规划实践中寻找可资借鉴的规划架构的企图③。

3. 无法复制传统

国土空间规划无法复制中国自身的城市规划，则是由于更复杂的历史原因。始于计划经济时代的中国城市规划，一开始就是"城市建设"这一更大学科架构的一部分。如果把城市看作一栋建筑，城市规划就是这栋建筑的设计图。从大部分地方规划局都是脱胎于早期的"建委"就可以看出城市规划与建设之间的逻辑联系。强调"规划刚性""一张蓝图管到底"也都是基于规划是城市的"设计图"这样的隐喻。"总体规划""详细规划"等这一规划设计序列所映射的，也是"建筑方案""施工图"等建筑设计序列。

随着中国土地制度的演变，城市土地成为越来越重要的城市资本品。与土地价值塑造密切相关的"审批"开始超越传统"设计"成为城市规划越来越主要的工作，城市规划的重心也从规划院悄然转向规划局。"两证一书"取代"规划方案"成为城市规划权力的主要来源。规划编制依托的"建设架构"与规划实践依托的"土地架构"开始脱节，但城市规划并没有随着自身重心的转移而转变。相反，为了维持规划体系围绕"编制"展开的架构，规划从理论上系统地丑化"权力"，并设计各种制度管控"权力"。"向权力讲述真理"成为行业的政治正确，本应为审批提供规则的《城乡规划法》，被扭曲成了以约束权力为目的的城市规划"编制"法……传统城市规划的问题在于，它的"户枢"已经从"编制"转向"审批"，但架构却依然以"编制"为轴。在这一规划架构下，"设计"与"管理"长期保持着非常紧张的关系，因规划编制导致审批低效已成为规划界的普遍现象。本来应当服务规划审批的规划工具，反而成为束缚规划审批的枷锁④。只要这一架构不变，传统规划存在的问题就一定会传递到新的国土空间规划中去。因此，国土空间规划一开始就必须以"任务"为导向，设计全新的规划架构。只有另起炉灶，规划架构内部冲突导致的低效率才能得到根本解决。

（二）定义"元规则"

1. "两个职责"

任何高扩展性的架构都应当非常简单且有着明确的任务。国土空间规划的任务来自于中央赋予自然资源部门的事权。中共中央《深化党和国家机构改革方案》赋予自然资源部门的核心事权，就是"两个职责"："统一行使全民所有自然资源资产所有者职责，统一行使所有国土空间用途管制和生态保护修复职责"。第一个"职责"，就是要让全民所有的自然资源"保值升值"；第二"职责"，就是不管国有还是非国有的国土空间，其用途改变和生态修复也都属于自然资源部门的事权。所有规划的编制办法，都应当是服务于这一任务带来的需求。

为了履行这"两个职责"，首先就必须在法律上规定什么是"自然资源"，什么是"全民所有自然资源"。对这个问题的不同回答，在底层决定了基于其上的所有经济活动的效率。在多数市场经济之中，"全民所有"是从普遍的私有产权中不断剥离出来的。按照现代产权理论，纯粹的私有产权被视为市场经济运行的基础，从集体所有到国家不同程度的"公有化"都是干扰市场运行的"噪音"。

同其他国家相反，中国的土地改革是从计划经济时代普遍的"全民所有"中，不断分离出集体和私人产权。过去四十年的实践表明，那些按照现代产权理论设计的产权私有化（例如矿产资源权利私有化）效果不彰，而从公有开始不断私有化的改革路径却取得了巨大的成功（例如城市土地权利私有化），探索出一条符合中国实际的道路。中国的实践表明：（1）最优的产权结构，不在产权谱系的两端（纯私有或纯公有），而是根据发展的阶段，在两端不断移动；（2）产权不同的移动方向不是无差异的，而是对经济的绩效有着巨大的影响。新的国土空间规划就是把土地制度的这一成功做法，移植到管理所有的"全民所有自然资源"，规划编制按照不同的产权结构，设计与其适配的规划工具。

2. 定义资源

按照土地制度的成功实践，笔者把"全民所有自然资源"定义为"所有人类活动产生的权益"。举例而言，农村土地属于"集体所有"，但根据这一定义，土地下面的煤矿却不属于村集体所有，而是标准的"全民所有自然资源"。因为煤矿产生的权益是因"人类的工业活动"而产生的，不是集体土地所有者创造的。

自然资源如何获得，如何与原所有人分享，是商业模式设计问题，但前提是原产权人权益之外的新增利益，都是属于"全民所有自然资源"。任何一个国土空间规划，首先必须搞清楚的就是规划范围内有多少"全民所有自然资源"。原来的城市规划有用地"现状图"，国土空间规划则需要编制现状"自然资源表"。这些"全民所有自然资源"就像是国土空间规划这盘大棋的棋子，规划就是要把这些棋子放在最优（保值增值）的位置。规划前后"自然资源表"的变化，是评估一个规划"好坏"的重要指标。需要指出的是，"自然资源表"的资源种类是开放的，它会随着新的发现和"人类活动带来的权益"的变化而调整。

3. "元规则"

怎样"统一行使"全民自然资源所有权需要一个"元规则"。所谓元规则，就是判定游戏或比赛结果的规定。这个"元规则"应当非常简单，例如足球，球射到球门中的数量多的一方胜出，这就是足球的"元规则"。其他诸如"越位""手球""比赛时间"之类的规则，都是从属于这一"元规则"的子规则。象棋也是如此，"将军"

就是"元规则"，其余"马走日、象飞田""小卒过河""炮打翻山"都属于从属规则。

国土空间规划的"元规则"应该包括三项：第一，所有自然资源属全民所有；第二，私人通过国家获得使用权；第三，资源使用必须创造收入流。第一条确定了自然资源的原初产权，其意义相当于1982年宪法第十条第一款规定："城市的土地属于国家所有"。第二条为自然资源行政许可提供了法源，其依据是中央赋予自然资源管理部门的"两个职责"；第三条是自然资源的让渡和持有的原则和条件，为设计"全民所有自然资源"保值增值机制（例如招拍挂和财产税）提供了标准。所有国土空间规划都服从于这三项内容"元规则"。

所有"资源使用必须创造收入流"虽是一句简单的陈述，但却是国土空间规划的"元规则"的终极目标——让"全民所有自然资源"保值增值。自然资源规划的管理和规划的整个框架不管多么复杂，都应建立在对这一陈述的解释和遵循上。规划的好坏，就要看规划实施前后使用自然资源所创造的社会财富增加了多少，是否实现自然资源价值的最大化，这个财富要用"收益流"来衡量。例如，单位土地的粮食产量、政府的税收、企业的营收、家庭的收入。这就需要找到能使自然资源创造最大现金流的企业家，并创造将自然资源转成最大收益流的商业模式。

（三）权利及义务

"元规则"确定后，紧接着要生成游戏的"从属规则"。其中最重要的是要确定国土空间规划的参与者（players）及其权利与义务。

1. 全民与政府

首先需要明确的是，谁代表"全民"获取并持有"自然资源"。现实的土地制度可以作为设计"自然资源"制度的参考。由于历史原因，中国城市土地资源管理者这一角色历来是由各级政府所承担，中国政府也因此获得了其他国家政府所没有的超高融资效率。可以说，中国过去的高速增长和这一制度设计密不可分。超强的"土地金融"，使得中国地方政府变得越来越企业化，地区间竞争也成为中国增长模式不同于其他国家的最大特色。

由使用者代表所有者的最大问题就是在激烈的区域竞争下，前者往往倾向于牺牲后者攫取最大利益。土地的低效使用、耕地以及生态资源的破坏，都是这一制度缺陷所造成的。由审批者判断自己的资源使用方式是否满足"保值增值"，如同将刹车和油门合并设置，必然导致对自然资源的监管形同虚设。在新的自然资源管理架构里，应当将"国家"（"全民"）与"政府"（特别是地方政府）分离。唯有如此，可信的监管才有可能。

这一架构可以仿效金融系统中的"中央银行 - 商业银行"体系：首先，成立独立的"国家自然资源储备银行"，"全民所有自然资源"相当于"基础货币"，在资本化之前，统一由中央自然资源银行负责获取、持有和转让；地方政府则相当于商业银行，从央行获得"基础货币"——原始自然资源，然后将其资本化——通过土地金融（土地招拍挂）获得资本，将"资源"加工成为"资产"，再通过招商将资产转移到能带来最多现金流的使用者手中，凡是通过划拨的不产生现金流的土地，理论上仍由国家资源银行持有；省级自然资源管理部门（相当于国家自然资源银行的分行）则代表国家监督、考核地方政府的自然资源使用是否满足"保值增值"标准。

2. 自然资源银行

需要指出的是，"银行化"管理架构无需从头摸索，现在实行的"城市建设用地指标"制度其实已经很像中央银行的基础货币制度。唯一的差别是，用地指标的"发行"还是采用低效率的"手动模式"，没有像货币那样"让市场起基础性作用"。对比"碳交易"制度的设计就可以看出市场和非市场两种资源"发行"模式的差异。碳排放也是通过指标管理，但它没有停留在分配指标，而是进一步建立起碳交易市场，通过碳排放指标的货币化，让市场在分配"碳指标"上起决定性作用。

国土空间规划所要做的，就是按照市场化的模式，进一步改进"国土资源"的发行机制，然后将其应用到所有"自然资源"的分配中去，通过价格信号和竞争性市场将自然资源分配给最有效（现金流最大化）的使用者。一个可行的制度，就是让需要自然资源的城市向国家自然资源储备银行购买一定年限（按年度支付现金流）的自然资源开发权（如"农转用指标"）。这笔收入不进入任何一级财政，而是由自然资源银行通过市场转移支付给带来新的自然资源（例如新增耕地、生态用地、水资源或现有耕地升级、生态环境改善、水资源节省）的地区。土地银行通过调节开发权价格分配自然资源——需要抑制开发，就提高价格；希望鼓励开发，则降低价格。这一制度的最大好处，在于给原本无收益的自然资源保护行为带来现金流，从而为增量自然资源定价，同时将自然资源占用行为的代价货币化。

3. 责任与义务

按照国土空间规划的"元规则"，不仅从资源到资本再到现金流的增量可以被管理，已经让渡的自然资源也可以通过权利和义务关系进行管理。一个典型的例子就是现在的农地管理。根据目前的法律，农村土地属于集体所有，承包人拥有土地的实际使用权。国家取消农业税后，承包人和集体对国家的义务随之消失。存续几千年的土地所有者对国家的义务随之解体，结果就是农地的任意抛荒、废弃、改变用途。一旦所有"自然资源"使用者被要求贡献"就业和现金流"，即使是农民承包土地无需给国家缴税，也必须通过达到耕作标准承担使用自然资源的义务（无论自耕还是租赁）。满足不了国家义务的农民（例如撂荒），则必须交还耕地承包权给村集体或国家自然资源银行，然后由村集体或国家自然资源银行再转移给能够履行产出义务的使用者。

按照这一原则，获得土地使用权就不再意味着可以任意使用土地——使用权必须通过创造收益流（税收和就业）加以维护。按照新的国土空间规划规则，贡献就业和现金流是土地使用者的义务，现有土地使用者要不自己贡献税收和就业，要不转让给其他使用者创造现金流和就业，任何形式的囤积获利都是非法的。达不到标准，就要将土地交还村集体或国家自然资源银行，土地使用权随之失效。其他自然资源的管理也应与此类似。

需要指出的是，将资源估值货币化并不意味着要用"钱"来衡量所有自然资源的价值。自然资源在国家资源银行资产登记中，只有数量没有价格。只有在出让的一瞬间，资源支出才被记录为货币代价。理论上，资本化之前的所有自然资源都是"无价的"，将多少自然资源变现，完全基于社会对自然资源的"偏好"——例如，在经济比较落后的阶段，社会可能对自然资源的"偏好"较低，较少的现金流收入"兑换率"也可以接受；随着经济水平的上升，社会对现金流的"偏好"提高，从而给自然资源（如大气、水资源的质量，生态环境，城市风貌，历史古迹）更高的估值；随着某种资源变得"稀缺"，其估值也会随之升值。国土空间规划一项主要工作，就是要及时响应社会偏好的变化。

（四）围绕使用的编制

1. 三组规划

按照国家（自然资源银行）、政府（地方政府）和运营商（市场主体）各自的不同任务，国土空间规划可分为三大类型：自然资源监管规划、自然资源开发规划、自然资源利用规划，分别对应自然资源保值增值的三个主体。每个国土空间规划的参与者，都可以根据需要，编制从战略、总规到详规等各类规划。

（1）自然资源监管规划

主要服务于国家资源监管的需求，委托方为国家和省级自然资源管理部门和资源储备银行。自然资源监管规划应包括以下内容：建立自然资源的"资产－负债表"，对规划范围内的所有自然资源现状进行空间登记和评估，例如大气、水、土地、矿产的存量、利用现状等；设计自然资源的使用规则和获得程序，例如生态红线、城市边界、耕地红线等设置、调整的规则和程序；对国家、区域和地方使用自然资源的计划进行评估，例如减少多少自然资源，能带来多少价值等；对现状资源利用情况进行监督，是否实现自然资源的保值增值（税收、就业等）；提出对低效率使用的自然资源进行改进的方案（罚款，暂停使用，回收等）；形成"现状自然资源资产表"和"规划自然资源负债表"评估自然资源规划前后的存量和价值变化，报上级政府或同级人大批准。

（2）自然资源开发规划

主要是服务于地方政府从国家获得自然资源并将其转化为资本的需求，这类规划可以在现有的城市规划基础上简化、改造和补充形成。所谓"简化"，就是大幅简化传统规划中大而无用、畅想式的愿景，以及与政府事权关系不大的内容；所谓"改造"就是把原来的用地平衡表改造为资源平衡表，按照资本性支出资源（如各类基础设施用地）、资本性收入资源（如不动产出让用地）、运营性支出资源（如学校、医院等需要税收支持的用地）和运营性收入资源（真正带来现金流的工业、商业用地）进行重新划分，以便对规划保值增值（税收、就业）能力进行评估；所谓"补充"，就是将传统规划之外自然资源（山水林田湖草、滩涂、海洋……）纳入规划范围，按照"两个职责"的要求加以规划。

（3）自然资源利用规划

主要是服务于利用市场主体（企业、家庭）获得、改变自然资源使用权的规划工具。规划的任务就是按照国土空间规划的"元规则"发现现有自然资源保值增值的利用方式，协助地方政府和市场主体通过法定程序获得自然资源使用权。规划的目的就是证明新的商业模式可以创造更高的就业或税收，满足国家自然资源使用权获取或变更的规定和要求。这类规划更像是"策划"，其目的不是规范自然资源利用，而是发现自然资源潜在的增值机会。是主动的行动，而不是被动的管理。

2. 立法优先

没有规则的游戏，结果只能是混乱。把国土空间规划的设计定位为架构设计，就应当先从"立法"开始，而不能先从"编制"开始。这时，规划形成的次序就变得非常重要——不可能在没有规则之前就开始比赛。本文提出的绝大部分建议，都需要通过立法过程实现。只有在清晰的架构下，规划编制者才知道自己应该干什么，能够干什么。

在没有新构架前，规划师的存量知识和"应用程序"，一定会迫使新的规划回到原来熟悉的架构，而这正是新的国土空间规划架构所要竭力避免的。一旦老的规划架构通过延续被强化，再来进行更改就会变得非常困难。过去城市规划的演进就是一个前车之鉴——一直到现在，它都没有完成从围绕"编制"到围绕"管理"的切换。

为了加快立法速度，一开始可以采取《条例》等门槛较低的立法路径。但最终，仍要上升到更高的法律层级（例如自然资源的定义就应当纳入宪法修正案）。因为，这次规划立法不应仅仅局限于"规划"，而是要从自然资源的角度，一劳永逸地解决一些由于其他立法导致自然资源无法保值增值的根本性问题。其中特别重要的是要阻止自然资源使用和转移（特别是继承）过程中产权不断细碎化，产权的完整传递对于存量资源的价值至关重要。可以说任何产权的细碎化的过程，都是自然资源的贬值的过程。不在立法上解决产权细碎化，国土空间规划就不可能实现资源的保值增值。与国土空间规划应当先从"立法"开始相反的是，新的国土空间规划的"编制"要去法定化。城市规划的实践表明，规划法定从没有真正解决过规划的实施问题，很多情况下甚至成为规划适应现实变化的障碍。"好的"规划编制应当按照目标导向、项目导向、问题导向的原则随时调整。国家可以按照"元规则"，随时决定是否授予地方政府自然资源使用权（如各种资源使用指标）；地方政府可以按照"元规则"，随时调整市场主体自然资源使用的方式；市场主体可以根据"元规则"，随时发现和创造市场上出现的更好的自然资源使用模式。

3. 多"管"合一

新的规划体系应按照不同层级自然资源部门管理需要设计：（1）规划管理是规划的核心，必须法定；（2）规划编制是实现管理的工具，无需法定。国土空间规划只需给自然资源所有者、使用者法定的权利和义务，而无需给"规划编制"以法定的地位。只要各专项规划在"多规合一"平台上是联动的，根据需要随时编制、调整就不会造成规划间的冲突和矛盾。规划可以是针对各类专项市政工程、各类公共服务设施的建设，也可以是帮助政府策划自然资源获取现金流的途径，分析其代价。

规划不是"一成不变"的城市"施工图"，而是随时发现城市增长机会（例如现有自然资源用途的改变）、辅助规划审批的工具。只有"去法定化"，规划编制才能回归其工具的本质。规划的传递也不是通过方案编制，而是通过权利管理和审批——上级编制的规划依据事权管理下级编制的规划。如果规划内容超出该级政府的事权，再合理也不得对下级规划进行传递。

换句话说，不是总体规划管控规，控规管审批，不是"上位规划管理下位规划"。所有规划不过是在"元规则"约束下，测度、评估、解释自然资源的利用效果的工具，而编制只是事权的投映，没有"上位"和"下位"之分。只要不违反"元规则"，每一级规划都随时可以在自己的事权范围内通过程序进行调整。

现在有一种错误认识，认为中央要求"多规合一"，就是把规划"编制"合一。正是这一错误认识，导致了前一阶段"多规合一"看似热闹，实则效果不彰。事实上，规划之所以饱受批评，并非源于编制，而是源于管理，规划编制是辅助管理的工具。就像把木匠和瓦匠的专门工具合起来不会提高建房的效率一样，把根据不同需求设计的专门规划合并起来也不会提高审批的效率。因为表面上看是工具的混乱，其底层乃是使用者的混乱。这种形式上的"合一"，只会导致规划更加庞杂，编制和审批周期更长。只有在管理层次上"合一"，才能实现真正的"多规合一"。

（五）围绕问题的规划

新的国土空间规划不是在我们熟悉的规划体系架构里加上"三区三线"，而是应当从目前"编制"为核心的体系，切换到以"审批"为核心的体系：第一步，从法律上界定"自然资源"的内容和范围；第二步，从法律上界定"全民所有"与其他所有的关系；第三步，从法律上界定自然资源"产权人"的权利义务。在此基础上，围绕规划使用者的事权，确定规划编制的内容。新的规划要能解决问题，而不是制造问题；要从服务于自我定义的"公众"，转向服务于具体的"利益相关人"；要从自我标榜的"中立"，转向有明确价值取向的"保值增值"。

1. 增值的路径

借鉴过去四十年中国土地制度的成功经验，可以把"全民所有自然资源"的保值增值也分为两个阶段：第一个阶段，自然资源转化为资本，例如原始土地资源（可以从耕地征用获得）通过"七通一平"配套基础设施（学校、公园、治安等）转变为资产；第二阶段，资产转变为现金流，例如将资本化的土地转让给能创造最多现金流（例如税收、就业）的市场主体（企业、家庭），市场主体则通过创造各种商业模式使得现金流最大化。

如果最终获得的现金流低于资源获得成本（例如征地拆迁），就可以判定该资源没有"保值"，如果资源使用没有转移给创造最多现金流的商业模式，就可以判定该资源没有实现最大的"增值"。

2. 编制的内容

将国土空间规划所依凭的"元规则"——自然资源保值增值，具体化为一个可以适用于所有自然资源的规划框架。国土空间规划应当能回答如下问题：（1）如何获得自然资源（通过法律赋权和垄断征用）；（2）如何将资源资本化（通过将原始资源加工为资产）；(3) 将资产转移给创造最多现金流的商业模式（通过招拍挂）。

上述流程实际上正是"全民所有自然资源"之一——城市土地在过去四十年保值增值的路径。1982 年宪法赋予国家对城市土地统一行使所有者职责，使得国家得以垄断征用原始土地获得"资源"；然后通过土地金融——出让或抵押部分未来收益（房地产）获得将资源转化为资产的资本；最后通过招商引资获得就业和税收。那些能创造足够现金流维持日常公共服务的城市，就是实现了资源的保值增值；不能创造足够现金流的城市，就是没有实现资源保值增值。

3. 规划的拆解

原来的规划之所以饱受诟病，很重要的一个原因，就是规划变得越来越"综合"，常常"为了换一个门把，需要重新装修整栋屋子"，城市一点变化（例如新领导上任）就要重新编制整个规划。从战略到实施，从总体到专项，一个规划往往涉及多重事权，而每一个规划的使用者都只关心规划的一个很小的局部。过去几年，对"多规合一"的简单地解释为编制上的"合"，进一步恶化了规划编制的效率——规划周期越来越长、规划经费动辄上千万甚至上亿，而指导实践的作用却越来越差。

未来的国土空间规划必须从一开始就戒掉城市规划的这一恶习。具体来看，就是按照服务对象以及服务对象面对的问题，将国土空间规划编制拆解成一个个专业独立的规划。未来的国土空间规划应当随时编制、随时更改，保持不变的"核心筒"是自然资源使用的"元规则"，是稳定的自然资源管理体系。今后的国土空间规划不应是个包罗万象的"巨型规划"，而是随时解决问题的专门规划；不是一个 5 年周期 5000 万规划费的综合规划，而是一个每月 100 万元规划费的专门规划。

本地的服务型、专业化的规划机构相对外来、综合性规划机构应当承担更多的任务，占据更大的市场份额。那些和达成自然资源保值增值目标的规划内容相冲突，超出委托方事权的内容都应当彻底删除。相应地，规划报批和审批事项也应与事权严格对应。要"按照谁组织编制、谁负责实施的原则，明确各级各类国土空间规划编制和管理的要点""按照谁审批、谁监管的原则，分级建立国土空间规划审查备案制度"严格限定规划编制的内容，无关审批部门事权的规划内容无需上报。只有这样，规划才能从根本上减负，才能对市场变化快速作出响应，也才能达到中央"确保规划能用、管用、好用"的要求。

（六）"桥"与"船"

毛泽东在《党委会的工作方法》一文中指出："不解决桥或船的问题，过河就是一句空话。"以往城市规划的一大弊病，就是包含了太多的"愿景"，但却没有设计出实现这些"愿景"的工具。像"耕地保护红线""生态红线""城市增长边界"之类画在图纸上的"线"，实际上都是一些"愿景"，真正被成功执行的几乎没有。好的国土空间规划不应当成为国家目标、政府报告的传声筒，不能用愿景呼应愿景，用口号落实口号。新的国土空间规划要设计出实现愿景的路径和方法，要"因地制宜制定用途管制制度，为地方管理和创新活动留有空间"。让市场机制成为实现规划目标的"桥"与"船"。

1. 非财政政策性税收

国土空间规划一个可行的市场工具，就是"非财政性税收"。所谓非财政性税收，是指不以增加财政收入为目的激励性政策税收。它是通过将税收按照纳税人行为的不同，全额返还纳税主体的转移财富制度来引导市场主体的资源利用行为。目的是在不增加社会总的税收负担的条件下，实现对自然资源的保护和高效利用。例如，按照家庭用水量为单位缴纳水费，然后以家庭为单位全额返还。这样，税费的增加将让用水量大的家庭上交更多水费，用水量小的家庭获得更多税费返还，从而实现对节约用水资源行为的激励。

在我国，地方政府没有设税权，如果建立起纳税人的个人返还账户（可以利用公积金、社保渠道），将非财政性政策税收设置权下放地方政府，就可以将水费的做法应用到土地、生态、空气等所有需要保护的自然资源。这个工具同"生态保护红线、永久基本农田和城镇开发边界"的规划结合起来，这些"线"就具有了成本属性——所有自然资源的占用都是有代价的，政策通过调节"代价"的大小，管理边界的移动，用市场的力量实现预期的规划"愿景"。

例如，按照建设用地多少收费，按照耕地多少返还；按照大气碳排放规模收费，按照税收多少返还；按照用电量收费，按照家庭人口返还电费；按照工业用地面积收费，按照上缴税收比例返还……把通过为自然资源定价，形成保护资源的市场激励非财政性税收机制的设计，作为国土空间规划编制的"标配"，可以将规划的重心从提出"过河"的愿望，转移到寻找过河的"船"和"桥"。需要指出的是，"财政"还是"非财政"税收执行的效果大不相同。欧洲这些年推动的"碳交易"之所以困难重重，就在于其碳税是财政性的，由于返还机制缺失——只有惩罚，没有激励——导致其交易成本远超政策设计者的预料。

2. 自然资源定价机制

"自然资源保值增值"这一目标，远远超出以物质规划（physical planning）为主的城市规划体系。国土空间规划必须将自己的学科基础从建设工程设计拓展到商业模式设计，只有在特定的商业模式下，规划才能确知自然资源的使用是否保值增值。而商业模式的发现，本质就是给自然资源定价的过程，这就需要借助现代科学技术的应用。

一个很好的例子，就是"无感支付"技术。2017年9月12日，深圳机场、中国银联、民生银行等单位联合推出"无感支付"停车缴费功能。该技术允许停车场车牌识别技术与银行卡捆绑，实现快捷支付服务。车主只需扫描二维码进行首次注册签约，将"银联"银行卡与车牌号绑定，每次离场时即可实现自动缴费。如果把这一技术和GPS嫁接，赋予每一个汽车特殊的ID（货车还是客车，本地还是外地，大车还是小车……），就可以对汽车进行定位和收费。

例如，当汽车进入自然风光具有特色的路段，无感支付技术就可以将非本地的小型客车认定为"自驾游"，并区分出来加以收费。这样就可以将原来风景"资源"资本化变为风景"资产"，使绿水青山变为金山银山，道路也就成为将资源变为资产的转换器，实现自然资源的保值增值。同样道理，"无感支付"还可以对不同时间、不同路段的城市道路收费，通过对不同时间路边停车的定价，从而实现存量资产（道路）在时间和空间上的充分使用，达到自然资源保值增值的目的。

发现资源的潜在价值，设计特定的商业模式，应当成为评价和比较国土空间规划水平高低的关键性指标。在新的国土空间规划体系里，传统的工程规划不过是实现自然资源保值增值的一个手段。道路是否通畅、街道是否美观、防洪防涝是否达标……这些传统的建筑工程问题，在新的国土空间规划里，都是追求自然资源保值增值这一大目标下的后继结果。

3. 分布式立法：生成规则

"规划在先"还是"实践在先"，是不同规划流派分歧的起点。现实中，这两种路径在规划的不同阶段分别扮演了不同的角色。足球比赛首先就有"元规则"，而一旦"进球"这一元规则确定下来，比赛就会在竞技的过程中不断创造出"越位""手球""红牌""点球"等一系列"从属规则"。规划的塑造过程也是如此，在比赛开始之前，必须要有"元规则"，但"从属规则"是不会预先被"设计"出来的。最优的自然资源使用方式，一定是在实际使用过程之中才被发现出来的。将这些自然资源使用方式固定化、法规化，是生成国土空间规划从属规则的重要途径。

显然，这样的规则生成过程和中心化立法——成文法模式是相冲突的。因此，有必要在目前的立法规则之外，引入分布式的立法——习惯法。显然，在增量增长阶段，成文法国家效率较高（决定"元规则"），一旦进入存量阶段，旧的规则就很难适应新出现的问题（生成"从属规则"）。当城市从增量为主进入存量为主阶段，习惯法国家和地区（英国、美国、中国香港……）根据新问题不断生成、调整规则的优势就显示出来了。这时就应当转向去中心化的分布式立法。纽约的区划（Zoning）一开始只有几页纸，后来根据新出现的问题不断做出判决，生成了千变万化的判例，规则也随之生成。

没有规划能够预料到所有自然资源使用的可能。当国土空间规划面对的存量资源、资产越来越多时，最好的办法就是在"元规则"前提下，通过一系列自然资源使用的规则。这些规则（而不是图纸）的不断变化，应当逐步成为国土空间规划的主要形态。

因此，新的国土空间规划不应把精力放在设计完备的自然资源使用办法——这是不可能完成的使命，而是要设计出生成自然资源规则的法定程序。例如，设置独立的自然资源法庭，地方政府可以在自然资源保值增值的"元规则"下，通过合法的上诉途径挑战国家自然资源管理部门的决定，市场主体也可以通过这一途径挑战地方政府的决定。社会公众可以通过陪审员制度完成制度设计的公众参与。拥有资质的规划师在协助当事人挑战旧规则的过程中，完成国土空间规划的各种附属规则的设计。这时的国土空间规划就不再是传统的"图纸+说明书"，而是一个个活生生的判例。

第二节 国内外相关研究进展

一、国外相关研究进展

（一）地域空间研究

国外没有"城乡一体化"、"城乡融合"的叫法，但在城市区域集合体方面的研究内容较多，梳理的文献集中于大都市带、城乡互动区、城市主导区域的研究。大都市带的概念最先由法国地理学家戈特曼于1957年提出，当时主要从地理学和经济学的角度总结大都市带这一地理现象，强调这一地区城市空间结构的特殊性及对腹地的影响。戈氏在其1961年的论著中则提到大都市带是指位于城市与乡村之间的区域，该区域呈现半城市化、半乡村化的特征，以一种区别于两者的形态将城市与乡村连接，获得来自中心城市的各类服务。其描述了大都市带中非城市区域对比传统意义上的乡村地区，从经济活动及空间形态上已经发生了改变，为城市服务的功能得以显现，同时享受城市各种服务的权利也得到满足，城市区域与乡村区域具有空间上的直接联系及功能上的相互融合。戈氏于1987年对大都市带这一城市区域集合体现象的描述趋于成型，指出大都市带具有以下特征：①空间形态上构成要素的高度密集性；②内部构成的多样性随着规模的扩大显著性增强；③内部各区域存在有机的联系及一定程度的分工。

麦吉于1985年提出了一种新型空间结构，该结构与西方的大都市带的概念极为相似但却又不太一样，主要出现在亚洲某些发展中国家和地区，将这种"城市与乡村的边际比较难以确定，农业生产活动与非农业生产活动紧密关联，城市用地与乡村用地互相掺杂"的空间形态称为城乡互动模式。麦吉按照不同地理空间的差别，将城乡分为五类区域：①城市区域；②大都市周边区域；③城市与乡村过渡地区；④农村地区；⑤其他人口稀少的区域。城市与乡村过渡地区一般来说互动相对较多，多分布于两个城市的主要交通线路上。这个区域是亚洲所特有的，并且在相当长的时间里是相对稳定的存在。麦吉针对城乡的互动关系和对空间上各类活动分布的描述，认为城乡互动区一般含有几个特征：①依托交通优势，开展一定的经济活动；②多元的非农业活动占据了主要地位；③具有流动性和机动性的人口；④用地较为复杂，住宅、农业、工业用地等多种用途混合。

佩尔斯于20世纪末在经济全球化的背景下提出了Citistate的概念，即城市地区、城市郊区、乡村三类区域构成的地域，这三个区域在空间、自然、人口方面存在紧密的交流，发展目标一致。Citistate以经济发展为重点，经济联系越多，其范围越大，甚至可以扩展到全球区域。其空间特征与传统的城市区域集合体的概念有很大的区别，呈现出空间非连续性以及空间跳跃性发展的特点。城市主导区域具有三个基础特点：①城市主导区域正在全球范围内形成更大的影响；②城市主导区域具有很大的活力，逐渐变为世界人口的主要集聚区，愈来愈多的人口集聚在大城市及其边缘地区；③城市主导区域有着鲜明的自我生长性。

（二）国土空间规划发展

国土空间规划是一个国家基于国土空间资源开发利用全方位性协调的手段，它是直接服务于国土空间综合战略部署形成、保护与开发格局形成的政策手段，旨在解决国土空间资源开发中出现的开发过度、空间失衡及无序无度等问题，是国民经济社会持续发展、有序发展的基础，其实质是一种空间规划。国土空间规划作为国家空间规划系统里比较重要的组成成分，其涵盖并统筹引领城市空间规划、区域规划以及建设控制规划等。自上世纪 20 年代英国开始颁布空间规划到现在，法国、美国、德国、日本等国家都开展了空间规划的探索。从国外空间规划总结的实践经验来看，可供我国借鉴的地方有很多，譬如日益更新的规划实践理论；注重公众的参与和规划实施的法律保障；不断完善的规划法律法规体系；协调、均衡、可持续发展的战略导向等。美国颁布的 2050 空间战略规划；英国的《国家规划政策框架》；法国通过的《空间规划指令》、《国土开发与规划大区计划》、日本的四级空间规划体系等都反映出各国如今对国土空间规划的重视。从国土空间规划的刚性程度来看，日本的空间规划体现出政府的干预性，其空间规划是网络型规划体系；美国其规划体系受自由市场经济的影响，其规划体系呈现自由型，地方自治的特征很明显；德国属于适度干预型的规划体系，其在邦联层次的规划较偏向战略性。

国外的空间规划管理十分重视规划的协调与整合，重点强调不同部门、不同层级规划之间的协调以及空间发展战略与具体行动计划的整合。如在德国国家空间规划指导下，德国柏林·勃盖登堡联合区域规划部发挥着各类规划间编制、审查等协调作用，防止内容重叠，提高规划法定性和科学性；法国则建立多重部门协商机制，以环保部来协调不同部门之间的环境政策；在日本，由首都圈规划委员会进行协调涉及都市圈的整治规划、项目规划及基本规划，有序将制定的规划目标、规划的区域性建设内容及具体的开发项目结合起来，使相对宏观的规划思想与内容逐步落实至具体的各类规划中；另外法国还建立了由城市发展部委会协调的委员会制度，新加坡成立了多部门综合协调总体规划委员会等。此外，一些国家行政手段不起作用时，此类国家会进入法律程序，最终达到规划协调目的。

二、国内相关研究进展

（一）国土空间规划演进

新中国成立前，我国存在着空间规划的萌芽，但没有真正意义上进行过系统的国土空间规划。新中国成立之后，我国的空间规划及国土空间管理大致经历了如下几个时间段的探索和完善。

（1）1947—1978年。新中国成立，当时以计划经济作为城市发展模式，1953年，我国实施首次国民经济社会发展五年计划（1953-1957），其特色是以城市经济为重点规划对象，并且对社会的经济发展起到全局性、综合性的指导，其国土规划命名为区域规划。这一时间段我国没有特定的国土规划方案和相对应的管理部门，国家区域规划、城市规划由国家基本建设委员会以下的规划局来主管，以及地矿部等多部门共同管理。

（2）1979—1986年。我国进行了改革开放，经济体制在社会主义市场经济引导下，使土地逐渐进入市场进行流通，此时城乡发展、乡镇企业与耕地间的矛盾日益显现。在这种大背景下，我国在1982年建立了城乡建设环境保护部，1986年建立了国家土地管理局，并在当年通过了《中华人民共和国土地管理法》，意味着中国土地融入市场因素，国土资源的管控也进行依法实施。在上世纪80年代早期，我国在京津唐、湖北宜昌等区域先后进行了国土规划试点，但此过程的国土规划以资源要素的管理为主，并且有很强的产业经济特征。

（3）1987—1998年。我国开启第一轮土地利用总体规划，在1987年国家计划委员会出台了《国土规划编制办法》。到上世纪90年代初，我国大多数省市地区相继进行了国土空间的编制工作。1998年，我国成立了国土资源部，其首要职能是行使国家空间资源的规划、管理等职能。随着建设居住用地的激增，导致耕地面积急剧减少，耕地保护成为这一时间段关注的重点。

（4）1998—2008年。国土资源部的管理职能不断完善，土地利用规划对城乡规划为主的各类产业规划的约束力逐渐增强，空间平衡与协调的理念被提出，并且这一时期科学发展观、资源环境承载力、人居环境科学成为空间规划发展的重点。2004年全国国土规划纲要编制的前期工作启动，2006年主体功能区划的战略思想被提出，全国国土空间规划的思路首次被提出，使得空间规划不仅只是重点强调经济产业属性，而是开始强调生态环境的属性。

（5）2008年到如今。多规合一成为关注点，2010年国家层面的国土空间统筹规划出台，2013年颁布了《全国国土空间规划纲要（2016-2030）（草案）》，意味着我国国土空间规划战略导向不断走向成熟。而当前我国国土空间规划的探索基本上集中在国家和省域的宏观层面，因此小尺度的国土空间规划科学体系及实践探索还应该进一步丰富研究成果。

（二）国土空间开发战略布局

随着我国经济的快速发展，全国建设空间需求扩张、耕地保护、生产生活与生态环境之间以及城乡空间之间矛盾凸显。国土空间开发格局是国家依靠国土空间地理资源，经过一段时期的生产生活、经营活动所形成的经济因素在空间上分布的形态，它是通过长时间的空间资源开发实践和规划引导所形成的，空间开发格局现状不仅受起初状态的影响，而且还与一定时间内国家的发展政策趋势与发展倾向密切相关。如我国建立初期，沿海城市发展的速度相对较快，后来因为受国际环境的影响，并且随着"三线"建设的实施，西北和西南地区城市和产业都得到了快速的发展。随着改革开放，国土资源开发和经济空间布局的两条轴线随之确立，即长江沿海地带和东部沿海地带，呈现"T"字形的空间开发构架。2014年11月，中央经济工作会议上又一次把长江经济带的发展定位在国家战略发展的新高度上。整体来看，随着粗放式大跨步国土空间开发时期的过去，具有高质量高效率的国土空间逐渐登上历史舞台，将来的国土空间格局形成要进一步思考人本、文化及制度等因素，来响应空间格局发展趋势的新要求。

（三）市县层面的国土空间规划

2014年8月，我国四个部委协同启动了市县层级"多规合一"的试点规划探索，基于当时空间规划体系没有明确的改革的方向，而且28个试点市县也分别由四个部门牵头进行规划，并因其各自部门的指标与规范差异，导致其最终成果复杂多样，其中虽存在后续实施成功的例子，但很多试点成果也存在规划工作内容仅偏向于解决多规之间的利益矛盾等的失败之处。2018年3月，国家成立自然资源部，其从根本的体制层面上进行了改革，也意味着正式开启了以国家主导的国土空间规划试点工作，相比于前一阶段仅致力解决多规之间的技术协调问题，现阶段国土空间规划将更倾向于以管控为基本点、注重资源和环境保护的改革建设。

1. 规划定位与思维进阶的变革

2014年开展的四个部委试点的规划编制工作，由多个部委牵头，分别从更倾向于各自领域的空间性规划进行切入，并且部门之间的思路方法与技术规定也存在差异，最终而使得解决多规矛盾的问题殊途同归，因此此阶段的试点规划编制更侧重于作为各个规划之间利益调解的平台。2015年在宁夏、海南启动的省级层面"多规合一"的空间规划，将市县层级的空间规划进行了重新定位，其作为市县空间保护开发的依据和资源环境治理的工具，此定位已经超越了仅仅作为协调多规之间利益矛盾平台的作用。2017年，北京市城市总体规划批复，此总体规划工作在思路、理念、方法上都有新的突破，提出把握空间规划定位、战略格局和资源要素配置，使城市总体规划成为政府统筹国土空间资源保护与开发、生态环境的管控和资源优化配置的平台。此次的空间规划体系革新是基于生态文明体制改革的背景下进行的，其生态文明理念应贯穿于规划人员的思维方式，其作为规划编制工作过程中应秉承的理念，也是应该得到重视的问题。从我国规划体系发展的历程来看，1990年以来是各类空间规划发展完善的重要时期，而此过程伴随着快速工业城镇化的进程，因此工业化思维贯穿整个规划发展过程，在此思维下，空间资源得到无序混乱的开发与滥用，极大的消耗着极其有限的空间资源与生态环境。而本轮基于生态文明理念的空间规划体系革新，是以变革、创新、科技为支撑点，探索高质量、强控制、高效能的发展模式。从工业化发展思维模式到生态文明导向发展模式的转变过程中，以空间资源整合促发展的转型应该成为现今城市落实空间资源生态文明发展的抓手。

2. 空间规划编制内容的变革

将前后两阶段县市空间规划的编制工作方法、内容的梳理，发现二者存在普遍的实质共识性。主要有三个方面：1）以"多规合一"作为空间规划内容编制的手段。两阶段的试点规划都借用"多规合一"方法针对空间规划的核心内容进行实践分析，如核实区域内基础自然资源禀赋、确立空间总体定位以及"三区三线"的划定等重点内容。通过"多规合一"手段，不仅能形成社会发展和资源配置方案，整合各类型空间规划取舍标准，又能推动各部委之间的相互协作，协调部门之间空间管控的手段。2）形成"资源评价、战略目标、空间格局、要素配置、实施监督"的总体框架。分析两阶段的试点工作成果可知，市县层面的空间规划是对辖域范围内国土空间开发和保护整体格局做出的具有宏观性、系统性和规划性的总体空间规划部署，而因此建立的综合框架也已成为两阶段试点工作的共识。3）以"三区三线"作为管控国土空间体系的重心，从"多规合一"探索到空间规划探索，两者都以"三区三线"作为统一空间规划管控的系统。"三线"作为维护国家刚性指标内容与底线管控的方法，促进形成国土空间资源全域全类型管控的模式，各阶段试点工作对"三区三线"也已达成共识。

　　3. 空间规划编制技术逻辑的变革

　　从刚开始的"多规合一"自发探索到四个部门牵头的试点市县"多规合一"推动实施，很多城市都将其看作为一种偏向于技术性的工作，旨在解决多类型空间规划间存在的空间布局图斑差异与规划指标差异，而没有上升到多规统筹，建立全域全要素的管控体系。随着空间规划体系改革的深入推进，新一轮的国土空间规划将会从解决多规矛盾为导向转向国土空间保护与开发的格局的建立，从注重开发建设的导向转向国土全域资源的配置与管控，从解决各方利益矛盾的"多规合一"协调机制到多规协同空间治理制度的建立。

第三节　国土空间规划中的承载力分析

一、承载力概念演化

（一）承载力

　　"承载力"一词源自美国，原始概念是指容器所能容纳或吸收物体的数量。如，19世纪40年代在德克萨斯的法案中用于描述船舶的装载能力。美国学者Price认为与资源环境相关的"承载力"概念可能来源于牧场管理者，因为他们需要在实际工作中了解牧场所能承载的最大牲畜数量。19世纪末20世纪初承载力概念在管理驯养草食动物、研究野生草食性动物以及其他野生动物等方面得到应用，并被引入到生物学、生态学教科书中，其含义是指在不损害环境质量的情况下，特定区域所能容纳的某种生物个体存活的最大数量，主要是从理论上研究生物种群数量增长极限和粮食制约下的人口总量问题。实际上，在承载力概念被引入到生物学、生态学之前，就出现有关种群数量增长和人口增长研究。如，1798 年 Malthus 在《人口学原理》中提出人口增长极限理论，并成为承载力概念的基础。1838 年比利时人皮埃尔—弗朗索瓦·维尔斯特(Pierre-Francois Ver-hulst)用微分方程表达了人口(种群)增长极限理论。1953 年，美国生态学家 Odum 用"逻辑斯蒂增长曲线"(Logistic growth curve)对种群(包括人类)增长规律进行了精确的数学图形表达(图 1.1)，首次用"承载力"这一科学术语来命名"逻辑斯蒂增长曲线"增长渐近线的常数(K)。数学方程和数学图形的表达使增长极限理论和承载力概念得以迅速传播。

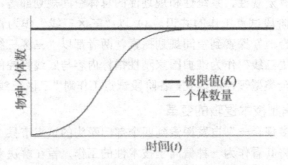

图 1.1　增长极限和逻辑斯蒂增长曲线

　　根据上述理论，一些学者测算了全球及不同国家和地区的人口增长上限，发展和形成了基于粮食生产的土地资源承载力。此后，水资源、能源等也被作为人口增长的限制性因素，衍生出水资源承载力、能源承载力等概念。总体上，早期的承载力属于资源承载力范畴，表征了一个国家或区域内资源对人口生存和发展的支撑能力。

　　第二次世界大战后全球人口和经济快速增长，带来了一系列资源环境问题。20世纪 60-70 年代承载力再次受到广泛关注，开始应用于研究人类活动引起的资源环境危机。各界探讨影响地球承载力的限制性因素既包括食物、耕地、不可再生资源等传统的资源要素；也包括环境要素，以及影响气候变化、生态系统平衡等其他未知限制因素。1968 年，日本学者将"环境承载力"引入环境科学，成为污染物总量控制的理论基础。环境承载力实质就是环境容量，表征了环境系统所承受人类经济社会活动干扰，并保持自身稳定的能力。为应对全球环境恶化、发展不平衡等问题，1992 年 6 月，联合国在巴西召开环境与发展大会，明确了人与自然和谐发展的理念，制定了可持续发展框架。承载力作为影响可持续发展的重要科学基础和约束条件，在 1990 年代中后期再次引起了全球各地学者的热议。一些学者提出承载力本质上是一种综合性的、动态变化的、复杂的关系；并认为受多方面因素影响以及由于人类创造和生物进化的不可预知性，仅计算人口数量的承载力意义不大，应该用生态系统弹性(生态承载力)来表征当前人口规模或人口经济密度与生物圈关系，确保经济社会发展对生态系统的影响不超过其保持自身稳定的弹性。

　　生态承载力更多关注资源消耗、环境变化和人类的经济社会活动对生态系统产生的影响，表征了生态系统在保持平衡状态下，所能承载的人口规模和经济社会发展规模。生态系统具有自我调节功能，人类活动对生态系统又具有强烈的正负能动反馈机制，因此生态承载力也更为复杂。

近些年来，承载力研究在理论和研究方法上没有根本性的突破，但出现了生态足迹、行星边界等一些新的概念，全球学者开始从不同的视角研究全球及区域的承载力问题，并考虑"公平与正义"、生活水准等对全球资源环境承载力与可持续发展的影响，开展了全球及西班牙、加拿大等国家和区域的案例研究，为高消费社会与"稳态经济"（steady-state economy）条件下保持地球系统的稳定性管理提供了参考。

总体上看，承载力研究在发展过程中，逐步由分类走向综合，由关注单一资源约束发展到人类对资源环境占用的综合评估。资源环境承载力是一种综合与集成评价，是从分类到综合的承载力概念统称，既关注单项资源或环境要素的限制性约束，又强调人类对区域资源利用与占用、生态退化与破坏、环境损益与污染的综合影响。

（二）资源环境承载力

资源环境承载力一般指在自然生态环境不受危害且维系良好生态系统前提下，一定地域的资源禀赋和环境容量所能承载的最大人口与经济规模。在 20 世纪 50 年代之前，以研究资源承载力为主，主要探讨一个国家或者区域内自然资源对人口（生物种群）生存和发展的支撑能力；20 世纪 60-70 年代，在考虑资源要素的同时，开始探讨环境系统对人类经济社会活动的制约作用，承载力的本质由绝对上限走向相对平衡；20 世纪 90 年代以后，承载力研究由分类走向综合与集成，一方面继续关注限制性因素对人口增长和经济社会可持续发展的制约作用，另一方面关注人类活动产生的资源消耗、环境排放、生态占用等对生态系统稳定性的影响。历经百余年的发展，承载力已经成为衡量区域人口、资源环境与经济社会可持续发展的重要判据，以及指导国土开发利用与保护整治，提升区域空间治理能力和治理体系现代化的科学基础与约束条件。在中国，资源环境承载力是备受政府及社会各界高度关注的科学命题和政治议题。特别是党的十八大之后，中央提出推进生态文明建设，进一步明确了资源环境承载力在国土空间开发利用中的基础性、约束性作用。《关于加快推进生态文明建设的意见》等中央文件均明确提出将资源环境承载力作为编制实施国土空间规划的重要科学基础。

编制国土空间规划、实施国土空间治理，既是建设美丽中国，创造良好生产生活环境，维护全球生态安全的现实需要，也是建成现代化强国的基础和表征，需要在尊重自然规律、经济规律、社会规律的前提下，统筹考虑区域的资源环境本底与发展需求，合理确定国土空间开发的规模、强度和时序等。资源环境承载力这一关乎区域资源环境与人口经济最大负荷的科学命题，也成为事关空间治理与空间规划科学性的重要基础。近些年来，在城市规划、土地利用规划、市县级"多规合一"试点、省级空间规划试点等工作中，均将资源环境承载力评价作为一项重要的基础性工作，在确定耕地保护总量、用水总量，以及重大建设项目选址等方面发挥了重要作用。但承载力理论仍处于分散化、泛化状态，存在概念界定不一致、内在运行机制不明确等缺陷。在实践中，多数地方开展的承载力评价应用主要停留在战略引导层面，对优化资源配置、设定生态环境准入标准、调整国土空间开发结构以及实施国土空间管制等方面的支撑力度不够。

二、承载力实践应用

（一）国外承载力的实践应用

早期的承载力研究主要是衡量"人粮""人水"等人地关系，用于制定人口政策和土地、水等自然资源开发利用政策。例如，1965 年 Allan 提出以粮食为指标的土地承载力计算公式后，基于以粮食为主要限制性因子的土地承载力研究得到推广应用。联合国粮农组织（FAO）在 1977 年开展了 117 个发展中国家的土地潜在人口支撑能力研究，认为到 20 世纪末，在传统耕作方式下，至少有 64 个国家无法依靠本国土地资源养活本国预期人口。该评价结果影响了一些国家的人口政策、农业发展政策等。

主要发达国家在 20 世纪 50-60 年代起开始出现人口低速增长、甚至负增长之后，对基于"人粮"关系的承载力研究较少。特别是在主要发达国家进入后工业化时代后，各国空间规划不再以大规模的国土空间开发为主题，而是在宏观尺度上关注发展滞后区等特定地区、在微观尺度上关注国土空间精细化治理等问题。受此影响，承载力实践应用也发生改变，一方面在旅游景区、生态保护区等特定地区开展生物物理承载力（如保护地生物物种）、旅游承载力研究。如欧盟于 2000 年开展了《欧洲旅游目的地承载能力的界定、测量和评价》项目；美国开展了佛罗里达群岛承载力监测预警等工作。另一方面开展面向城市内部空间治理、城市更新的承载力研究。如美国阿灵顿市于 2014 年开展了《承载力：成熟城市的新模式》研究，该研究选择了自然环境（Natural Environment）、建成环境（Built Environment）和政策环境（Policy Environment）三类对城市发展具有影响的因素，在单项评估的基础上，进行综合集成，识别了城市开发适宜性高的地区，将其作为未来城市重点发展地区（focus areas），也是未来城市开发和城市更新需要重点投入的地区。上述评价成果应用于《阿灵顿市未来远景综合规划》。对发展中国家而言，承载力在空间规划、城市发展等领域应用较多。如印度开展了服务城市规划的承载力研究；印度尼西亚 2007 年修订的空间规划法要求以承载力评价作为编制空间规划的基础，并将其承载力分为资源支撑能力（Supportive Carrying Capacity, SCC）和环境容纳能力（Assimilative Carrying Capacity, ACC），分别作为空间规划中涉及资源与环境方面的依据。

总体上，多数发达国家和发展中国家都根据其空间规划和空间治理的主要任务，开展了承载力评价，并应用于工作实践。

（二）国内承载力的实践应用

20 世纪 80 年代中期以后，中国开展了三次具有代表性的土地承载力研究，全面评估了土地资源承载力的总量、类型及空间分布等，为国家制定土地、农业、人口等领域的战略规划与政策提供了科学依据。此后，基于土地粮食生产能力的人口承载力评价在土地利用规划、耕地保护、基本农田划定等重大决策中发挥了重要作用，影响至今。进入 21 世纪后，承载力评价开始应用于空间规划编制之中。例如，2002 年天津市国土规划试点中开展了资源环境承载力评价；2007 年国务院要求以资源环境承载能力为基础编制主体功能区规划；2010 年启动的《全国国土规划纲要》编制工作也将资源环境承载力作为重要科学基础。另一方面，国内自然灾害频发，从决策层到普通民众普遍认识到资源环境承载力评价对于地区人口规模、产业布局、城市规划等具有重要指导作用。2008 年汶川发生特大地震后，中央要求根据资源环境承载力评价，编制灾后重建规划，指导灾区恢复重建工作。此后的玉树、舟曲、芦山等灾后恢复重建工作都把资源环境承载力作为重要基础和依据。

党的十八届三中全会以后，中央积极推进生态文明建设和生态文明体制改革。建立资源环境承载能力监测预警机制，推动资源环境承载力的综合评价与集成应用成为一项重要基础性工作。2014 年 8 月，国家发展改革委、国土资源部、环境保护部、住房城乡建设部联合开展的市县级"多规合一"试点工作中提出，将资源环境承载能力作为规划引导人口、城镇、产业、基础设施等发展与布局的基础。2017 年 1 月，中央印发的《省级空间规划试点方案》进一步明确将资源环境承载能力和国土空间开发适宜性评价等作为划分国土空间功能分区、实施空间用途管制的基础。2019 年 5 月，中央印发的《关于建立国土空间规划体系并监督实施的若干意见》再次明确将资源环境承载能力与国土空间开发适宜性评价作为编制国土空间规划的科学基础。按照中央的要求，新组建的自然资源部积极推动资源环境承载能力和国土空间开发适宜性评价（简称"双评价"）的技术方法研究与评价规程研制，并在广东、江苏、重庆、宁夏等省级行政区和青岛、广州、苏州、涪陵区、固原市等市县级地区开展了试评价工作。目前，自然资源部已经完成上述地区的试评价工作，并形成了《资源环境承载能力和国土空间开发适宜性评价技术指南》。2019 年 5 月 28 日，自然资源部印发的《关于全面开展国土空间规划工作的通知》明确要求各地要尽快完成"双评价"工作，并作为编制国土空间规划的基础。此外，在党的十八届三中全会以后启动编制的《京津冀协同发展规划纲要》《长江经济带国土空间规划》等重大规划以及河北雄安新区建设中也都开展了资源环境承载能力与国土空间开发适宜性评价工作。

三、承载力研究应用反思

（一）承载力概念内涵的科学性与规范性

1. 承载力概念的科学性

依据增长极限思想，一些学者根据不同的限制要素开展了全球可承载人口研究，计算结果从 10 亿到 100 亿不等。Cohen 对比不同学者关于地球承载力的观点和结论后指出，无法预测地球承载能力，因为气候变化、能源消费结构变化、科技发展等都可能是影响地球承载力的限制性因素。很多学者，特别是部分人类生态学家对承载力的科学性产生了质疑，有人认为由于人类创新和生物进化的不可预知性，承载力与人口增长的相关性有限，仅仅进行人口数量的承载力研究意义不大，甚至质疑承载力的科学性。

理论上，人类生存和发展所占据的地理空间是有限的、所消耗的物质都是由地球提供的。资源的有限性决定了地球存在承载上限，承载力这一表征当前人口规模或人口经济密度与资源环境关系的指标是真实存在的。但受制于人类对资源环境要素消耗占用的动态性以及资源环境系统自身的动态性，难以准确衡量增长极限。因此，有人建议应当让"承载力"概念回归到自然本质，研究视角由传统的"地→人"转变成为"人→地"，将"承载力"看作是人类一切经济社会活动对资源消耗的极限、对环境系统排放的极限、对生态系统胁迫的极限。从衡量人口经济规模的增长极限转变为监测资源环境系统的稳定性、可持续利用性。研究视角的转化为客观评价承载力提供了可能，也有助于提升承载力概念的科学性。

2. 承载力概念的规范性

当前，"承载力"受到地理科学、资源科学、环境科学、生态学以及土地资源管理、城乡规划等多学科、多领域的关注。基于不同学科背景、思维方式和时空尺度形成的承载力概念与理论方法存在较大差异，影响了承载力的实践与应用。加之，"承载力"已由一个科学概念发展为受到普遍关注的政府议题和公众话题，概念内涵不断被拓展，呈现媒体化与泛化的现象。在一些地方开展的相关评价中，环境承载力与环境容量、区域资源环境综合承载力与区域可持续发展能力等在本质上没有区别。

在实践工作中，普遍认为资源环境承载能力评价是对资源环境本底特征的综合评价，适宜性评价是对国土空间进行城镇建设、农业生产、生态保护适宜程度的评价；承载力评价是适宜性评价的前提、适宜性评价是承载力评价的延伸。但从本质上看，承载力与适宜性具有内在统一性，都是包含数量与方向的向量概念，首先需要确定承载的对象或者开发利用的目的，然后才能评价承载力的大小或者适宜程度的高低（图1.2）。

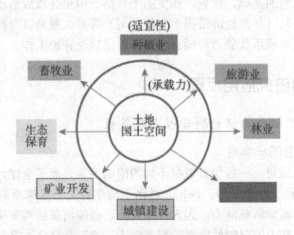

图1.2　承载力与适宜性逻辑关系

实质上，资源环境承载力是从分类到综合的承载力概念统称，是包括各类资源要素承载力、环境要素承载力、生态承载力以及各要素承载力综合与集成评价的集合概念。

在编制空间规划的实践工作中，开展承载力评价的主要目的是通过开展土地、水、生态、环境、灾害等要素的单项评价和集成评价，了解区域的资源禀赋和环境本底，分析区域发展的优势与制约因素；通过开展面向生态保护、农业生产、城镇建设等不同功能的适宜性评价，为空间功能分区与用途管制提供技术支撑。评价内容主要有四个方面：一是开展资源环境本底评价，包括人居环境适宜性评价、地质环境稳定性评价、生态功能重要性与生态脆弱性评价等；二是开展土地资源、水资源、水环境、大气环境等资源类或环境类单要素承载力评价；三是在单要素评价的基础上进行承载力的综合与集成评价；四是根据特定的国土空间开发利用指向开展国土空间开发适宜性评价。

（二）承载力评价的常见误区

1. 误区1：重指标计算，轻机制研究

各类承载力评价方法都离不开指标（体系）的构建与计算，但基于缺乏表征意义指标体系形成的评价结果会降低承载力的科学性。以生态重要性为例，通常采用物种判别法、净初级生产力法（NNP）等，直接将区域的物种数量或者净初级生产能力传导为生态重要性。在此评价方法下，西藏东南部地区水热条件好、地形复杂，物种数量和净初级生产能力远高于高寒气候条件下的西藏西北部地区。但是这种差别难以表征其在维护国家生态安全格局中的地位。

造成上述误区的主要原因是对承载力的传导机制研究不足。在资源承载力中，承载体与承载客体之间作用机制清晰，如"耕地—食物—人口"。承载体与承载客体的线性关系为基于限制性因子的研究范式提供了理论支撑。但"人地系统"是由多种要素通过复杂的相互作用和内在机理性联系构成的复杂系统，存在复杂的作用机制、反馈机制和动力机制，在环境承载力、生态承载力以及资源环境承载力综合与集成评价中，承载力的主体与客体不再是单纯的线性关系，有些指标之间是不可替代的、有些要素是无法进行区际交换的。多因素综合的承载力研究范式对指标间内在机制性的替代关系、补偿关系研究不足。

2. 误区2：缺乏时空尺度转化

传统承载力评价多是单一空间尺度的静态评价，缺乏必要的时空尺度转化，不能很好满足空间规划的实际需求。例如，传统承载力评价往往关注人口或经济规模的增长极限（或最优规模）。当评价尺度由全球或国家尺度转换为区域尺度以后，由于资源环境要素在区域间的交换和流动造成承载人口或经济规模的上限在实践中指导意义不大。在空间规划编制中主要是对土地、水资源等承载主体要素的配置管控，而非对人口或经济规模的限制。由此造成承载力评价与国土空间规划编制的脱节。如在多数空间规划中划定的集聚开发区往往与资源环境要素限制区存在较大的空间重叠，承载力的区域空间差异尚未成为资源配置中增量、存量、流量合理安排与部署的主要依据。其次，以往资源环境承载力评价主要集中于宏观区域尺度，对于小尺度区域开展精细

化的评价研究较少，承载力在设定节地、节水、节能、节矿等空间准入标准与准入门槛方面发挥的基础作用不足，不能完全支撑国土空间用途管制的需求。

3. 误区 3：评价体系缺乏区域特色

承载力评价的区域特征和阶段特征不够明显，针对性不足。在开展国土空间规划编制中，机械的依据普适性技术规程开展评价，容易出现评价结果与实际不符，评价结果针对性不强等问题。例如，在一些地方开展农业生产功能指向的土地资源承载力评价时，首先，将坡度划分为若干个等级，并以坡度分级结果为基础，结合土壤质地，划分农业耕作条件高、中、低等若干个类型。

该评价认为坡度越低越适合耕种、土壤的粉砂含量越低农业耕作条件越好。但在具体操作中，浙江、福建等地指出茶园就是需要一定的坡度，宁夏等地指出当地瓜果种植所需的土壤质地条件与玉米等大宗粮食作物所要求的土壤条件差别很大。

4. 误区 4：忽视指标的内在属性

指标体系是承载力评价的重要内容，包括资源要素、环境要素与生态要素等指标。随着经济社会发展，中国不断加强交通、水利、电力、能源等基础设施建设，远距离调配资源能力和跨区域配置资源的能力不断增强，除空间位置固定的土地资源外，其他自然资源对经济社会发展的约束作用在不断降低。从环境排放看，传统上用"环境洛伦兹曲线"（inverted U-shaped curve）模型来描述经济社会发展与环境质量之间的关系，但是环境质量与经济社会发展有着更为复杂的联系。大气污染物、水环境污染物以及工业固体废弃物排放受政策、产业结构、科技投入等社会经济因素的影响比较大。例如，2015 年以后，中国加大环境保护与污染防治力度，主要大气污染物和水环境污染物排放大幅度减少。不同的资源环境类指标在经济社会发展中支撑作用不同，指标的本质属性也有区别。如在流动性方面，有空间位置固定的土地资源、跨区域流动的矿产资源、在一定流域内流动的水环境污染物等要素；在指标变化情况方面，有地质稳定性、建设用地资源等相对的慢变量，也有大气污染物、废水中氨氮等快变量。

5. 误区 5：评价结果应用的局限性

国土空间规划是综合平衡经济社会发展需求与资源环境基础的综合决策过程。承载力是影响确定国土空间规划目标指标、实施国土空间开发利用与保护修复等的重要基础和依据，但不是强制性和唯一的决定性因素。其原因是现有的承载力理论体系和评价方法还不够完善，评价结果并不能完全准确地表征区域的资源环境本底状况和国土空间开发适宜情况。一些地方数据的不完整、不精确等，也会进一步影响承载力评价结果的准确性和应用性。但从当前国土空间规划工作现状看，有的地方过于强调承载力的决定性作用，机械的依据承载力评价结果编制国土空间规划，容易陷入"环境决定论"误区；有的规划编制单位过度迷信正在研制的《资源环境承载能力和国土空间开发适宜性评价技术指南》，期望通过程序化的承载力评价解决国土空间规划编制中的指标确定、功能分区等工作。科学合理的承载力评价固然有助于提高国土空间规划编制的科学性，但应当正视承载力理论与技术方法的不足，以及在实践应用中的局限性。

（三）承载力评价误区的根源

忽略承载力评价的尺度因素可能是影响承载力评价准确性与应用性的主要根源。在时间尺度上，资源环境要素的总量和人均资源环境消耗占用量一般给定统一的数值，对动态性考虑不足。但受社会经济发展、科技进步等因素影响，承载力是动态变化的。在空间尺度上，承载力评价的对象既包括微观的土地单元，又包括以土地为实体、以地域为表现形式的国土空间。不同时空尺度下，承载力的传导机制、评价方法、评价指标、评价阈值等有所不同。例如，对于全国尺度的土地承载力评价，主要衡量土地对粮食安全的保障能力，针对的是大宗粮食作物生产能力的评价；而在较小尺度上开展的面向农业开发的土地适宜性评价，则需要考虑不同农作物对种植条件的差别化，评价指标和标准应有所差别，体现区域特色。但现有的承载力评价未能充分考虑空间治理的层次性、系统性，对空间治理的尺度转化和功能传导支撑不足。

因此，需要重视"尺度"这一核心要素，明确不同空间尺度和时间尺度上承载力主体和客体的作用机理与传导机制，根据其演化状态，建立承载力评价的规则，构建评价指标体系，并确定评价的标准和依据。例如，在传统的土地资源承载力评价中，一般采用以粮食为指标的土地承载力计算方法，在中国一般将人均年消耗粮食的标准定为400kg。

但是随着经济社会的发展，特别是人口年龄结构、食物消费结构、消费习惯的改变，将会影响土地承载力。现在一般将人均年消耗粮食标准提高到430～450kg。另外，在西藏自治区等牧区开展土地承载力评价，还需要将肉类的生产和消费纳入到承载力评价指标体系中。需要构建和完善承载力评价体系，根据区域实际，结合不同群体的利益诉求、价值选择等，选取适宜的评价指标和权重，满足不同时空尺度空间规划与治理需求。并注重建立评价结果的可回溯机制，确保评价结果可回溯到具体的指标，增强承载力评价结果的实用性。

四、承载力支撑国土空间规划的应用建议

未来在区域开放性、资源环境要素流动性、生态系统临近干扰性、人类对自然的主动改造性、经济社会与资源环境之间的关系复杂性和动态变化性等因素的影响下，资源环境承载力评价将日趋复杂。需要适应建立和完善国土空间规划体系改革的要求，摒弃重指标计算、轻机制研究的做法，注重研究承载力的内在机制、深刻理解指标体系对承载力的表征作用，创新和发展承载力评价技术体系，提升评价结果科学性与实用性，满足新时期国土空间治理的需求。

（一）构建承载力评价技术体系

1. 明确承载力评价的应用导向

根据国土空间规划编制实施的业务化需要，一方面，继续开展土地、水资源、水环境、生态、灾害等单要素评价，了解资源环境的承载状态与潜力。为总量控制目标指标的确定、分解提供科学依据，并以总量控制倒逼资源开发利用方式转变，直接指

导节地、节水、节能、节矿以及环境污染排放等标准与准入门槛的制定和调整。通过比较识别区域发展的短板要素，以"底线思维"体现区域发展劣势与制约因素，为国土空间分类保护确定数量底线、排污上限和空间红线，进而为空间用途管制提供依据。另一方面，加强资源环境综合承载力研究，综合判定经济社会发展的适宜地区、适宜开发类型、适宜开发程度等，以资源环境综合承载力为基础，明确地域功能、划定功能分区，并确定各功能分区的空间准入类型与准入标准，实现承载力应用由单纯评价向与目标规划、空间分析、决策支持相结合的方向发展。

2. 建立多尺度多单元的评价体系

中国将推动建立分级分类的国土空间规划体系。宏观尺度的国家级和省级国土空间规划重点明确人口规模、城乡建设规模等与资源环境承载力在总量规模上的匹配关系，为制定约束性管控总量目标服务。中观尺度的市县空间规划重点明确区域内不同地域的主要功能，划定城镇、农业、生态空间和生态保护红线、永久基本农田保护红线、城镇开发边界（"三区三线"），明确开发保护格局，实施空间用途管制。微观尺度的乡镇国土空间规划和详细规划，重点是确定土地利用类型及开发强度，了解每宗土地的开发建设适宜性，指导具体的开发建设行为。

不同层级的国土空间规划对承载力评价的要求有所不同。同一层级的国土空间规划因承载力评价的目的不同，评价单元也会有所差别。以宏观尺度国土空间规划的承载力评价为例。面向土地食物生产的土地承载力评价，应当将整个区域假定为封闭系统，以全域为评价单元；面向支撑经济社会发展潜力的国土空间开发适宜性评价，应当以区县为评价单元；面向具体开发建设活动的农业开发适宜性、人居环境适宜性评价需要以一定尺度的格网（栅格）为基本单元，衡量土地支撑农业开发、城乡建设的现状及潜力。为此，需要按照空间规划层次性、系统性的要求，建立由"宏观—中观—微观"空间尺度和评价单元构成的承载力评价框架体系（图1.3）。

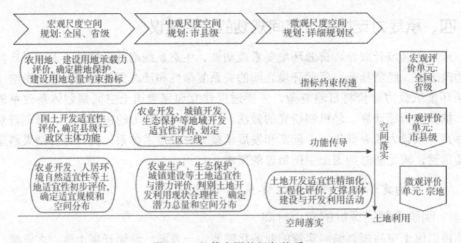

图1.3　承载力评价框架体系

不同类型的承载力需要采用不同的评价范式，并差别化地应用于指标约束传递、地域功能传导和空间用途管制，满足不同空间尺度、不同空间治理任务的需求。但受制于理论方法、技术手段、数据可得性的影响，承载力评价结果不可能完全真实地反映区域的真实状况，加之国土空间规划是多方面综合决策的结果，在实际应用中不能机械地根据承载力评价结果编制空间规划，应视情况将其作为约束性、参考性或强制性应用（表1-1）。

表1-1　承载力和适宜性评价方法及应用

承载力名称	评价单元	评价范式	应用方向
农地人口承载力	整个区域	限制性因素法	总量指标约束
国土空间开发适宜性	次级区域	多因素综合法	空间发展指引
土地开发建设适宜性	土地（栅格）	复合型评价法	强制性空间管制

（二）适应国土空间规划编制新要求

未来中国需要改变传统的生产、生活及发展方式，发挥全球生态文明建设引领者的作用，推动生态文明建设再上新台阶。国土空间规划需要适应新时代的新变革和新要求，促进和引领生产、生活及发展方式的转变，形成绿色高质量的发展模式。作为支撑国土空间规划编制的承载力评价也需要主动适应上述变革的要求。

1. 支撑国土空间规划新目标

生态文明建设再上新台阶下的空间规划需要塑造高质量发展、高品质生活、低扰动生态的国土空间。承载力评价的目的是通过衡量经济社会发展需求与资源环境本底的关系，促进资源利用方式和经济社会发展方式的转变，形成绿色发展方式。承载力评价应该有别于传统资源粗放利用发展方式下的评价模式，评价指标的选取中应当充分考虑高质量发展、高品质生活的需要。例如，基于食物安全供给的承载力评价，不能沿袭传统的以解决温饱为目的的评价，而应当考虑人民群众膳食结构的变化、考虑土壤污染等对绿色农产品生产的影响，为人民群众提供安全、优质的农产品。通过构建由结构类指标、绩效类指标、绿色类指标等组成的评价指标体系，表征高质量绿色发展模式下经济社会发展的结构变革、动力变革和效率变革，促进国土空间规划新目标的实现。

2. 契合国土空间治理新模式

未来国土空间规划将进入存量时代，空间开发模式将由大规模的外延扩张向内部挖潜提升转变；空间治理模式由以往"自上而下"层层下达指标向"上下结合"转变，由逐级控制的指令性、计划性管理向更多发挥地方各级政府管理主动性转变。空间规划一方面需要通过层级化、系统化的规划体系，落实国家重大发展战略，强化对资源消耗总量、环境排放总量的控制；另一方面需要加强空间治理的精确性、灵活性，满足新产业新业态对国土空间多样化、个性化需求。承载力评价需要适应国土空间治理体系化的要求，分级分类开展评价，保障控制性指标的约束传递和地域功能的层级传导，引导微观的国土空间管制和土地利用落实宏观的战略部署。承载力评价还需要适应国土空间规划进入存量时代的趋势，满足空间治理地方化、精细化的需求。各地在坚持高质量绿色发展的前提下，可以根据特殊的自然要素和人文要素，编制各具特色的空间规划，也应当因地制宜构建符合区域特色的承载力评价指标体系，并考虑流量政策和存量政策。如，需要考虑城市更新改造、容积率提升等对城市建设用地承载力变化的影响。

3. 顺应国土空间治理新手段

传统的空间规划侧重对规划基期的分析和静态规划目标描绘，忽视过程优化与调控，缺乏公众参与，影响部门协调。智慧社会下空间信息技术的发展为空间规划的变革提供了机遇，推动空间规划由蓝图规划转向过程规划、由静态目标规划转向动态控制规划。相应的承载力评价也需要由静态评价转向动态评价。一方面，关注科技进步对资源利用、环境治理以及产业发展、空间开发格局的影响，关注科技进步在承载力中的"门槛效应"。例如，节水农业的发展将有助于提升现有水资源的承载能力。另一方面，新的技术手段为实施资源环境承载力的动态监测预警提供了可能，在空间规划和治理中将监测预警作为调整优化区域功能定位和经济社会发展模式的主要依据，推动空间规划和空间治理的过程化和动态监测实施化。

第四节 国土空间综合功能分区

国土空间综合功能分区作为国土规划中的一项重要内容，其目标是为国土空间的开发与利用提供科学的基础和保障。并且，常常因为经济社会发展的不同阶段与对自然资源管控的需求的改变，相继出现主导功能不一致的国土规划内容。我国从最开始的注重经济发展建设到现在的注重生态环境保护这一过程中，相继出台了三轮土地利用总体规划、主体功能区规划、城镇体系规划及空间管制区划、生态保护区规划四类主要规划内容。现阶段，伴随着国土空间综合功能分区的方法体系与相关理论的不断完善，分区的总体目标与总体思路也伴随着社会的发展需求不断向前发展。国内的分区研究主要为以下五个方面：

一、分区单元划定

目前，国内相关研究中，分区单元主要分为两类：第一类以行政界限为评价单元，纵向分为省、市、县、乡、村五级行政单元，以行政界限为评价单元具有数据资料获取较为容易、实施管控策略较易实施等优点，但因为评价单元得到的分区类型较为统一，一个评价单元只体现一种主导功能，所以科学性有待加强，评价精度不够准确，其中，赵中华以勐海县境内的行政村作为评价单元，在开展主体功能区战略理论的研究的基础之上，对研究区内的国土空间进行了三生功能的分区，并提出了管制建议；第二类以一定的面积和大小的地类图斑为评价单元，以特定大小地类图斑为评价单元的分区方法具有分区精度较高、分区较为科学合理、主导功能区域突出等优点，但同一行政界限往往出现多种主导功能区域，在数据的获取以及实行分区管制时难度较大，其中，司慧娟以特定大小的地类图斑为评价单元，对青海省土地生态服务价值进行了评估，并对省域内的国土空间进行了功能分区的划定。

二、国土空间现状描述

国土分类作为国土空间现状分析的基础，通常有两种分类方式：第一种分类方式为功能分类，主要包括城镇聚居、生态调节、农产品供给等类型；第二种分类方式为结构分类，主要包括城镇及工矿用地、园地、耕地、草地、林地等类型。通过研究国土空间现状的格局与特征，将会为国土空间综合功能分区提供参考与借鉴。

三、分区指标体系构建

评价指标体系对分区结果起着十分重要的影响作用，其包含的科学性直接体现出评价结果的合理性。从当前的研究成果来看，评价因子的选取主要受到研究对象与研究方法的影响，研究对象的不同往往研究的侧重点也不相同。其中，张凤荣等提出指标体系的构建应体现出生态安全、资源安全、经济可行的特点，这也成为了我国学者构建分区指标体系的基本思路。张甘霖建议进行指标因子的选取时应遵循以下原则：第一是具有针对性原则，针对一般性用途进行选择；第二是具有主导性原则，选取具有主导功能作用的评价因素；第三是具有稳定性原则，选取的指标因子应使评价结构具有长期有效性，因此指标因子应具有时间上的稳定性；第四是具有可操作性原则，选取目前能够进行数据获取的指标因子。同时，指标因子的筛选又具有偏主观的方法与偏客观的方法，偏主观的方法比如专家经验选择等，偏客观的方法比如 BP 神经网络等。

四、评价方法与模型

随着科学技术的不断发展，目前主要的评价方法与模型主要分为两类：第一类为基于知识驱动的评价方法与模型，主要包括模糊综合评判方法、综合指数法等；第二类为基于样本学习与数据驱动的评价方法与模型，主要包括人工神经网络、逻辑回归模型等。

五、国土空间分区方法

从分区的层次来看，主要包括自下而上和自上而下两种方法。自下而上方法是以评价单元开始，逐层向上的评价方法；自上而下是以研究区上层出发，依次向下进行分区研究的方法。从数据处理的方式来看，主要包括定性分析和定量分析两种方法，定性分析主要是对功能分区的特点和规律进行总结和描述，定量分析主要是通过构建分析模型，进行数据处理，得到分区的结果。从分区的直观性来看，主要包括直观分区和间接分区两种方法，直观分区方法以数据作为支撑，根据评价结果进行区划研究；

间接分区方法主要以主导功能和主要因素进行区划研究。

对于国外的分区研究而言，空间分区最早是由德国著名的地理学家 Hettner 提出来的，其认为区域就是将整体进行不断分解的过程，地理区划就是将整体进行不断的分解，成为许多部分，这些部分在空间上相互联系，而类型可以独立。"二战"之后，各国纷纷追求经济社会的迅猛发展，国土空间规划分区也处于不断发展与完善之中。德国、英国、荷兰等欧美国家以及日本纷纷开展了大量空间规划分区研究。德国作为区位论等相关地理学重要理论的主要发源地，对于国土空间规划的体系研究与保障机制研究都走在世界前列。德国构建了国家、区域以及城市层面的空间规划体系，是一种具有综合性、上位性的空间规划体系。荷兰构建了包括国家、省和市三级体系，采取了针对边远经济区开发、劳动就业和产业活动区发展等一系列措施。日本将全国综合开发规划作为区域开发规划体系中最上位的规划，指导地方相关规划的编制，促进了日本经济的腾飞与社会的发展。欧盟自上世纪 80 年代以来分别进行了欧洲标准区域划分、欧洲空间发展远景、欧洲空间规划研究计划等不同的空间规划研究工作。

第五节 国土空间规划体系下用地协调机制

国土空间规划体系的建立，标志着"多规合一"的局面已经退出了历史的舞台。新时代的国土空间规划体系由"五级三类四体系"构成，"五级"对应规划层级、"三类"对应规划类型、"四体系"对应规划体系。该体系一经确立便成为各类空间规划进行国土建设和保护活动的基本依据，在我国空间规划发展过程当中，具有重要的划时代意义。而国土空间规划作为统筹部署国土的开发与保护，协调不同空间类规划的总抓手，明确了国土资源的管理工作模式，映射了国家治理体系现代化建设，因此，如何落实土地管理工作的统一构想和解决不同空间规划带来的用地规划不协调等矛盾，是开展国土空间规划工作过程中亟需解决的问题，也是落实用地规划的前提条件。

一、当前各类空间规划在"用地"环节协调的现状

（一）现行各空间类规划用地特征

据统计，当前涉及用地的空间类规划主要有土地利用规划体系、城乡规划体系、地理国情普查体系、林业部门规划体系和海洋部门规划体系五种。

其中土地利用规划用地分类体系包括现状和用途分类两种，该分类体系侧重于统计土地权属与农用地的保护，反映土地自然、社会经济的综合属性；城乡规划用地分类体系，以分区来划定适用的分类标准，较为关注土地社会经济价值，对各项建设性用地分类较为完善；地理国情普查体系、林业部门规划体系、海洋部门规划体系则是根据各自所侧重的领域对土地进行分类。

（二）各空间类规划在用地规划协调方面存在的问题

1. 用地规划价值观取向不一致

当前，用地规划涉及从宏观到微观的统筹，不同的规划视角考虑的任务和重点不尽相同。区域规划注重于区域内部资源的调整与发展，着眼未来可持续发展，其建设或保护措施都是既定目标实施的过程，一切安排服务于区域的发展；土地利用规划与城乡规划落实在城市层面，致力于对城市土地的合理利用和发展，在用地规划时，需考虑管理土地和服务民生的需求。综上所述，这几种不同的规划所构建的空间规划骨架，在实际的操作中往往能够相互补充、相互协调，可一旦出现价值取向的偏差，就很容易给社会造成不良的影响。

2. 用地分类标准不统一

当前，涉及空间管控的部门各自构建了不同的用地分类标准，这些不同的用地分类体系彼此之间难以协调呼应，甚至出现规划"打架"的情况，不利于对区域空间进行整体评估和统筹安排建设。城乡规划侧重于土地的开发，指导城市建设区内空间的合理组织和布局，但本质上不重视农林用地、生态用地等，仅对非建设用地进行简单的划定；土地利用规划则侧重对土地资源的保护及综合管理，在用地类别上对农用类用地划分较细致，而对建设用地的类别划分较为粗糙；林地分类基于管控的需要，以郁闭度、覆盖类型以及规划利用分类对林地进行细致的划分，但是在定义林地内容和方法上与土地利用规划差异较大。这些空间规划用地分类体系局限于自身规划体系的要求，彼此之间衔接程度不理想，在当前国土空间规划体系的构建中，需进一步整合。

3. 用地指标和布局不协调

各空间规划在管理土地空间的目标和出发点上不同，在用地指标和用地布局方面存在以下三点矛盾：

其一，用地统计的内容定义和方法不一致。比如在定义水库水面是否为建设用地问题上，城乡规划和土地利用规划便产生了分歧，而类似问题的积累最终会导致土地利用规划与城乡规划在建设用地规模统计方面难以同步。

其二，用地配套指标体系不协调。土地利用规划侧重于对土地资源的保护和管控，对于土地利用规划中应当设置的配套设施考虑不足，而城乡规划则侧重于公共、基础设施配套的完善，而对土地资源的保护和管控考虑不足。

其三，用地规模不协调。城乡规划用地规模的确定是依据预测的人口规模、城镇化水平和人均建设用地指标，受上级规划约束较小，而土地利用规划则是以上级规划来严格控制规模，两者都是用各自的一套体系去划定用地规模，相互间缺乏协调性。因此，在实际工作中，往往会因这两种规划的用地指标不一致而出现规划频繁改动的情况。

4. 用地管控交叉重叠

之前，不同的空间规划从属不同的部门管理，各类规划都只对各自部门负责，就会存在"谁也不服谁"的问题，必然会在用地管理上产生诸多矛盾。比如城乡规划与土地利用规划对彼此之间的关系如何认定上就存在矛盾。《城乡规划法》认为"土地利用规划必须服从城市规划"，但是《土地管理法》却要求"城市总体规划不得超过土地利用总体规划"，这就导致土地资源开发和城乡规划之间矛盾一直难以调和。

（三）国土空间规划体系下对各类用地协调整合的原则与路径

空间规划须重视空间布局与协调，而当前各部门制定的规划在概念和内涵上都存在较大差异，就单个空间规划而言可能是合理的，但多个空间规划共同作用时就会有矛盾，这些矛盾分别体现在用地分类体系、用地规模、用地布局等方面，不利于区域发展的整体协调和统筹安排。因此，国土空间规划体系构建中的首要任务，就是要对各类用地进行协调整合。

1. 构建统一的国土空间规划基础数据平台

在国土空间规划体系中，打破空间类规划的藩篱，实现用地判断的价值论、方法论、实践论的统一，首要的任务，就是构建统一的空间规划数据平台，真正实现信息的互通互享。构建共同的规划话语体系，是解决空间规划之间在用地属性、规模、界定等问题上存在冲突的有效途径，从而实现国土空间规划体系下用地编制共建共享，达到对土地资源的有效调控。

2. 构建完善的国土空间规划用地指标体系

各类空间规划的用地控制指标体系都是各部门在自身发展的不同历史阶段或不同环境背景下构建的，其出发点和目的都不尽相同。国土空间规划需要寻求最大公约值，破除各空间规划指标衔接时存在的壁垒，以构建更科学、合理的用地指标体系，从而协调城乡用地布局，强化对用地指标规模的管控。

3. 提升国土空间规划的土地有效供给

各类空间规划在编制的时候，不可避免地产生规划编制的部分重复，而通过用地规划协调可有效形成用地指标和空间管控一张图，使得各类空间规划能够真正融入到国土空间规划体系中，规避各种用地规划间的矛盾，从而增加土地的有效供给。

二、国土空间规划体系的用地协调机制探索

（一）国外空间规划经验对我国国土空间规划体系用地协调机制的启示

1. 国外空间规划研究

用地的利用和协调都是各国规划的重点，由于不同的发展背景及制度管理体系的不同，用地协调的手段也因此存在差异，但仍可以通过对这些发达国家的研究来获取经验，本文将对英、美、德等国的空间规划经验进行概述。

英国的用地体系中规划编制和开发控制引导是彼此独立的，对应为功能性和政策性用地体系，其中功能性分类体系是作为规划审批的依据，而真正指导、开发、控制土地利用的是地方政策性用地规划。这种用地规划体系能够协调和促进中央政府与地方政府共同发挥作用，中央政府把各地方政府的行为装在法律的框架内，同时地方政

44

府以一种指导性的规划手段，在市场的作用下，实现用地规划的多方参与和多方协调。美国作为一个联邦制国家，联邦政府没有全国统一的规划，也没有统一的用地管控标准，空间规划较为自由，规划体系是以州为核心，并只对州政府负责，因此空间规划大多集中在州政府与地方政府间纵向的二级传导。土地规划是州政府制定各种规划工作的重点以及基础，作为城市管理指导类政策文件，要求地方政府根据地方发展情况制定地方土地利用规划，包括对土地总量、建筑开发量以及土地区划控制，由于地方政府只对州政府负责，故用地规划的落实在纵向上传递明晰。而美国对于用地的开发是采用区划技术，即运用一系列的指标来控制对应土地的用途，土地被分为不同的分区，并按照级别设置保护或限制条件，将彼此有冲突或不兼容的用地分离开，且每种区划都被政策条例所明确规定并向公众公开，因此，用地规划落实在横向上，各部门分工明确，相互协作。德国的空间规划体系等级清晰，联邦政府确立空间规划的总体架构，并将州发展规划及区域规划作为承上启下的桥梁，地方规划是土地规划的具体层面，分为预备性土地利用规划和建设性规划，预备性土地利用规划充分协调城市与乡村的关系，通过确定土地利用类型、规模和市政公用设施的布局，从而为建设性规划的制定提供依据，实现对用地的统筹发展。

2. 国外用地协调机制启示

西方国家空间规划体系的经验对我国国土空间规划用地协调方面的参考价值主要体现在以下四个方面：第一，在用地价值观层面，明确统一的价值取向，并自上而下地贯彻这种用地价值观。第二，在用地分类体系层面，借鉴美国的区划法，将规划的价值观与用地的功能结合，从而通过价值取向限定用地的分类，避免产生较大分歧。第三，在用地规模层面，学习德国的预备性土地利用规划，通过与田地重整部门的共同参与，在确定土地利用规模时，充分统筹城乡，确保用地规模的划定有利于农业生产结构的改善。第四，在用地管控层面，统筹学习美国、英国、德国的做法。美国的空间规划中，州政府与地方政府的二级传导，非常明确地划定了政府之间的责任田，而德国采用的垂直型的空间规划体系，将用地管控进行分层落实，此外，英国空间规划将用地的审批与开发控制分开，使得用地管控更加灵活高效。

（二）国土空间规划体系下用地规划协调机制

建立国土空间规划体系下用地规划协调机制，前提环节是协调各方用地价值体系，基础环节是重构统一的用地分类标准，关键环节是用地规模指标的制定与传递落实，根本环节是用地管控的协调与反馈调节。

1. 用地价值体系协调机制

为统一各方的认知，实现各方协调，合力地完成用地规划，应充分尊重各方原有的价值诉求，建立鲜明的价值导向，作为开展用地协调的前提。统一各方的用地价值导向，纵向上，从中央、省政府层面上统一用地价值体系，将市级政府作为用地规划管控的核心，地方政府对市级政府负责，贯彻市级政府的用地价值取向。横向上，用地规划价值的研判，需要谋求各方的最大公约数，做到"保底线""划边界""谋支撑"的原则。"保底线",即底线思维的考虑,建构开发与保护的二元壁垒,进一步突出保护自然类的生态空间和人文类的历史文化空间,在用地分类上进行明确;"划边界",即划定若干利益群体,有效地界定其利益边界,按照"三生"空间的战略布局,明确不同主体的空间边界,全覆盖国土用途管制制度;"谋支撑",即确保区域设施体系的完善,将区域的安全和健康与城市挂钩,切实保障民生事业的发展。

2. 用地分类协调机制

用地规划协调机制的基础环节是建立统一完善的国土空间分类标准。按照国土空间规划开发保护的总体格局,根据"山水林田湖草海"的保护要素,构建全域一体、海陆一体、城乡一体的国土空间开发保护系统。以现行的各种用地分类规范等为基础,参考林业、农业、交通、海洋等部门的规范及标准,采用用地价值协调中"保底线"原则,将大类中的三类作为开发、限制开发和保护用地,基于"谋支撑"原则,加入区域设施用地,此四大类用地根据"划边界"的原则进行进一步分级,将其细化分类成三级,纳入各空间体系,生成基本适合国土空间开发的、具有可操作性的统一标准。

其一,开发用地。主要按照土地利用的切入点进行划定,大多延续城乡规划用地体系对于城市建设用地的分类,将城市与乡村的建设用地进行统筹考虑,打破城乡之间界限。一是将与人们生产生活息息相关的、可以连片布置的用地归为城乡建设用地,包括城乡住宅、城乡商业服务设施、城乡公共服务设施、城乡公用设施、城乡道路和城乡其他建设用地;二是把二产及其以上产业作为开发类用地进行分开归类,工业用地、物流仓储和采矿用地从城乡建设用地分离出来;三是把城乡绿地及广场用地也作为开发用地,一方面可以保障城乡开发用地的环境品质,另一方面可以作为城市发展的备用地。

其二,限制开发用地。限制用地主要参考国土资源部门、城乡规划部门、林业部门、海洋部门的用地分类规范,将既有开发类性质也有保护类性质的土地分为限制开发用地,即农林生产用地、生产水域和生产海域三大类。首先,农林生产用地的分类,主要继承了国土资源部门三大类的农用地类别,以一类产业的生产用地为主,把具有生产性的林地和草地纳入到农林生产用地,突出这部分用地的生产性;其次,进一步引入生产要素,将海域跟水域也细分出生产水域和生产海域,将原国土资源部门与原城乡规划部门对于水库用地的建设性与非建设性定义不一致进行协调,把水库水面和坑塘沟渠统一归类成生产水域,将交通运输用海和旅游娱乐用海、特殊用海作为生产海域。

其三,保护用地。保护类用地主要是出于对土地的保护或防护功能方面的考虑而划分的。首先,从自然角度分类的是海域、水域、林地、草地、未利用地、防灾生产保护用地。其中海域主要作为保护性海域,水域作为保护用地,主要是河流、湖泊、滩涂、沼泽、冰川积雪用地,除去了可以为生产提供作用的水库、坑塘沟渠;林地和草地中只是将具有生态保护用途与特殊用途的用地划入;未利用地中,为当前技术难以利用或经济价值不高的土地;防灾生产保护用地是为人们的生产生活提供保障的和需保护的用地,包括饮用水水源保护区、河流水体控制区、地质灾害密集区、其他保护控制区。其次，从人为干扰控制角度分类的用地作为专项保护用地，包括风景名胜用地、自然类世界遗产、文物古迹用地和其他专项保护用地。

其四，区域设施用地。区域设施用地既有开发的作用，又有保护的作用，并且无法划定为限制开发用地，故将之与其他三大类用地独立，作为独立的对开发和保护都起到辅助作用的用地。此分类基本延续了国土部门与城乡规划部门的用地标准，在进一步细分时特别注重其区域性，从而分出与开发用地中的公用设施以及基础设施不同的用地。

3. 用地规模的协调机制

国土空间规划中用地规模的协调是用地规划协调的关键，住建部曾要求城市总体规划与土地利用规划的城市建设用地规模应保持一致。在实际工作中，各类空间规划在用地规模方面因存在不同的需求，彼此之间缺乏必要的联系，从而导致规划之间的矛盾与重叠，国土空间规划体系需要整合用地规模，可以从以下两个方面考虑。

其一，综合协调。摒弃各自为政的用地指标体系，以用地分类中的国土保护开发为价值取向，通过对国土自然环境、社会经济发展状况等进行综合研究，以此作为用地指标规模的基本依据。国土自然环境研究可通过"双评价"研究，客观地反映现状资源环境的开发条件，评估未来发展潜能，通过"三区三线"的划定，确定开发、限制开发和保护用地的范围红线。在社会经济研究方面，主要是研究经济规模、人口基础和社会文化等要素，作为开发、限制开发、保护和区域设施用地的具体指标规模的宏观依据。

其二，方法协调。主要基于土地利用规划和城乡规划关于用地规模预测的方法进行优化，国土空间规划的战略思路是"开发保护"，这就涉及土地的需求和供给两个方面。城乡规划是以预测人口规模以及城镇化水平，结合人均建设用地指标进行推算的，仅考虑土地的需求侧，而忽视了土地资源的稀缺性。土地利用总体规划是以土地的供给侧角度出发，但在指标制定时缺乏必要的研究支撑。因此，国土空间规划在进行用地规模预测时需对这两种方法进行协调，从宏观层面进行分析，综合考虑供给与需求两种因素，以优化空间格局和资源配置为目的，合理预测各类用地规模。

4. 用地管控协调机制

用地管控是用地规划协调的根本所在，国土空间规划体系的构建，打破了各类空间规划在管理上各自为政的局面，这为健全用地管控提供了制度保证。

其一，构建用地管控数据平台。构建统一的用地管控信息数据库，对各类空间体系用地进行梳理，消除重合矛盾的用地，确定统一的用地信息，为用地规划编制、传递和实施等过程提供基本技术支撑，实现各类空间规划在统一国土空间体系下用地信息管控的互联互通，提升用地管控效率，规避各类矛盾冲突。

其二，纵向落实用地管控。在纵向落实用地管控方面需要厘清上级政府与地方政府在用地规划管控中的事权关系，进一步加强上下级政府之间的对话机制，将用地的价值取向在中央和省级政府层级确定，用地分类体系在市县级政府层级统一，并落实到地方政府层级具体实施。用地规划规模指标落实在不同层级的国土空间规划编制，省级以上的国土空间总体规划确定核心控制指标，并进行总量控制和分解下达，层层传递到市、县、乡级，建立分级指标体系，下级国土空间规划严格落实上级空间规划的要求，同时，地方政府还可以对用地指标进行反馈，最终由上级政府进行统筹优化。

其三，横向协调用地管控。在国土空间规划体系框架下，自然资源部统一行使用地规划权力，横向整合各部门用地空间管控职能，提高用地治理效率。在用地规划编制时，可考虑构建用地规划多方共建平台，透明编制工作环节，联合部门、社会公众和第三方组织共同参与共建、共担用地规划的重任，参考美国的区划法制度实施经验，根据用地保护与开发间的价值取向，出台土地使用方式的相关法律和条例，向社会公开，接受社会的监督。

其四，反馈循环调节管控。用地规划在从上到下的编定、传递和实施的全过程中，加入反馈循环调节管控机制，改变以往的单向传导过程，在用地价值、用地分类和用地规模指标的传递过程中允许下级部门提供修正、反馈意见，增强规划传递的科学性，在用地规划落实之后进行闭合评估反馈，鼓励公众参与，接受第三方组织的监督，最终将反馈的结果作为上位规划或政府的修编、计划和指标的重要调整依据，最终完成反馈循环调节。

第二章　国土空间规划重要控制线体系构建

第一节　研究背景

一、区域协同发展速度加快与国土资源管控发展不充分之间的矛盾

改革开放 40 多年以来，中国伴随着快速的城镇化进程，城镇化率由 1978 年 17.92% 到 2018 年的 58.25%，增长了 40.6%；近十年来，城市城区面积由 2008 年 178110.28hm² 增长到 2018 年的 200896.50hm²，增加了 22786.22hm²，城市外向扩张速度加快。自"十一五"规划提出城市群作为城镇化的主要形态以来，城市集群发展越来越明显，珠三角、长三角、京津冀等城市群内部扩张加速，逐渐形成了城市连绵区，导致永久基本农田、陆域生态环境、海域生态资源等大量国土资源被蚕食侵占。快速城镇化导致 2 亿多农民工流动于城镇，而城镇的治理体系明显滞后于过快人口流动，国土资源管控体系、监督手段、惩罚机制等诸多方面发展不充分，域镇开发建设与资源环境保护的矛盾越来越明显。因此，研究如何健全国土资源管控体系，补齐国土资源管理体系，成为了当前亟待解决的问题。

二、中国传统规划体系的空间管控局限性

中国传统规划体系主要包括城乡建设规划、发展规划、国土资源规划、基础设施规划和海洋规划六大类，对比不难发现六大规划系列存在着管理部门各不相同、规划内容侧重点差异明显、规划管控层级错综复杂、规划体系间交叉重叠内容较多等现象，

暴露出体系庞杂、系列间协调性差、发展失衡、法规建设落后、层级间脱节严重、规划间存在越位、错位、缺位等问题。而推进国土空间规划，绘制统一图纸、汇总统一底数、划定统一底线只是开端，最终目的是解决规划方案统一、用途管制统一、管理责权统一等问题，与传统规划体系之间格格不入，传统规划体系的局限性也很难满足新时代国土空间规划诉求。

三、空间治理诉求下的国土空间管控要求

20 世纪 80 年代，中国进入改革开放时代，国家经济制度从计划经济向市场经济转型，同时土地资源市场化快速在全国铺开，快速城镇化和土地市场化占用了大量的土地资源，对 18 亿亩耕地的保护底线产生了巨大的冲击，同时城乡土地开发量日益增长与土地资源开发监督管理水平跟不上的现象越来越凸显。国土空间用途管控要求也越来越高，党的十八届三中全会首次提出"国家治理体系和治理能力现代化"的重要任务，而加强国土空间管控体系也是国家治理体系和治理能力现代化的重要任务之一。如何整合优化国土空间治理、管控体系也成为了亟待解决的时代命题。

四、控制线是国土空间管控实施的基本保障

新中国成立以后，一直到 1982 年都没有确立控制线管制制度。自 1982 年上海市虹桥新区的首次详细规划以来，控制性详细规划作为粗犷的土地定价技术进入空间规划体系，控线体系也应运而生，控制线相对于政策管控、分区管控、指标管控等管控措施，更具象化，以实实在在的线条存在，有利于沟通理性的实施。重要控制线可以被各利益相关方充分理解，作为各方明确可以讨论的内容。控制线体系也顺利成为规划审批和项目审批的重要工具，也为土地资源市场化提供坚实的法律依据。1984年《城市规划条例》颁布以后，提出城市规划区建设用地采用建设许可证制度，具备了用途管制的基础，进一步明确了控制线作为用途管制的基础依据。控制线管控内容也由 1991 年的土地使用、城市设计、环境容量、设施配套四项，扩展到当前的用地、建筑、城市设计、建设容量、设施配套、行为活动、四线管控等七项。不难发现，控制性详细规划作为城乡建设规划体系中的主流规划，为了满足土地资源市场化需求，其控制体系也在不断完善。随着中国进入新型城镇化阶段，控制体系中的控制线也需要进行革新，以满足国土空间用途管控和空间治理的诉求，为完善国家治理体系做出应有的贡献。

第二节 相关研究综述

一、国外研究进展

空间规划最早起源于德国、英国、荷兰、日本等发达国家，因而国外学者对空间规划的管制措施研究有着较长的历史。早在 20 世纪初，德国地理学家 Hettner 就提出把区域当做一个整体系统来看待，通过地理区划将全国划分为多个相互关联的区域，对区域间进行整体的空间管控。俄勒冈州、夏威夷等地区在 20 世纪 20 年代就开始了州层面的土地用途管制，这个时期以区划规划作为主要管控手段，以美国、德国、日本等为代表的发达国家率先开展土地用途管制，并颁布《标准分区授权法》和《城市规划法》等相关法规为区划规划提供法律保障，土地用途管制从"二维"走向了"三维"。

二战后，后工业时代到来，伴随着经济快速发展，多数发达国家进入快速城市化阶段，大量人口涌入城市生活，也带来交通拥堵、基础设施不健全、生态环境恶化和土地资源浪费等城市问题。城市规模蔓延过快导致耕地资源短缺，土地管理能力跟不上城市扩张速度导致土地利用率底下，新区粗暴式开发导致空间资源浪费，城市内部空间结构转变缓慢而外部空间增长突出。对空间发展的不适当监管成为了当时全球危机的根源，财富分配不平等的现象日益增多。州层面区划规划和土地利用计划也不能对当时的情况作出足够灵活的反应，原有的空间规划体系表现出已经没办法解决城市空间与非空间要素之间的关系，为了适应城市发展的更多可能性，如城镇规模和空间结构的弹性，需要构建一个灵活的、适应性强的弹性空间结构。同时，灵活的空间结构将更加注重城市发展过程和设置实时导向途径。世界各国开始进行空间规划体系变革，空间规划变革也逐渐引起了国际规划界的重视。于 1960 年代开始，德国、美国、荷兰、日本等发达国家相继开展了城市发展管控。在城市容量控制方面，提出了容纳式城市发展政策来应对城市蔓延；在城市增长方面，提出了工业用地计划、用地战略计划等相关管控措施，并制定了城市发展上限、设施供应要求以及相关土地税收制度等政策工具来管控城市，以实现城市精明增长。其中，容纳式城市发展政策主要包括绿带、城市增长边界和城市服务边界，引入城市增长边界、绿带等控制线来控制土地容积率、空地率、开发强度等指标，增强对城市外围空间扩张的"挤压力"，将城市空间增长限制在开敞空间、重要农业用地以及生态脆弱地区之外；而城市服务边界则通过控制基础设施建设，限制基础服务设施服务范围，利用其"拉力"将人口聚集到开发边界以内；然后提出工业用地计划、用地战略计划、设施供应要求等相关控制措施，来实现对城市工业用地增长、基础设施用地扩张等城镇增量增长的管控；提出农地保护、中心区再开发、土地集聚集约利用、基础设施高效利用、工业用地分级供应作为城市发展管控的共同目标，以达到控制城市增量扩张和存量高效利用的目的，来补强州层面的区划规划不足，维护社会公平、经济回报和环境保护三者的平衡。

德国是世界上公认最早开展空间规划，早在1900年德国为了解决分散居民点体系，实现公共服务设施均等化，开展了区域规划；1930年为了对区域的结构进行调整和重新布局，对未来发展提出一个总体性的设想，编制了区域整治规划，国土空间规划得到了初步发展。随后，德国对国土空间规划编制和立法体系进一步深化，德国不仅是区位理论、空间结构理论等经典地理学理论的发源地，也是具备最完善的"联邦空间秩序规划－州域规划－地方规划"三级空间规划体系和制度保障的国家，其中，联邦层面的联邦空间秩序主要分析空间发展趋势并制定德国空间发展政策；州层面的州域规划侧重战略指导规划；地方城市层面更倾向建设控制性规划，以划定控制线为主，由地方层面的地区规划、市镇层面的土地利用规划和建设规划组成，其中，地区规划致力于制定城乡空间协调发展目标和开发需求，制定相应的空间用途管制措施；土地利用规划属于基层行政部门对于地方发展的构想，对未来土地开发利用作出提前预备规划；而建设规划是属于基层实施性规划，是各项开发建设活动的法律依据，也是规划实施落地的法律保障，对开发建设、规划管理都具有较强的法律约束力，其主要管控手段也是用地分区和边界划线管控。为了进一步保障三层级空间规划体系在各层级行政部门之间分工明确、传导有序，德国配备了《空间秩序法》和《建设法典》两部空间规划主干法律，完善了相关法律支撑体系，也为德国空间用途管制体系的制定、管理、实施提供全过程保障。

荷兰国土空间用途管制始于1958年，编制了兰斯塔德发展纲要，以战略性、实用性和管制性著称，其战略性和控制性主要体现在"绿心"控制，其主要做法就是：将兰斯塔德划分为多个以绿心为管控中心的管控区，城市其它功能围绕着绿心规划建设。绿心的日常维护提供了更多就业岗位，同时也创造了更优越居住条件。其实用性体现在分层级规划理论和相应的分区、分类、控制线等技术手段。形成了国土空间发展战略（国家级）—区域规划（省级）—结构规划和土地利用规划（市级）三级空间规划体系。国土空间发展战略是国家的核心决策与国家重大建设项目的载体，国家级规划主要解决核心决策问题，还会为地方政府编制规划准则，对省、市政府的监管和约束力较强；省级区域规划除了传导国家级规划，还需要传递省级规划政策，与国土空间发展战略都是属于指导性、非必须的规划，并将省级重要控制空间分为现存都市区、扩张都市区、工业区、自然保护区、农业生产区、休闲区、水资源保护几大类，通过区划形式向下管控传导管理意图；市级规划分为两个层次，一是结构规划，二是土地利用规划，市镇级土地利用规划除了通过划定边界管控土地利用以外，还需对城镇建设容量进行管控，对地方建设具有绝对的约束力，约束力强弱由地方政府自己决定，地方政府除了编制土地利用规划外，还要对土地的建设许可进行审核管理，建设许可审核管理和土地利用规划互相协调、相互制约，进而荷兰的城市规划者被赋予了更多的政策空间，以制定特定区域的环境目标，以期进一步促进环境规划和城市规划的一体化。荷兰的规划体系与行政体系完全吻合，规划层级和行政区都是分为中央、省和市镇三个层级。其中最重要的为省级层面的规划和行政部门，一方面作为中央战略的推行者，另一方面作为指导和审核市镇层级规划是否与省级政策相符合，起到了承上启下的关键作用。完善的规划系统和行政系统配合默契也成就了荷兰空间规划评估系统，荷兰形成了与规划编制机构相分离的评价机构，对规划实施进行动态性的监控评估，强调事前和事中的重点评估，定期体检，随时动态矫正，常态化管理。与我国的"终审制"评估恰恰相反，缺乏事前评估导致我国空间规划进入"事前不健康、事中不保养、事后大修补"的怪圈，这也导致我国空间规划的科学性、高效性被严重质疑的局面。

日本作为亚洲较早开展空间规划的发达国家，从明治维新时代开始，日本政府便开始了国土开发和建设，在二战前就形成了从大阪到东京的太平洋沿岸"西日本国土轴"雏形，到 1960 年左右形成了太平洋沿岸工业带为一轴、东京为一极的"一极一轴"型国土空间结构。并于 1919 年和 1950 年就分别制定了《城市规划法》和《国土综合开发法》，规定了全国、都府县、地方和特定区域的综合开发计划。随着区域协调发展的形成和土地用途管制的细化，日本于 1968 年对 1919 年的《城市规划法》进行修订，以解决战后日本城市无序蔓延的现象，新版《城市规划法》强调了将中央政府的城市规划行政权转移到都道府县和市町村地方政府，并将城市市区划细化为城市化控制地区（市街化调整区域和限建区）和城市化促进地区（市街化区域），实行的是"三区"管控手段，即"市街化区域、调整区域和限建区"三个管控区与"全国、地域、都道府和市町村"四级空间规划体系形成"多横多纵"的网络型结构，"三区"只要审批通过，将受到严格的法律约束，其中，全国与区域的代表规划为国土形成规划，主要针对国土开发、保护和利用等方面编制的宏观战略规划；而都道府县、市町村的层面主要编制国土利用规划，该规划主要用于控制用地指标设定和规模边界管控；在都道府县层面还会编制土地利用基本规划，用于指导地方编制对应的专项规划。在城市规划法修订过程，还提出了"划线制度"作为城市化促进地区和城市化控制地区进一步细化管控的制度，深入细化了土地利用分区管控，并引入容积率作为控制指标。伴随着划线制度推行，各级间政府的博弈导致划线制度淡化了"优先开发"和"严格保护"两项控制内容，弱化了对小面积地块的管制，反而促进了小规模开发及现有城市建成区的高密度化，部分地区的城市问题进一步恶化，最终导致日本控制城市蔓延失败。随后，日本于 1974 年颁布了《国土利用计划法》，为编制全国规划和区域规划提供相应的法律基础，要求全国、都道府县、市町村编制土地利用计划和都道府县土地利用基本计划，进一步细化各层级政府的土地管控细则，再次革新"划线制度"，控制城市快速扩张。随着日本进入快速老龄化的国家行列，日本于 2005 年对《国土综合开发法》进行修订，形成的《国土形成计划法》明确了国家和地方的分工合作和责权范围，要求国家和地方需要编制土地形成、利用及整备的全过程计划，再次细化了空间管控划线体系。并提出由"粗犷增量"发展模式转向"存量提质"发展模式，以应对少子、过度老年化社会的需要。国土形成计划和国土利用计划构成了日本空间规划完整体系。在这个过程中，也制定了《森林法》、《海岸法》、《景观法》等相关法规，以保障森林地域、自然公园地域、自然保护地域、海岸带控制线、景观规划区域等"控制线制度"被进一步落实到各层级规划，也规避了政府之间的博弈弱化"划线制度"落实的问题，保障规划层级、规划内容之间的衔接和过渡。

此外，新加坡于1971年开始编制全覆盖的"三区一线"的概念规划用于空间管制分区，通过划定建设用地区、开敞区、发展预留区和交通廊道来管控、引导城镇空间发展；巴西实行"五区"空间管控手段，划定疏散发展地区、控制膨胀地区、积极发展地区、待开发区和生态保护区对区域进行全覆盖空间管制；随着大城市的进一步发展，从1980年开始至今，土地管制由州层面深入到各大城市层面，美国纽约、日本东京等大城市相继出现了特别意图区、景观规划区域等控制线，为保障城市特色发展提供技术支撑。堪培拉实行的"四区一线"空间管控手段，通过划定城市发展区、城市建设储备区、乡村区、开敞空间区和交通走廊控制线来管理和控制城市的建设区，并为城市长远开发建设留足了空间。纵观发达国家的空间管制理念，在物质空间管控的基础上，发达国家更注重社会、经济和环境等非空间要素的发展目标，国外空间规划管控具有较强的整体性、战略性和协调性，以保障城镇可持续发展。主要以"区划"为主，地方具有较强的自治空间，在不违反上一级区划的前提下，每个地方可根据自己的空间管控需求制定空间用途管控线细则。

二、国内研究进展

新中国成立以来，中国空间规划的雏形是为了完成中国计划经济时代所确定的发展目标而编制的经济区划和重点项目建设规划，参考前苏联的社会主义生产力布局理论，编制了以建设项目为导向的新工业基地和工业城市建设规划，主要包括第一个五年计划（1953年－1957年）前苏联援助的156个国家重点建设项目。随后，1958年提出了封闭的地区"经济合作区"构想和1965年提出以国防为基本目标的"三线建设战略"等国土建设举措，直到文化大革命国土规划停止。这一时期国土规划呈现出以下特征：以前苏联的生产力布局理论为基础，经过局部修正，进行了部分地区的综合开发规划，全国范围的国土规划还没有形成；对于欧美国土规划理论缺乏认识，对于国土的法律保障缺乏了解；规划思路与"国土规划—区域规划—城市规划—工业配置"的正常顺序相反，缺乏综合性和整体性。自1978年改革开放实施之后，国家从计划经济时代向具有中国特色的社会主义经济转变，空间规划的控制线体系作为粗犷的定价技术应运而生。早期的空间规划主要用来表达特定区域的文化、社会、经济和生态环境等相关领域的政策制度，主要表现形式为区域规划；随着社会管理需求进一步细化，理论上空间的社会意义被实践中的划线空间逐渐替代，再加上实践中的划线空间与非空间要素作用也越来越复杂，划定控制线的空间规划逐渐作为社会、文化、经济、生态等政策制度的地理表达手段，划定控制线的空间规划体系具备尺度、区位等空间属性，弥补了早期理论上空间规划的不足。控制线体系逐渐变成了对不同时空、不同尺度的国土空间管控工具。

梳理了中国近现代空间规划行业相关大事件，不难发现，规划体系也在不断变革，以解决每个时期城市发展建设的核心问题，控制线体系也贯穿在整个城市规划变革体系中，控制线体系也主要经历了初步探索、持续发展、调整混乱、变革转型四个时期。

　　初步探索期：城市规划处于"摸着石头过河"的探索阶段，早在20世纪20年代，中国相继开展了南京的"首都计划"、"上海都市计划初稿、二稿、三稿"以及汕头市的"市政改造计划"等一系列规划活动，在这一时期，城市规划的主要管控对象是城市建筑空间，城市规划作为城市建筑空间发展需求的附属品，无法从总体上满足城乡融合发展的需求，城市规划与城乡建设发展中的经济、社会、文化和生态之间仍出现了脱节现象。再加上经济体制由"空投－镶嵌型"转向"自主吸引投资型"，城市规划编制依据也由"重大项目布局规划"转变为"全国国土规划纲要"，城市规划也从单纯的目标导向型转向综合自主型；初步探索期，空间管控研究主要以区划为发展主轴线。区划管控早在20世纪50年代之前就开始出现，主要针对单要素的自然区划管控，即竺可桢的气候区划、李承三的地形区划、黄秉维的植被区划、陈恩凤的土壤区划等，对单独自然要素采用专家集成的方法进行分区。1978年改革开放为国民经济事业带来的巨大动力，推动着城市快速发展，为了满足城市土地利用管理需要，相继出现了土地利用分区、主体功能区划、城市总体规划等相关规划形式。但是，这些规划管控手段对城市空间的管控还是比较弱，例如：1984年的上海总体规划在实施过程很难适应上海的城市发展速度，主要在于该轮总体规划未能明确城市总体发展目标和城市未来空间结构模式，对城市未来空间发展管控欠缺，呈现出基础设施建设混乱、城市发展缓慢、生态环境破坏严重、交通条件较差等问题。随着中国的城镇化速度越来越快，社会、经济和生态等非空间要素管控要求也越来越精细化，单纯的区划也不能满足城镇精细化管理的需求。20世纪90年代，"空间管制"理念被引入到城乡规划学、地理学、区域经济学、公共管理学等学科，在区划管控的基础上衍生出了规划用地红线，来弥补区划管控的不足之处。

　　持续发展期（1986-2000年）：随着社会经济发展，从集体土地"分田到户"解放劳动力，剩余劳动力促使中国"世界工厂"的形成，这个发展过程导致土地的需求剧增，大量耕地被吞噬侵占，突破了原有城市总体规划的控制指标，国家也意识到土地资源的有限性和局限性，尤其是耕地作为国家粮食安全保障的基础，国家于1986年成立了土地管理局，并颁布了《土地管理法》，编制了土地利用总体规划，以防止城镇空间过度扩张，保护耕地，划定了相应的耕地保护红线。城市空间扩张加速，分区规划和用地分类管控手段也得到了快速发展。在持续发展期，为了解决用地指标管控、土地分类、耕地红线划定等核心问题，空间规划体系由单一的城市规划转变为土地利用规划和城市规划组成，规划编制技术也从早期的平面处理软件发展到空间三维软件，这一阶段出现了耕地保护红线、用地红线等控制线，控制线体系也得到了快速发展。

　　调整混乱期（2000-2013年）：伴随着空间管控手段的进一步细化，空间规划逐渐形成了由区域规划、城镇体系规划、总体规划、分区规划、详细规划组成的分层次规划体系。为了加强新空间规划体系的土地用途管制能力，在传统红线之后，建设部于 2002 年至 2005 年相继颁布了《城市绿线管理办法》、《城市紫线管理办法》、《城市蓝线管理办法》和《城市黄线管理办法》，明确了"城市五线"的雏形。随着国土资源部于 2001 年开始了新一轮的国土空间规划试点，空间规划逐渐成为政府开展宏观调控的重要手段，传统只重视发展规划的部门也开始将空间规划列为规划核心内容，从而引起了规划管理部门对空间规划归属的争夺，各部门竞相为管辖内容划定属于自己的控制线。主要表现在建设部、国土资源部和国家发改委三个部门都在开展相似的空间规划，导致国土规划、区域规划、城市规划等主要规划之间的土地用途管控逻辑关系开始变得复杂混乱，空间规划进入混乱时期，控制线划定体系也跟随进入混乱时期。国内开始了关于控制线的研究探索热潮，早期学者对单要素控制线进行了研究，例如：对划定河道蓝线的原则、要素等内容进行了研究，通过编制规划来保护水资源，改善水环境，修复水生态，提升城市生态功能。随后对"城市五线"在控制性详细规划编制中的实际划定进行了探索，结合实际情况，对尚处于初期阶段的"五线"管理与应用过程中面临的问题与挑战进行分析，纠正了"城市五线"存在的问题，促使"五线"在城市刚性与弹性的管理过程当中发挥其更大的作用。当然除了住建系统的"城市五线"之外，也有学者针对耕地破坏严重、农村生态环境恶化等问题，提出了守住耕地保护"红线"的政策建议，除了国土部的耕地保护红线，这一时期还出现了林业部门的林业生态保护红线、生态部门的海洋生态红线等控制线体系。最终形成体系庞杂、混乱的控制线管控体系。

变革转型期（2013-2021 年）：随着社会生产力的提升，城镇管理水平也越来越精细化，住建系统对"城市五线"内容做了进一步革新，例如天津市出台了《天津市规划控制线管理规定》，提出了由红线（道路用地）、绿线（绿化用地）、蓝线（水源地和水系）、黄线（基础设施用地）、紫线（历史文化遗产保护用地）、黑线（轨道交通用地）组成的"城市六线"；青岛市更是提出了由蓝线、绿线、紫线、黄线、城市安全橙线、高压走廊黑线等组成的"城市七线"管控体系，以保障全域空间规划正常运行。"城市七线"主要针对城市建设用地管理，而缺乏了全域管理能力，局限性比较明显。不论是住建系统的控制线，还是其它规划系统的控制线，仍暴露出了横向管控目标差异大、纵向管控规模各说各话、管控标准不统一等问题。而空间规划的控制线系统作为社会利益分配工具、公平权益载体的社会地位也越来越被重视。十八届三中全会以来，国家高度重视国土空间用途管制体系建设，中共中央于 2013 年 11 月 12 日印发了关于全面深化改革过程中若干重大问题的决定，提出划定"生产、生活、生态"三生空间开发管控边界，建立国土空间用途管制体系完善的空间规划体系，落实国土空间用途管制完善自然资源监管体制，统一行使所有国土空间用途管制职责。党的"十八大"将生态文明建设作为中国特色社会主义事业建设的一部分，生态文明建设正式被提升到国家总体发展布局层面，各类生态空间管控成为了当下亟待解决的问题。党的"十九大"更是明确了要"完成生态保护红线、永久基本农田、城镇开发边界三条控制线划定工作"，会议还强调为了保障国家顶层设计落实到位，需要建立统一的空间规划管控体系，强化空间规划管控，建立"规划控制线"管控机制。国内开始了新一轮的空间规划控制线体系革新，为了弥补原有"城市六线"红、黄、蓝、绿、紫、橙的不足之处，有学者开始提出加入生态控制线、基本农田控制线、城乡建设用地规模控制线、城乡建设用地开发边界控制线"四线"，构建覆盖城乡、事权清晰、上下衔接的"4+6"综合控制线体系。也有学者单独对生态保护红线、永久基本农田、城镇开发边界三条控制线的划定原则、划定方法、实施管控进行了研究探索，并利用GIS技术方法，对三类用地进行分析评价，在评价的基础上划定生态保护红线、永久基本农田、城镇开发边界三条控制线，为三条线的划定提供科学依据，以达到保护城镇生态环境和开发建设协调发展的目的。

第三节 重要控制线框架构建基础

一、理论基础

在构建研究理论体系时，从区域空间管制理论、新制度主义理论以及绿色基础设施理论等角度探讨控制线体系作为一种制度该如何编制、运作，来构建国土空间规划控制线体系的理论框架；然后从规划实施逻辑的角度探讨控制线体系在城市复杂系统里面如何关联多个相联结的决策，以及与法规、行政和治理并列的一种管理手段是如何运作的。其中，采用了绿色基础设施理论、新制度主义理论和区域空间管制理论相结合来满足国家建设生态文明需要和国家治理体系现代化的基本诉求；沿用了精明增长理论与可持续发展理论来指导存量再开发和增量有序开发，以保障城镇可持续发展。

（一）区域空间管制理论

自"国家治理体系和治理能力现代化"作为中共十八届三中全会提出全面深化改革总目标以来，区域空间管制理论再次成为研究热点。区域空间管制是指政府为了缓解资源开发与保护的矛盾，以空间政策为手段，对辖区内的资源开发、城乡建设进行管控，化解城乡空间过度生产、发展资源分配不均衡和使用权争夺引发的社会冲突等现实困境，实现可持续利用区域资源的过程。城镇建成区、乡村建设区、农业开敞区、生态敏感区是其主要管控区域。核心是通过制定空间准入制度与设定准入门槛，以协调为主，控制和引导城镇空间资源开发。与行政区划、空间管制和政策制定等治理手段相结合来调控区域资源配置，以保障空间的高效利用和达到地区间均衡发展的目的，消除由于地区间资源配置不公平带来的社会动乱问题。区域控制管制理论管控的内容是空间治理的关键目标。本研究基于区域空间管制理论，结合政府空间管制的对象，制度对应的管控内容、管控规则、管控职权等内容。并划定相应的控制线，以保障空间管制对象的管控和监督过程进一步落实到位。

（二）新制度主义理论

制度作为人需要遵守规则的总和，而解读现实的政治现象到底是以人基础，还是以制度为基础，引起了政治学界极大的争议，并导致政治学界逐渐形成了制度主义、行为主义、新制度主义三大主要的研究范式。早期，制度主义理论提倡以"国家"为核心，采用抽象、定性、哲理的研究方法对行政体系构成、法律制定、司法监督等进行探索研究，并提出一种完美的政治形式以满足当下某种政治原则需要。例如，早期莫尔提出的《乌托邦》、柏拉图提出的《理想国》等一系列政治学说都是出于对当时"国家"政治治理需要而制定的政策结构。20 世纪 50 年代，行为主义开始盛行，主张以人的行为为主，用模拟分析、实验分析、因素分析等方法来解释以人为主导的政治现象。随着政治学研究的深入发展，制度主义和行为主义都受到了一定的批判，新制度主义于 1984 年被詹姆斯·马奇和约翰·奥尔森提出，政策制度研究重新回归国家、回归制度。新制度主义提出设计不同利益主体之间政治和经济关系的管理规则，并必须要保障管理的规则正规、程序合规和操作标准，以保障政策法规的施行；新制度主义还主张政策与制度是理解实际政治生活的重要视角，以及社会的良性运作最终还是基于社会成员之间的相互信任与合作。政策法规制定也需要如此，基于此，本研究在控制线政策法规设计时，形成了"自上而下"的刚性管控传导模式、"自下而上"的弹性划定校准模式和政策法规作为"上下联动"纽带的三类层级传导模式，在上下联动过程中主张公众参与，提高公众与管理人员之间的信任和合作，保障人类合作治理的新型模式正常运行，最终达到政策法规的良性运作的目的。

（三）绿色基础设施理论

19 世纪 60 年代绿色基础设施理念开始萌芽，源于美国自然规划和保护运动，20 世纪 90 年代中期，绿色基础设施理论开始主张国土空间的开发利用应该由其周边自然环境条件决定，突显自然环境状况对土地利用的生命支持作用。以绿色基础设施为媒介来连接自然环境和人类开发空间，将人类活动融入到自然环境中，真正做到人与自然和谐共生。本文在构建国土空间规划控制线框架时，将传统的基础设施管控与绿色基础设施建设理论相结合，划定绿色基础设施廊道，结合都市区绿线形成的生物通廊，最终形成开敞绿色基础设施网络，对城镇发展过程中的开发建设空间进行系统性串联。

（四）精明增长理论

"精明增长"理论由美国马里兰州州长格兰邓宁于 1997 年首次提出，作为政府解决城市开发问题的手段。于 2000 年被"美国精明增长联盟"用于控制城市无序蔓延，并成为目前反对城市无序蔓延的主要理论依据。"精明增长"的核心内容是盘活城市存量空间，管控有序增量空间；对低效社区进行翻新重建，再开发废弃、污染工业用地，以节约公共服务、基础设施建设投入成本；通过填充式开发和再开发两种"精明"开发方式，优化城市功能空间布局，保障城市建设相对集中，集聚城市生产、生活组团，减少不必要的出行和基础设施建设，转变资源浪费的粗犷发展模式，以达到一种高效、集约、紧凑的城市可持续发展模式。本研究在底线思维的基础上，沿用了"精明增长"理论的核心思维。在选择控制线管控对象时，本着"控增量、促存量、防蔓延"的"精明"发展逻辑，选择了对低效用地、工业用地、增量用地等对象进行管控，并制定了相应的控制线。

（五）可持续发展理论

可持续发展概念由联合国世界与环境发展委员会主席布伦特兰于1987年提出，可持续发展理论是指既满足当代人的需要，又不对后代人满足其需要的能力构成危害的发展。与传统只重视发展的观念不同在于它既重视发展，也注重保护。随着人类不断对生存环境的深入认知，保护生存环境的意识也越来越强。导致人类开始探索发展与环境的协调方式，避免不可逆的生存环境破坏，维持代际间的平衡和代内平等，倡导发展与保护相结合可持续发展模式。通过多年的实践发现保护有价值的资源可以带来更好的发展机会。在核定控制线管控内容的时候，基于"保护是为了更好的发展"的可持续发展理念，选取具有保护价值的城镇景观、人文景观、魅力空间等对象，给予一定的保护和开发管制，划定相应控制线，为城镇未来绿色发展保留余地。真正做到具有管控依据可循的可持续发展模式。

二、实践基础

传统的国土空间管制手段包括规划分区管制、用途管制、控制线管制，规划分区管制和规划用途管制更侧重人的主观认识视角，将人的、抽象的、政治的认知结果落实到土地管理中，其规划成果的管制力度弹性更大；而规划控制线管控的对象是客观认知的结果，很大程度上反映的是人对自然资源本质的、具体的、物质的认知，其规划成果变更的弹性空间较小，更侧重刚性管理实施。随着城市发展、管理的精细化分工，弹性管控内容也需要逐渐向刚性管控转变。规划控制线管控手段也需要随之更新。

（一）原有规划体系控制线和控制区域

中国传统规划体系主要包括城乡建设规划、发展规划、国土资源规划、生态环境规划、基础设施规划和海洋规划六大类，控制线体系也由城乡建设规划系统的规划红线、道路红线、城市绿线、城市蓝线、城市紫线、城市黄线、城市橙线、城市黑线，以及由其余五大类规划提出的耕地保护红线、林业生态保护红线、海洋生态红线等组成。同时空间管控分区也存在着较大差异，住建、发改、国土、环境等各个管理系统对空间管控分区有自己独有的划分方法（表2-1）。对比不难发现：六大规划系统存在着管理部门各不相同、规划内容管制侧重点差异明显、规划管控层级错综复杂、规划体系间交叉重复内容较多，导致管控体系庞杂、控制线之间协调性差、管控层级间脱节严重、管控内容之间出现越位、错位、缺位等问题。

表 2-1 各部委空间分区管制表

所属部门	分区名称	参考来源
住房城乡建设部	适建区	《住房域乡建设部关于进一步推进多规合一试点的指导意见》
	限建区	
	禁建区	
	四线（城市绿线、黄线、蓝线、紫线）	
国土资源部	允许建设区	《国土部"多规合一"试点工作方案》
	有条件建设区	
	限制建设区	
	禁止建设区	
发展和改革委员会	城市化地区、农产品主产区、重点生态功能区、禁止开发区、优化开发区、重点开发区、限制开发区	《国民经济和社会发展第十个五年规划纲要全国主体功能区规划》
发展和改革委员会	城镇空间	《国家发展改革委关于"十三五"市县经济社会发展规划改革创新的指导意见》
	农业空间	
	生态空间	
环境保护部	重点生态功能区	《生态保护红线划定技术指南》
	生态敏感/脆弱区	
	禁止开发区	
	其他	

（二）当前国土空间规划体系控制线和控制区域

2016 年 12 月，中共中央和国务院办公厅联合印发了省级空间规划的试点方案，方案提出了省级的"三区三线"管控内容，其中，三区为城镇空间、农业空间、生态空间，三线为城镇开发边界、永久基本农田保护红线、生态保护红线，并强调了各省级需要开展空间规划试点工作。随后，党的"十九大"也进一步明确了要"完成生态保护红线、永久基本农田保护红线、城镇开发边界三条控制线划定工作"，其中，北京、上海、广州等城市相继开展了"三区三线"的划定试点工作，各市在科学划定过程中，对三类空间概念进行了详细的界定，并对控制空间进行了细化。通过实践发现三类空间管控要求和划定方法弹性较大，划定过程中必须因地制宜，对指标进行差异化设定，才能形成更加符合地方实际的三类空间。而"三线"的划定工作要求相对"三区"来说更难，主要控制线需要相关的技术规范和指标依据作为支撑才能划定落地。因此，各部相继出台了相应的控制线划定技术指南。其中，《生态红线划定指南》于2017 年 5 月由环境保护部、国家发展改革委员会共同发布，旨在明确生态红线的主要管控对象、管控细则、管控目标等内容。《关于全面实行永久基本农田特殊保护的通知》于 2018 年 2 月由国土资源部发布，旨在明确永久基本农田的划定对象、建设机制、管理机制、补偿机制、保护机制等内容，以保障国家粮食安全和重要农产品供给，促进农业生产和社会经济的可持续发展。自然资源部国土空间规划局于 2019 年6 月发布的《城镇开发边界划定指南（试行）》明确了城镇开发边界的定义、管控区域、管控机制、管控目标等内容。总之，相继颁布的国土空间规划三条底线划定指南，为国土空间规划控制线体系奠定了基础。

（三）国内部分省市控制线和控制区域实践探索

中共中央国务院于2019年5月发布的关于建立国土空间规划体系并监督实施的若干意见明确了国土空间规划的定义、分级分类体系和编制重点等内容。旨在建立全国统一、责权清晰、科学高效的国土空间规划体系，加强对"三生"（生态、生活、生产）空间进行管控和优化调整，逐渐形成新时代的国土空间开发保护格局，促进发展与保护的平衡，实现国土空间保护开发的均衡、高效、公平及可持续。在此之前，为了进一步明确国土空间规划体系的主要内容，各地也基于城市规划的基础上，相继展开了"两规合一"、"三规合一"、"多规合一"、"多规协同"等空间规划实践研究，除了完成国家规定的"三区三线"试点工作，部分省市也相继在"三区三线"的基础上做了延伸实践探索。

1. 广东省

广东省于2015年开始进行"三规合一"实践探索，结合自身地域管控特色，广东省提出了两级控制线体系，一级控制线主要包括城市增长边界、产业区块、生态和基本农田控制线，以限制城市规模快速增长；二级控制线以传统城市四线（绿线、黄线、紫线、蓝线）为主，旨在对城市的开发建设区域进行管控。结合省级要求，广州市在广东省的两级控制线体系基础上，坚持底线思维，结合自身城市开发建设与保护管理的关键问题，延伸出了具有针对性的"四区七线"控制体系。其中，四区包括建设用地区、生态保护区、有条件建设区、其他用地区；七线主要对建设用地规模、产业区块、基本农田、基本生态、非城乡建设用地、有条件建设区等内容进行地域全覆盖控制。最后，形成了全域、全类型的"多规合一"控制线体系。

除了广东省，广西壮族自治区、浙江省、甘肃省、陕西省、宁夏回族自治区等省份都对"三区三线"进行了相应的实践探索，提出了因地制宜的"区线"空间管控方案，包括管控要素的划定原则与划定方案，以及管控体系的实施措施，以保障新一轮的总体规划能发挥出空间规划和空间管控的统领能力，进一步提升国土空间治理能力和效率。

2. 厦门市

厦门市"三规合一"控制线体系为"结构控制线＋用地控制线"两层控制线体系：结构控制线是对各种空间采取特有的管控，以达到构建出理想的城市空间结构的目的，结构控制线主要包括生态控制线和建设用地增长边界控制线；用地控制线是在规划期内，限制城乡用地用途的控制线，主要细分为生态红线、基本农田保护、生态林地控制线和建设用地规模控制线，控制线均偏向于实用性管控，更有利于较快形成"多规合一"的空间规划格局。此外，上海、青岛比较重视文化保护，在"三区"建设基础上增加了文化保护区域；江西构建了"三线一区一廊一点"的空间管控体系，将产业功能区域、基础设施安全廊道、历史文化保护区域纳入管控范围；重庆由于地域地形特色，在"三区三线"的基础上增加了适合本地的"三线＋指标"规划手段。佛山也结合自身发展速度推行了"两线三区"的模式。

总之，国内各省、市对"三区三线"的划定进行了详细的实践探索，逐渐形成了较稳定的框架体系。但是就地方特色控制线而言，探索还不够深入，不少地方也做了初探，例如：海南省提出了"海洋生物资源保护线和围填海控制线"，划定高质量海水养殖、海洋生物资源保护的保有边界和划定围填海的开发边界，以保护海洋资源可持续利用。浙江省也提出了海洋生态红线，为了保护海洋的重要生态功能区、生态环境脆弱和敏感地区而划定的严格管控、强制性保护边界。江苏省、安徽省为保障城镇重大基础设施跨行政区建设和安全运营划定了区域基础设施走廊控制线。上海市为了管控历史文化遗产核心地块和周围环境、自然文化景观、重大文化和体育设施集聚区，以及未来发展用地，划定了文化保护控制线，对文化保护的范围从原先的城市历史文化的保护范围，扩大到整个市域和郊野。深圳市、厦门市提出了产业区块控制线，用来管控工业用地集中区和工业园区，以保障工业用地有序增减，防止城镇工业衰退速度过快，导致城镇产业空心化。

（四）国外重要控制线和控制区域实践探索

1. 美国

美国主要控制体系由城市增长边界（UGB）、大型景观保护地区、基础设施带、发展滞后地区规划、特别意图区、工业用地计划等组成。城市增长边界（UGB）是根据人口、自然资源承载力和用地的可开发情况科学划定的城市增长边界线，土地保护和利用委员会按照共同愿景审查增长边界范围，5-15 年进行一次调整；大型景观保护地区源自于《美国 2050 发展愿景》，是指在一定地理尺度上不考虑政治和行政管理界限的问题，制定跨地区的环境与资源保护规划；基础设施带是划定交通运输、能源供应、电力电讯等基础设施建设控制地带；发展滞后地区规划提出明确的发展滞后地区范围指标，提出国家投资战略和经济发展空间战略；特别意图区源自于美国纽约，为城市中某些特定地段划定，由于这些地段在历史、地形、经济、功能、位置等方面的特殊性，或为实现某些特定意图，通过建立特别分区的方式加强对这些区域的管理和控制；工业用地计划来源于美国《城市规划法》，制定工业用地分级供应政策，根据用地总量绘制工业用地地图，计划性供地，提出定期对工业用地进行审核和听证，制定公共监督工业用地供应机制，监管工业用地供给活动。

2. 日本

日本具有代表性的控制方法为森林地域、自然公园地域、自然保护地域、海岸带控制线、景观规划区域、用地战略计划等。其中，森林地域、自然公园地域、自然保护地域是日本国土利用的划分类型，作为土地用途管制的规划依据和前提，引导全域空间资源的合理利用，分别源自于日本《森林法》、《自然公园法》、《自然环境保护法》；海岸带控制线来源于《海岸法》、《港湾法》、《渔业管理法》，用于海岸带分区管理，海岸带分为海岸保全区、一般公共海岸和其他海岸区，并对三个区进行严格管控。景观规划区域出自于《景观法》，为了保护自然资源和景观，对景观状况良好和适宜建设景观地区的开发建设进行控制；用地战略计划来自于《土地基本法》，对未来可能扩张和工业用地进行规划评估审查后，并编制相应的未来计划规划。除此之外，荷兰、越南也出台了相应的海洋生态保护控制线，以保护海洋生态环境的完整性；英国伦敦、加拿大安大略省也划定了绿带（GB）防止相邻两市镇无限蔓延并融合、保护乡村和居民点的多样性、保护历史城镇环境文化特色；法国针对历史文化保护，提出了建筑、城市和风景遗产保护区，保护区必须经过历史文化相关领域的专业人士鉴定审查后，由国家制定长期的、有实施价值的规划（PSMV）进行保护；新加坡为解决低效用地问题，提出了"白地"管控区，针对废弃土地或存有废弃无保留价值的建筑物，提出由管理部门回收后，对用地进行整治，通常采用推倒低效建筑物种植草坪，暂时充当公共绿地为用途。长远来看仍然作为可开发用地进入土地供应市场。针对工业用地保护，韩国也提出了划定国土开发中的工业用地空间，由国土开发规划或者城市总体规划确定工业团体开发个数及位置，并通过开发公社和居民指定机构共同确定土地价格，保障工业用地的再开发。

综上，国外对城市用地开发、文化景观保护、海洋生态保护、低效用地再开发、工业用地保护、绿带等都做了相关的实践尝试，并取得了较好的城市管理效果，当然也有很多地方值得我国借鉴，例如其划定意图、划定内容、划定层级等都可以作为特色控制线的借鉴点。

三、重要控制线选择逻辑

通过梳理国内研究和实践探索进展，不难发现国内控制线体系存在以下问题：（1）国内现行控制线体系庞杂，各个规划系统的控制线相互独立，自成系统，导致了管理范围交叉重叠、管理事权不清、管理规则差异较大等问题出现，割裂情况严重；（2）城镇开发边界的管理缺位，城镇边缘呈现半城镇半郊区化现象，大量的城镇元素入侵，给永久基本农田和生态环境带来了不可逆的伤害；（3）传统控制线体系主要集中在城市建设区域管控，在非建设区管控方面存在短板，满足不了全域国土空间用途管制的诉求。现行的城镇边界外除了永久基本农田和生态用地外，其他用地并没有受到强制性保护；（4）传统控制线体系主要管控对象为城市增量，缺乏对存量的管控，不利于城市发展模式由增量扩张向存量优化的转型。

从上述问题可以发现，我国控制线体系还有较大的更新拓展空间。国土空间规划体系的重构也为解决控制线体系更新带来了新的契机，国土空间规划体系建设的基本目标就是到2020年建立起"多规合一"的规划编制、审批、实施、监督体系，以及配套完整的政策法规和技术标准体系。而控制线体系的划定、审批、实施和监督都与国土空间规划体系环环相扣，同时侧重实践探索的控制线体系也是相关政策法规和技术标准制定的实践经验依据。因此，国土空间规划控制线的选择逻辑，既要体现全国控制线体系一盘棋的底线思维，也要紧密结合地方实际，突出地域特色；既要强调统一性、层层落实国家意志，也要体现多样性、防止规划千篇一律；既要掌控管控规则的弹性，也要把守住管控内容的刚性。

综上所述，通过对国内外新旧的管控方式进行梳理汇总，管控方式的类别之多也再次证明了空间规划的管控系统错综复杂。本研究基于空间治理、精明增长、可持续发展等理论基础，以底线思维、层级细分、突出特色、管控实施作为选线的基本原则，主要采取了就近合并、扬长避短、特色并取的筛选思维，对内容相近的管控线进行合并处理；充分发挥地方的主观能动性，控制线管控对象需要具备立足地方资源禀赋特点、注重历史文化传承、保留城乡肌理脉络、符合地方政府管控诉求等特征。例如：将林业生态保护红线、海洋生态红线等控制线并入到生态保护红线内；对传统地方性控制线，且未出台国家级管理办法的控制线进行剔除处理，将其管控内容转移到其它相关控制线，对国家出台过相关城市控制线管理办法的控制线继续延续。比如城市紫线、城市黄线、城市蓝线、城市绿线等；同时为了凸显地域空间管理特色和管理需要，在借鉴国内外发达城市实践经验的基础上，增加了与国外类似的地域特色管控线，如都市区绿线、特色景观线等特色控制线。进一步深入细化传统控制线的内涵，既彰显浙江省国土空间规划地方特色，也为国土空间规划"一张蓝图"干到底的建设发展战略提供坚实的技术支撑。

第四节 国土空间规划重要控制线体系构建

一、重要控制线体系框架

控制线的筛选过程并不是简单的"一二三叠加"，是国土空间规划控制体系的整体重构，是在"吸收、变革、深化"基础上的系统重塑。本研究基于上述控制线的实践案例梳理和选择逻辑，并结合地方空间规划管制诉求和特色，构建了浙江省"3+5+6"国土空间规划重要控制线体系，形成了基础三线、传承五线、特色六线的重要控制线体系。其中，基础三线为国家"十九大"明确提出需要划定的永久基本农田保护红线、生态保护红线和城镇开发边界；传承五线为拥有较成熟的实践经验且配套了完善的管理办法的控制线，主要包括城市绿线、城市蓝线、城市黄线、城市紫线、道路红线；特色六线主要包括都市区绿线、区域基础设施走廊控制线、产业区块控制线、特色景观线、低效用地控制线（盘活存量）、近期增量建设用地控制线（有序增量）。最后在"3+5+6"控制线框架基础上，对重要控制线的划定和管控逻辑进行了梳理，提出了控制线由选取到划定实施的完整路径，以达到进一步细化控制线理论体系的目的。

二、重要控制线的定义与划定意图

（一）基础三线

永久基本农田保护红线是指按照一定时期人口和社会经济发展对农产品的需求，依据土地利用总体规划确定的不得占用的耕地。从数量、质量、产量等角度出发，全方位、长期性的保护永久基本农田。

生态保护红线指在陆地、海域生态空间范围内具有特殊重要生态功能、必须强制性严格保护的区域控制线。从底线、生命线等视角出发调整优化国土空间保护与开发格局，构建完整、安全、稳定的国家生态安全格局。

城镇开发边界是指在规划期内约束和指导城镇集中建设区的建设开发活动，以优化城镇功能开发的区域边界。防止城镇无序扩张，引导城镇开发边界内外生产空间、生活空间、生态空间内涵发展。

（二）传承五线

城市绿线是指城镇各类绿地范围的控制线。保护城镇绿地不被侵占。

城市蓝线是指城镇水系保护范围的控制线。保护城镇水系不被占用。

城市紫线是指历史文化街区和历史建筑的保护范围线。加强对城镇历史文化街区和历史建筑的保护。

城市黄线是指城镇基础设施用地的控制界线。保护城镇基础设施用地不被占用。

道路红线是指城镇道路用地范围的控制线。保护城镇道路不被占用。

（三）特色六线

都市区绿线是指在两个或多个城市（城镇）之间划定的长期或永久性限制开发区域的边界线。防止城市蔓延，保护城市周边的长期或永久性开放空间。

区域基础设施走廊控制线是为保障区域性重大基础设施顺利建设和安全运营而划定的建设控制区域的边界线。保障区域性重大基础设施用地供应。

产业区块控制线是为城镇开发边界内由工业园区和连片的工业用地围合而成的产业用地集中区范围而划定的控制线25。促进工业用地集中布局，防止工业用地被房地产开发侵占。

特色景观线是为保护地方特色、提升环境品质，需要给予特殊政策的文化和风景集群地区的控制线。保护地方特色，提升环境品质，促进地区高质量发展。

低效用地控制线是指经第三次全国土地调查已确定为建设用地中的布局散乱、利用粗放、用途不合理、建筑危旧的城镇存量建设用地的范围控制线27。用地权属清晰，不存在争议。明确低效用地区域，促进土地高效利用，盘活存量。

近期增量建设用地控制线是为了确保城市建设用地有序增量并促进存量优化，为了保障规划和政策有效实施，为了明确城市发展方向并集约土地、资金等建设资源，在城镇开发边界内划定的，约束近期新增建设用地区域的控制线。明确城市未来五年发展方向，与国家"五年计划"配合实施，促使政府基础设施集中布局，激发市场信心。

三、重要控制线的划定区域

（一）基础三线

永久基本农田保护红线应划入区域为：县级以上人民政府审批核准的耕地；正在改造、已经改造或列入将来需要改造的中低产耕地；用于实验教学的耕地；国务院相关部门审核批准的耕地。不应划入区域为：田面坡度大于 15 度或者地形坡度大于 25 度的耕地、容易受到自然灾害破坏的耕地；规划期限内预计建设成为耕地的未利用土地和水域、预期调整为耕地的其他农用地、预期整理复垦为耕地的建设用地等；规划期内已经列入建设实施项目和生态保护的退耕还林、还湖（河）、还草的耕地；因为生产建设活动造成比较严重污染、损毁的不宜耕作、难以修复的基本农田；区位偏僻、零星破碎、不易管理的基本农田。

生态保护红线应划入区域为：重要水源涵养区、重要风景旅游区、地址遗迹保护区、洪水调蓄区、特殊物种保护区、重要湿地、重要森林；重要渔业海域、重要河口生态系统的保护区；重要海域岸线及邻近海域、沙源保护海域、重要滨海旅游区、历史文化遗迹与自然景观保护区；珍稀濒危物种集中分布区、海草床、珊瑚礁、红树林等特殊物种的保护区。不应划入区域为：位于生态空间以外或人文景观类的禁止开发区域。

城镇开发边界应划入区域为：城镇集中建设区、城镇弹性发展区、城镇特别用途区。城镇开发边界的划定和管控都是国土空间规划的关键环节，主要原因在于其划定范围直接关系到城镇发展的长远利益。不应划入区域为：生态保护地区；零散建设用地。

（二）传承五线

城市绿线应划入区域为：城市内外的公共绿地、生产绿地、防护绿地、居住区绿地、道路绿地、单位附属绿地、风景林地等。不应划入区域为：城镇开发边界外生态保护红线内的绿地。

城市蓝线应划入区域为：国土空间规划确定的江、湖、河、渠、库和湿地等城市地表水体。

城市紫线应划入区域为：国家历史文化名城内的历史文化街区和省、自治区、直辖市人民政府公布的历史文化街区的保护范围；历史文化街区外经县级以上人民政府公布保护的历史建筑的保护范围。

城市黄线应划入区域为：城镇公共交通、供水、环境卫生、供燃气、供热、供电、通信、消防、防洪、抗震防灾等城镇基础设施用地，以及其他对城镇全局发展有影响的城镇基础设施用地。

道路红线应划入区域为：规划的城镇道路（含居住区级道路）用地。

（三）特色六线

都市区绿线划定内容包括两个城镇之间在未来或者永久需要限制开发的区域；主要内容包括城镇之间的区域基础设施走廊区、生态环境保护区、永久基本农田、不属于生态环境保护区和永久基本农田但需要限制开发的地区；以及两个城镇之间各种类型的开放空间和低密度的农居点，对于相互重叠区域管控规则按重叠控制线的规则管控。都市区绿线主要以限制开发建设为最终目标，因此，那些涉及未来需要开发建设的区域尽量不要划定到都市区绿线内。例如：准备用于城镇开发建设边界内的区域；连片的主要以城市核心区为通勤地的城市居住区；其他具有城市核心区典型生产和生活特征的地区。

区域基础设施走廊控制线划定的意图是为了规范统一相关基础设施廊道的走向，主要涵盖了交通、能源、水利三部分内容，其中，区域交通走廊包括铁路、高速公路、国省道、干线航道等；能源走廊包含220kV以上高压线走廊和输油、输气廊道等区域；水利走廊包括输水道、水渠等区域。对于相对较低等级的基础设施线路可以不做强制要求，为其留有一定的协调空间，例如：市县级以下道路和220kV以下高压线等低等级的基础设施走廊。

产业区块控制线划定的主要目的是为了保障工业用地比例，防止城镇工业用地被大量侵占，导致城镇产业空心化。其划定的主要区域为：经国家审核公告或省认定的各类开发区，包括各类工业和产业的园区、集中区、示范区等；规划中连片的，面积大于30hm²的工业用地；为产业未来发展预留弹性空间，结合近期、远期产业发展方向，划定不超过20%的产业预留用地，作为产业发展备用地；经营状况良好、建筑质量较好、对周边用地无污染的都市工业。在划定过程中对以上内容进行分级处理，主要包括一级产业区块控制线和二级产业区块控制线，其中，一级产业区块控制内容为现状工业基础较好、集中成片、符合管控要求的用地，部分现状工业基础较好、用地规模较小、符合管控要求确需予以控制的用地；二级产业区块控制内容主要包括：位于生态保护红线外、现状工业基础较好，虽然在规划中确定为其他用途，但近期仍需保留为工业用途的用地。不应划入区域为：规划中连片的、工业基础较差、面积小于30hm²的零星工业用地；现状已废弃的工业用地，规划为其他用途的用地。

特色景观线划定的主要意图是为了保护地方景观特色，打造魅力空间、城市名片，带动地方旅游产业发展。其主要划定对象为城镇自然、历史、商业、文化等具有地域特色的景观地区，其中，城镇自然景观地区包括滨水地区、近山地区、特色梯田、大地景观等具有代表性的魅力空间；历史景观地区包括各类历史文化遗产的建设控制地带；商业景观地区包括CBD、商业区、城市门户地区等城市重点发展区域；文化景观地区包括文化中心、文创产业区、特色村落集群等。不应划入区域为：不具有城市特色代表性的居住区、工业区等区域。

低效用地控制线的划定目的在于盘活存量，减量提质。其主要划定内容为：经第三次全国土地调查已确定为建设用地中的布局散乱、用途不合理、利用粗放、建筑危旧的城镇低效用地。并将上述低效用地按照再开发方式分为拆除重建、改造利用区两个区域。不应划入区域为：城镇发展备用地；城镇内禁止建设区。

近期增量建设用地控制线是为了明确城镇未来五年的发展方向，政府可以集中基础设施建设投入，给予市场信心，其主要内容为未来五年内城镇拟开发的新增建设用地；不应划入区域为：城镇已经开发建设用地。

四、重要控制线的划定机制

为解决传统的控制体系划定层级复杂、划定顺序混乱、划定责权模糊等实际操作问题，将控制线体系划定工作分成了省、市、县、乡镇、村五个层级，提出了各控制线需要在哪些层级进行划定，明确了不同层级的政府在控制线划定过程中的主要职能。也对控制线在各层级政府之间的划定顺序进行了梳理，主要划定顺序包括：上下联动、同步推进和各级政府自行划定，并对相应的政府职能进行了明确，以便于控制线体系的划定和实施管理顺利推进。

都市区绿线、区域基础设施走廊控制线等跨行政区的管控线需要相关行政区组建管控小组。由省级自然资源管理部门牵头，构建相应的控制线实施保障制度，明确管控线在实施过程中的审核程序、实施步骤、监管主体、问责机制等内容，还应加强对控制线边界划定工作的组织和指导，及时协调解决市、县控制线具体划定工作中遇到的困难和问题。以保障跨行政区域的控制线落实到位，切实保障国土空间规划控制线体系的管控作用。针对城镇开发边界内的控制线，由各地方政府牵头落实责任主体，在充分征求相关部门和人民群众意见的基础上，明晰"谁来管、谁负责、管什么、怎么管"等一系列责权问题。省级相关部门做到严格监督审查即可。

五、各重要控制线划定细则

（一）基础三线

1. 划定逻辑

党的"十九大"提出了"完成生态保护红线、永久基本农田、城镇开发边界三条控制线划定工作"，基础三线划定的试点工作在全国已经铺开。通过对比国内外相关实践案例，对基础三线的划定逻辑进行了梳理（图2.1）。其中，国内外经验借鉴、划定背景、概念界定、划定区域等内容在前文已经做了较为详细的阐述，接下来将对基础三线的划定原则、划定技术流程和管控要求进行论述。

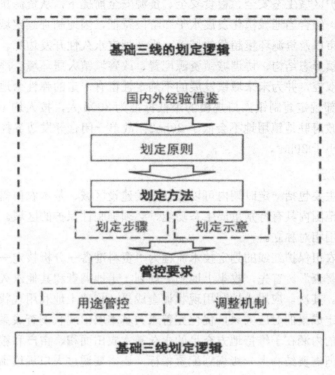

图 2.1　基础三线划定逻辑

2. 划定原则

"基础三线"是国土空间规划的核心内容,在划定过程中要遵循规则、坚持科学道理、遵守时间服从质量的底线,而不是利用权力盲目划定,不科学的红线必然会失去权威性和强制性。严控增量,盘活存量,在实际划定过程中尽最大可能不交叉,实在难以避让的可以"开天窗";以三调底图真实现状为基础,实事求是妥善解决历史遗留问题,划实、划准和严管相辅相成。

永久基本农田保护红线一经划定,在保护期限内,不能占用,不得通过规划修改将永久基本农田调整为一般农田,除非国家重大建设项目需要,原则上不得占用永久基本农田。在划定永久基本农田保护红线过程中,要坚持保护优先、质量与数量并重、长远谋划、科学布局、责权分明等原则,并制定相应政策法规来强化永久基本农田保护考核机制、奖惩机制。保质保量的同时还需要兼顾城镇发展综合考虑,留有一定余地,同时兼顾城镇发展和粮食安全两不误。

生态保护红线需要遵循科学性、整体性、严肃性、协调性、动态性等原则,在国土空间适宜性和环境承载力"双评价"的基础上,按照生态系统的敏感性和服务功能重要性划定边界明晰的、完整的保护范围(王玉华等,2018)。对于无法清晰评价的留白地不宜直接划定到生态保护红线内,生态红线的划定需要先做实基本工作,一经划定,不宜随便调整。城镇开发边界需要坚持节约资源和保护环境的基本国策,坚持底线思维。在维护区域生态安全、粮食安全、资源安全前提下，从资源禀赋、生态环境本底情况出发，结合当地城镇化发展水平和阶段特征，因地制宜划定城镇开发边界，特大、超大城市以及资源环境超载的城镇，需要划定永久性开发边界。统筹城镇发展方向、优化城镇形态结构、协调城镇资源配置、改善城镇人居环境。严格实行建设用地总量与强度双控，并为未来城镇发展的不确定性留有一定的弹性余地。

由于民政部规定建制镇人口规模的最低标准为 3000 人，按人均 $100m^2$ 用地标准核算，建制镇政府驻地镇用地不会低于 30hm2；故单一闭合开发边界控制线的围合面积原则上不应小于 $30hm^2$。

3. 划定方法

划定内容主要包括一定时期内可以进行开发建设区域、基本农田需要永久保护区域和生态空间范围内具有特别重要生态功能、必须强制性保护的区域。划定对象比较明确，管控范围相对独立。

永久基本农田保护红线的划定技术流程为"资料准备→分析核定→边界初划→组织实施—成果督查"。首先，收集土地利用规划、土地调查和其他永久基本农田划定管理相关资料。其次，应用土地利用现状调查成果，构建土地利用现状图斑与现有永久基本农田划定成果的对应关系，优化完善永久基本农田现状调查成果；然后，确保区域粮食安全的内涵在于维持地方充足的永久基本农田面积、亩产和粮食自给率。在划定过程中不但需要结合上一级规划配置指标，还需要通过人口规模预测对目标年的永久基本农田需求量进行测算。确定拟调入、调出的农田地块，并到实地进行勘察，结合农用地分类标准，核实拟调入、调出永久基本农田地块的空间位置、地类、数量、质量等级等现状信息。在现状调查和分析预测的基础上，根据相关技术流程和方法，初步拟定和划定永久基本农田保护红线方案，从社会、生态、经济等角度对划定方案进行科学性、客观性论证；从划定技术、公众接受程度等方向论证其可操作性，依据公众参与提出的意见进行监督校对，按照论证结果对方案进行调整，同时，征求相关部门的意见，做好部门间上下协调工作。将调整核定成果方案报上一级行政部门审批备案，有关部门根据审批通过后的永久基本农田保护红线方案开展管理工作，落实相应的职权，同时编制、更新调整永久基本农田保护红线的数据库、图纸和文本等内容。最后，采取专家评审和工程师实地勘测的方式对划定成果进行核实与监督管理。

生态保护红线的划定流程为："确定评估方法→数据收集→评估分级→形成红线边界→开展勘界定标"。首先，结合规划区的生态环境问题和特征，筛选出最佳的生态环境敏感性和功能重要性评价方法。其次，为评价方法汇总土地利用、气象、水文、地理信息、自然资源分布等相关生态数据，计算出生态环境敏感指数和生态环境功能重要系数，将计算出来的敏感指数依次划分为极敏感、高度敏感、中度敏感、轻度敏感和不敏感几个等级，同时也将生态功能重要性系数也划分成极重要、高度、中度、轻度、不重要几个等级，将两个评价结果的对应等级合并处理成空间叠加图，再结合已经发布的关于生态保护区的政策文件，对叠加图进行局部矫正，以保障评估结果的精准度和科学性。以评估得到的生态保护极重要区域、禁止开发区及其他自然保护地为基础，叠加图斑形成生态保护红线划定初步范围，并与其它各类规划、区划衔接，最终确定生态保护红线方案。在边界划定过程中，还需要考虑到不同区域的环境特点、生态保护系统的完整性和连续性，以及生态保护红线实施、管理的需求，可适当扣除面积较小的独立细碎斑块。最后，采用第三次土地调查数据和高分辨率影像数据，结合河流、林线、流域边界等自然边界勾绘划定最终的生态保护红线边界。在上述工作基础上，编制生态保护红线划定文本、图件、说明书、登记表及技术报告，建立相对应的台账数据库，最后形成完整的生态保护红线划定方案，并开展勘界定标，明确生态红线的地理位置、界桩坐标点、标识责任人等内容。真正做到"谁来管、管什么、怎么管"的管控格局。

城镇开发边界主要划定技术流程为"基础数据收集→评价分析→边界初划→方案协调→边界划定入库"。首先，收集城乡土地利用、开发建设、社会、经济、生态等相关基础资料和数据，摸清现状底数与空间分布，分析确定需要采用的基础数据，编绘相关现状基础图件。其次，开展城镇资源承载力和开发适宜性"双评价"，对未来城镇建设用地进行扩展模拟和预判分析，为城镇未来规模预测分析工作提供数据支撑；基于数据分析与评估结果，结合城镇发展现状与定位、发展规模和空间格局，杭州市开展了主城区的城镇开发边界初步划定工作，依据法律法规梳理出山、水、林、田等18个空间管制要素，整合形成满足各项要求的"空间一张图"，并根据上级规划确定的规模指标，进行合理分解，进一步优化形成城镇开发边界的初步方案，划定城镇开发边界示意图；最后，考虑到城镇形态的完整度、预留规模适度以及设施支撑的可行性，在与初步方案充分衔接后划定弹性空间，形成最终城镇开发边界方案。

通过以上对基础三线进行示划，主要发现以下问题：首先，城镇开发边界与永久基本农田保护红线存在着相互嵌套、阻隔等现象，形成了不是侵占基本农田，就是破坏城镇空间结构连续性的艰难发展局面；建议在不破坏永久基本农田总指标、总质量、总产量的基础上，进行指标"占补平衡"处理，调整部分阻隔城镇发展的永久基本农田的区域位置。协调优化永久基本农田与城镇开发边界的空间关系。其次，永久基本农田保护红线与生态保护红线出现了交叉重叠现象，部分地块兼具农业生产和生态功能，造成了功能管理混乱的现实问题；建议结合国家或地方相应的退耕还林、还草等政策，将生态红线内的永久基本农田逐步缩减，以达到消减其农业生产功能、恢复其生态功能的作用。最后，生态保护红线与城镇开发边界形成相互包含的趋势，形成了管理事权交叉重叠局势；建议将生态红线与城镇开发边界交叉重叠图斑转换成城市绿线管控图斑，区分城镇开发边界内外的生态保护红线，城镇开发边界内的生态保护红线管控图斑由城市绿线代替管控，并按照图斑的实际功能制定相应的城市绿线管控规则，限定其相应的开发建设强度，城镇开发边界外的生态保护红线按照原规则执行，以解决交叉重叠部分事权不清、功能模糊等问题，并保障城镇开发边界内外的生态保护、生态修复。

4. 管控要求

永久基本农田的管控要求需要严格按照国土资源部印发的《关于全面实行永久基

本农田特殊保护的通知》第四部分和第五部分执行；已经划定永久基本农田，原则上不得随意调整或挪作它用；除重大建设项目、重大民生保障项目、生态建设项目选址等确实难以避让的，省级国土资源主管部门负责组织对占用方案的可行性进行论证，报自然资源部初审，经国务院终审，方案批准后，还需及时补充质量和数量相当的永久基本农田。生态保护红线管控要求需要按照环境保护部印发的《生态保护红线划定指南》第五部分执行；生态保护红线内原则上按禁止开发区的要求进行管理，禁止大规模城镇化和工业化的生产活动。除有关法律、法规和规章对生态保护红线内特定区域的建设活动有严格规定的，按照相关法规执行，其它无法规依据的部分按照正面清单执行。因国家重大基础设施、重大民生保障项目建设等需要调整的，由省级政府组织论证，提出调整方案，经环境保护部、国家发展改革委会同有关部门提出审核意见后，报国务院批准。城镇开发边界管控需要按照自然资源部印发的《城镇开发边界划定指南》第五部分内容执行。城镇开发边界以及特别用途区原则上不得调整。因国家重大战略调整、国家重大项目建设、行政区划调整等确需调整的，按国土空间规划的调整程序进行。调整内容需要及时纳入自然资源部国土空间规划监测评估预警管理系统实施动态监管。

（二）传承五线

五条传统城市控制线的划定逻辑、划定原则、划定技术流程、管控要求等内容经过几十年的实践检验，已经取得了较成熟和稳定的划定细则。故传承五线的划定细则保持原系统不变，从市级国土空间总体规划、专项规划和详细规划开始划定，只是在划定过程中需要注意和其他控制线协调配合。当然为了满足全域、全要素管控需求，传承五线管控范围也需要适当向城镇开发边界外延伸，特别是城市紫线、城市蓝线、道路红线等偏向保护的控制线，需要进一步加强对城镇开发边界外的要素进行管控。

传承五线的划定意义在于进一步加强城镇空间的全域管控，也是对城市规划体系的多年管控实践的传承延伸。国土空间规划沿用其管理办法对于城镇规划审批和项目审批具有重要意义，有利于新国土空间规划快速建立起新的管控体系。

（三）特色六线

1. 划定逻辑

浙江省特色控制线划定研究主要通过文献和实践案例梳理，再结合浙江省地域特色构建全省国土空间规划重要控制线框架；深入细化特色控制线划定细则，其主要研究思路为：对标案例→划定背景→划定意义→控制线定义→划定方法→管控要求。从划定背景和划定价值的视角探讨特色控制线的必要性和重要性，结合对标案例，明确控制线的定义、划定方法和管控要求。

2. 背景与意义

（1）都市区绿线

随着中国城镇化进程的不断推进，城镇进入快速扩张时期，而城镇的无序蔓延使得不同城镇间的界限越来越模糊，造成了城镇和城镇之间的过度连绵，也带来了跨行政区事件治理不及时的问题，形成了两地政府之间出现行政博弈的现象，导致城镇边界地区的管理和治理缺位，城镇边缘呈现半城市化、半郊区化现象，大量的城市元素开始入侵城镇边缘，永久基本农田以及生态环境要素受到威胁，同时城市元素的入侵会给永久基本农田和生态环境带来不可逆的伤害。永久基本农田的损毁直接威胁到我国的粮食安全，而生态环境的恶化将降低整体环境质量，影响生态环境平衡。现行的城镇开发边界外除了永久基本农田和生态用地之外，其他诸如村庄等用地并没有受到强制性保护，为了保证城镇边界的完整性，应当划定都市区绿线为城镇边界外的土地提供法律上的保护，为管理工作提供工具，为执法工作提供依据。

都市区绿线划定的价值在于可以作为城镇周边开敞绿色空间的区域边界，在使用功能方面，它可以限制城市无序增长，防止城市间过度连绵，为人提供开敞的活动空间，为动植物提供迁徙通廊。在管控功能上，由于其控制区内为城市非建设区，规划时限接近永久性，并长于城市增长边界；它能补充部分地段的城镇增长边界的缺位，优化城镇形态，保证城镇边界的完整性。总之，都市区绿线对于优化城镇布局形态、保障区域生态功能、提供休闲游憩空间、形成宜人的人居环境以及促进国土空间的可持续发展都具有重要的意义。

（2）产业区块控制线

"推动制造业高质量发展"是中央经济工作会议确定的 2019 年要重点抓好七项工作任务中的第一项。浙江省是制造业大省，由于制造业遍及域乡，全省经济发展良好，无贫困村、贫困县帽子。但是其制造业"大而不强、多而不精"的问题依然突出。推动制造业高质量发展成为了浙江省的首要任务，而浙江省的传统劳动密集型产业远未达到难以为继的地步，不管城市还是乡村的劳动密集型产业用地面积占比都比较高。城镇产业用地面积比乡村更紧张，短时间内没有充足用地供应给战略新兴产业，用地短缺也进一步现在了产业结构转型升级。再加上快速城市化，大批量乡村劳动力进入城市，乡村劳动工业用地的利用效率低，用地粗放现象相当普遍，平均容积率仅0.3-0.6，单位面积产出率总体不高。最终造成了乡村的产业用地效率低下，城区产业用地紧张的局面。

产业区块控制线划定的价值在于促进工业用地合理布局和规模集聚，保障制造业用地；破解土地资源约束瓶颈，加快土地资源优化配置和产业转型升级；提高工业用地利用效率，促进工业用地节约集约利用。

（3）区域基础设施走廊控制线

据全国第二次土地调查结果，浙江省陆域面积 10.55 万平方公里，其中，山地和丘陵占 74.63%，平坦地占 20.32%，水域占 5.05%，耕地占 19.7%，素有"七山一水二分田"之说，平坦用地空间紧缺，耕地资源更紧张。由于区域性基础设施通道无序建设，导致区域内土地被严重割裂，土地破碎化严重，区域性基础设施走廊落地困局越发凸显。一旦划定永久基本农田和生态保护红线，将对未来区域内重大基础设施（如磁悬浮轨道系统等）的用地选择形成制约。同时，现状区域基础设施走廊对用地具有较明显的割裂作用，导致建设用地破碎化，土地会因为过度破碎化而被低效利用甚至废弃，造成土地资源极大的浪费。

划定区域基础设施走廊控制线构建集约高效的区域基础设施复合通道，为未来的重大基础设施（如磁悬浮轨道系统等）预留通道。节约集约利用土地，防止被过多的基础设施走廊割裂所造成的用地破碎化现象加剧。

（4）特色景观线

在国家大力推行生态文明建设的背景下，浙江省提出全域景区化的目标要求，打造沿江、沿河、沿山、沿湖万里美丽走廊，全面打造充满诗情画意的省份，力争成为中国最佳旅游目的地。高质量发展要求下，发挥"特色"是题中之义，浙江省富集自然、历史、商业、文化等多种景观资源禀赋，不仅是区域特色，也是高质量发展的基础和保障。同时文化景观作为乡愁的承载体，承载乡愁记忆，触发怀念，在快速城镇化冲击下，城镇发展也亟需"乡愁"来赋能缝合。对城乡特色景观地区进行保护和控制，尊重延续地缘地境，加强空间认同感，留住城市记忆，守住"乡愁"，保护地域特色。

划定特色景观线既能保护地方特色，延续城市文脉；也可以提升环境品质，营造优质空间。促进城乡高质量发展，保障公共权益，形成魅力空间，打造浙江省名片。

（5）低效用地控制线

浙江省总人口呈增长态势，省会城市人口将超千万，进入超大城市行列。人口增长对土地用量提出了更高要求，城镇用地集约高效发展势在必行。随着城市化水平越来越高，大城市进入城市化后期，城镇发展用地困境表现为：增量用地指标逐年减少，增量供地模式不能满足发展所需，且不可持续。而在打造生态文明建设语境下，需坚持可持续发展原则和精明增长的模式。高质量增长的发展模式对城市用地效益（产出）也提出了新的要求。转型发展期间，城镇的内涵式发展道路和精细化管控模式亟待明确。在增量指标有限的情况下，如何提升城镇空间品质、保障产业转型升级、盘活城镇存量里面的低效用地成为了关键途径。低效用地的出现大多源于早期批复用地的历史遗留，随着城市发展不断外扩，许多低效用地占据着城市中较好的地段优势和基础设施供应，易于进一步建设和利用，降低开发成本，优化现有城市空间布局，打造高品质城市空间。

低效用地控制线的作用在于明确城镇低效用地总量和区位，给政府和土地市场以明确的信息（摸清家底），以便政府制定相关土地政策和房地产市场调控手段。地方政府能够依据低效用地信息确定新增用地和再开发用地的数量和区位；并优化产业结构、调整城镇用地功能空间布局。

（6）近期增量建设用地控制线

浙江省城市高速发展，2018年末全省常住人口5737万人，比上一年末增加80万人，城镇化率68.9%，离世界发达国家80%的城镇化率还有一段距离。未来几年人口预计增加1000万，到2035年城镇化率预计会达到79.2%，土地资源紧缺现象进一步加剧；同时新型城镇化提出：土地城镇化转向人口城市化，增量部分开发模式也开始由粗犷的扩张模式向精明增长模式转变，待开发土地资源管理显得尤为重要。值得注意的是增量部分不仅可以作为城市开发需求新着力点，也可以作为存量土地再开发的新动力源泉。以增量指标奖励办法促进存量再开发建设，集约土地和资金，获得更好的发展效果。近期增量建设用地控制线的划定有利于地方政府有序放地，倒逼存量开发。

政府逐步释放增量土地，避免过分依赖土地财政；通过增量用地控制，对完成了存量土地开发指标的地区，进行增量用地指标奖励，诱导存量再开发，激活城镇内部活力，促进城镇土地的集约、高效和可持续利用，为高品质管理提供坚实的保障、为产业转型和结构升级调整提供新土壤，倒逼存量用地开发。划定近期增量建设管控线，有利于政府持续控制规划与政策的实施，确保城市发展平稳完整，不受政府换届等因素影响；预先布局，有利于明确城市发展方向，增强市场信心，引导市场集中投资；划定近期增量建设用地控制线，也有利于预先布局基础设施，提高土地开发效率；可与国家"五年计划"等联动，是衔接国民经济与社会发展规划的重要环节。逐步推动城镇集约高效发展。

3. 划定原则

都市区绿线的主要目的是防止城镇间连片发展，应当遵循规范合法、因地制宜、长期不变、开放可达的划定原则。都市区绿线的划定需符合国土空间规划和国家法律法规的相关要求，确保都市区绿线的合法合规；并制定相关规定，保证都市区绿线的实施与管理有法可依，执法有据。都市区绿线的划定需因地制宜，都市区绿线的根本目的是在限制城镇扩张的同时，保证城镇的发展。都市区绿线要根据城镇现状和未来预期来划定，不可一味地模仿和照搬，既要预留出未来城镇的合理发展空间，又要对城镇的蔓延起到限制作用。长期性，或永久性是都市区绿线的重要属性。都市区绿线需要保证长期不变以实现限制城镇蔓延的目的。

因此，在都市区绿线划定时要充分考虑未来城镇发展的合理空间需求，保证都市区绿线的长期不变。都市区绿线并不是简单的圈地保护，是旨在形成环绕城镇的农业和自然生态系统。因此，都市区绿线需要保证其开放性和可述性，与基础设施协同建设，形成开敞绿色基础设施网络，保障城镇与都市区绿线管控区域的良好互动。

区域基础设施走廊控制线的划定需要遵循区域协调、城乡统筹、节约用地、近远结合、持续发展的原则。在划定过程中，需要从区域整体发展的方向，综合部署各类区域基础设施，在更大范围内协调区域，统筹城乡，有效引导区域重大基础设施的选址和建设。综合考虑各类基础设施线路的空间关系，布署廊道内各类基础设施，在满足有关技术规范的前提下，合理预留综合性廊道，节约集约利用土地。区域基础设施走廊控制线既要结合现状，有利于近期建设实施，又要为未来的重大基础设施预留通道。

产业区块控制线在划定过程中，需要坚持产业用地总量控制、集中连片、适度调整、形态规整的原则。明确产业区块控制线内总量及比例要求，控制线内工业用地的面积占比不应该低于60%。划定产业区块控制线要求土地集中连片，可以将零散的土地，经过整合、流转，形成一块整体，便于产业项目开发建设，避免产业用地碎片化、无序蔓延。

鼓励线内已建产业项目升级改造，加大淘汰落后产能项目的力度，建立退出企业的补偿机制。鼓励线外的已建工业、仓储项目向线内转移。产业区块控制线的划定应综合各类区划和管理界限，以地块边界、道路中心线和自然地理实体边界为界，做到边界形态规整、清晰可辨、便于管理。特色景观线需要遵循保护优先、因地制宜、整合边界的原则，对历史文化遗产和自然保护地等进行严格保护，协调其周边区域风貌特色，保护地域特色，延续城市文脉。结合当地自然、历史、商业、文化等景观特色，选择具有景观代表性的区域，承载乡愁记忆，促进城乡高质量发展。以某种突出特色资源作为主导，整合周边各类特色景观资源，形成完整的特色景观集群控制线。

低效用地控制线在划定过程中需要生态优先、守住底线、因地制宜、有序开发的原则。尊重城镇发展规律，坚持环境优先；做好顶层设计、保持底线思维；以国土空间"双评价"、城镇建设用地现状为基础，以主体功能定位为导向，结合城镇化发展水平、阶段、模式等实际情况。划定出低效用地近、中、远期再开发、限制开发、禁止开发的管控线，形成次序井然、相互衔接的低效空间再开发格局，在低效用地控制线划定过程，还需要协调好与基础三线、传承五线等控制线的关系。在低效用地控制线的划定中，超大城市、特大城市、大城市、中等城市和小城市的未开发用地占低效用地的比例原则上分别不超过在5%、10%、20%、30%和40%；省级都市圈范围内的市县可以上调最多不超过5%。

近期增量建设用地控制线应当遵循因地制宜、位置固定、总量不变、定期评估的原则。在划定过程结合当地实际发展需求和发展目标，在明确发展方向和土地指标前提下，明确控制线划定区域位置。在保持五年内增量不变的基础之上，对增量开发进展进行定期评估，以控制剩余部分的开发速度。近期增量建设用地控制线原则上五年一编，与该地区五年规划相衔接。

4. 划定方法

（1）划定技术流程

特色控制线划定技术流程为：基础资料收集—评价分析—初划边界—优化方案—边界核定入库。首先，依托浙江省和各市县国土空间规划研究和编制工作，开展现状和相关专项规划调研，收集相关资料数据，确定管控对象的空间分布情况，分析明确采用的基础数据，编绘相关基础图件；其次，结合国家和区域发展政策和发展战略，明确城镇发展方向，对规划区域进行"双评价"；然后，结合"双评价"结果，初步划定特色控制线控制内容边界。省自然资源主管部门应加强组织指导和监督，及时协调解决市县特色控制线具体划定工作中遇到的问题。市、县自然资源主管部门在控制线划定过程中起到了"承上启下"的作用，需要充分征求辖区内下一级人民政府和相关部门的意见后，才能开展特色控制线划定工作。通过自上而下、上下联动、同步推进等协调程序对初步方案进行调整优化。最后，明晰特色控制线管控边界，与基础三线、传承五线以及其它国土空间规划成果统一使用2000国家大地坐标系（CGCS2000）、统一上图入库，形成"一张图"规划成果，以便特色控制线的实施和管理。

（2）划定示意图

以浙江省杭州市及其周边地区为例，对特色控制线进行实践划定。都市区绿线作为限制城镇无序蔓延和增长的开敞空间的边界，其空间位置上应和各城市或地区之间的行政区划边界有一定的吻合，限制城市或地区之间的无限接近。特色景观线以各城市或地区的名胜、古迹、景点和文化遗产等为重点划定对象，用于保护城市地域特色，如该市的某 5A 级景区、历史文化遗产运河保护段等。低效用地控制线的主要划定对象为城市中的一些废弃工厂、仓库等，主要是早期批复的影响城市形象、利用率低下、用地指标不合理、建设不完善等特征的用地，用于后期城市空间改善和优化的低效空间，如该市的某些尚未清退的钢铁厂、废弃厂房等。区域基础设施走廊控制线则以省内各城市之间的基础设施廊道分布为基础，管控高速公路、铁路、电网廊道和各类管线等基础设施线路的空间位置及其周边 5-15 公里内的廊道控制区。近期增量用地控制线的划定要结合近期（一般为 5 到 10 年）区域内城市定位、发展方向和相关发展战略计划，确定城市或地区的增量板块和发展用地，如新近批复的该市某省级新区。产业区块控制线则要以产业发展为基础，划定城市或地区内的产业发展地区和空间位置，并为远期的产业发展和城市经济发展、产业扩张预留空间，如该市的某高教园区及周边产业园区。

特色控制线的划定工作完成后，相应地，应完善其管控和协同机制。特色控制线不完全是刚性约束的控制线，也有部分弹性管控线，刚性与弹性结合的管理更有利于特色控制线实现它的管控作用。因此对于特色控制线的管控和协同机制，要注重部门分工明确、联动机制完善、刚性弹性结合、实施监督考核制度等管控措施，确保控制线的实施能达到预期的效果，并为远期的动态调整和发展预留空间。

5. 管控要求

都市区绿线与永久基本农田保护区叠加重合，依据《基本农田保护条例》相关管控内容执行；与区域基础设施走廊区叠加重合，除经依法批准的建设行为外，严格禁止新的开发建设活动；与生态保护区叠加重合，依据《生态保护红线划定指南》相关管控内容执行。都市区绿线内的现状村庄在控制开发规模的前提下，还需要编制相应的生态环境保护专项规划，加强村庄的生态环境治理和生态文明建设；正在开发建设的用地需要评估后制定分类处置方案；开放空间内除经依法批准的建设行为外，严格禁止新的开发建设活动，其他需要限制开发的地区除经依法批准的建设行为外，严格禁止新的开发建设活动。都市区绿线原则上与国土空间规划期限一致，一经划定原则上不予变更调整，其性质接近于无限永久。

区域基础设施走廊控制线内，除基础设施用地本体外，其他用地应以绿地为主，不得新增城镇建设用地。交通类基础设施站点周边可进行适度开发。控制线内的现状村庄居民点和各类工业、产业用地，近期可以保留现状用途'，远期应根据廊道内各项设施的建设时序要求，逐步推进迁建工作，有序推动人口适度集中安置。新增区域基础设施应优先在区域基础设施走廊控制线内选址布局，线内空间不能满足布局要求的，各市县可以根据需要对控制线宽度进行适当调整。

特色景观线内划定的特色景观区需要进行特殊控制，设定环境管控体系，可以在地区的详细规划中，加入特别条款。一旦划入特色景观线内容的管控对象，需要严格按照特色景观控制线管控规则执行，不得擅自改建、扩建、重建管控对象的特色构筑物和环境设计。以免破坏特色景观线内景观风貌的完整性。特色景观线内批准新建的建筑物、构筑物等，需要严格按照相关主管部门批准的高度、色彩、体量等控制指标进行建设；在凸显特色的同时，保证城市景观的整体性、延续性和协调性。

产业区块控制线一级线内规划工业用地应予以严格保护。原则上不得建设商品住宅和大型商业服务业设施。二级线内的现状工业用地近期应予以保留，远期需要转型升级的工业用地，可以进行用地更新规划设计或制定整备计划，并将其按照国土空间规划调整程序调入到一级线内进行管理。区块控制线内如果确需要将工业用地功能转换成其它城市功能的用地，必须按照国土空间规划调整程序进行局部调整。

低效用地控制线内需要编制拆除重建控制范围的相关规划；严格管控改造利用区的更新改造过程；督促供而未用土地的建设时序；对不按低效用地管控要求执行的开发行为执行相应的惩罚处理。低效用地用途严格按照国土空间规划用途执行，原则上不得将土地挪作他用。

近期增量建设用地控制线内需要明确近期新增建设用地开发项目准入清单。完善相关配套政策和制度，确保控制线有效实施。增量控制线划定后，设定严格的开发时序，控制区内所有已出让用地需在规定时间内，按规划要求完成建设并投入使用。严禁拍而不供、供而不用现象发生。现阶段开发建设的完成情况与下一阶段土地增量指标挂钩。近期增量建设用地控制线每5年进行一次评估和调整；划定后，该线在规划期限内原则上不予变更。如遇到国家或区域基础设施建设项目、公益性项目、对地区发展有重大影响的大型开发项目等特殊项目，可对该线进行适当调整，由上级人民政府审批后方可实施。

总之，不管是特色控制线，还是其它控制线，由于国家重大原因或地方民生工程建设需要，必须要对控制线的管控内容进行调进或者调出的，需要满足以下条件才能调整：首先，调整区域必须具备完整的调整方案；其次，调整方案必须要通过专业人士评估审核；最后，调整方案报上级自然资源管理部门审核通过、备案后，方可按照调整方案进行用地更新改造。

六、重要控制线体系实施逻辑

基于中央对空间规划"纵向到底，横向到边"的要求，不难发现新型空间规划需要做到全覆盖，其实施的逻辑关系也需要做到全覆盖，明确重要控制线之间的横向空间关系和纵向层级传导关系也是新型国土空间规划实施的前提条件。在浙江省国土空间规划实践探索中，对重要控制线进行了具体的划定探索，以确保控制线的可操作性。也通过控制线的划定来论证控制线管控内容的合理性，明确控制内容之间的逻辑关系，以便配套设计相应的控制线政策体系，尽量避免出现管控内容越位、错位、缺位等问题出现。

（一）重要控制线体系的横向空间关系

空间位置关系是空间规划落地实施的关键，也是控制线体系划定、实施的核心环节。控制线管控对象的功能定位是决定控制线空间位置的主要依据，由于控制线划定初衷就是守住城镇在开发与保护过程中的底线。接下来研究将从控制线的保护和发展定位对重要控制线体系的空间关系进行探讨。

1. 控制线主要功能定位

（1）保护功能

从可持续发展视角，保护空间与开发空间都属于控制线的管控范畴，同时保护是为了更好的发展，故控制线体系内具有保护功能的控制线占比会更多一些。不同控制线的保护对象不一样时，划定的控制线尽量保持其独立性。例如，基础三线、都市区绿线等控制线都倾向于保障"三生空间"（生产、生活、生态）的合理配置，其控制线之间的位置关系应该保持独立，以维持"三生空间"的平衡。即使有交叉重叠部分，也需要严格管控。但是，过多功能交叉重叠会带来控制线管控范围越界、管控内容监管冲突、行政责权划分不明确等纠纷问题。因此，每个管控地块的使用功能最好避免出现重复现象，以便更有效的发挥出控制线的保护作用，守住底线。

（2）发展兼保护功能

保护是第一要义，但城市发展空间管控也不容忽视，传统城市五线为过去几十年城市发展做出了突出贡献，其维持城市发展兼保护的功能地位也越来越稳定。当然传统五线在城市发展过程中也表现出了无法满足新时代城镇化需求的现象，例如，对工业用地、低效用地、增量用地等方面无法管控。故本研究在延续传承五线的基础上，新增了产业区块控制线、低效用地控制线、近期增量建设用地控制线等城镇开发边界内的控制线，这些线以发展为主，兼具一定的保护功能。例如，产业区块控制线在控制产业用地配置比例的同时，也起到了保护产业用地不被其他类型用地占用的作用。发展兼具保护功能的控制线相对来说比较集中，并受到城镇开发边界的严格约束，不得超出城镇开发边界。故，这类线被划定在城镇开发边界内。

（3）保护兼发展功能

早期控制线体系的中保护线和发展线之间泾渭分明，"绝对理性"的规划理念也带来了许多城市问题。例如，城市紫线的保护意图很直接，进入了城市紫线管控范畴的城市要素被保护的很周全，而缺乏对那些当下不能进入城市紫线管控范畴、将来有可能进入的城市要素的管控，导致了大批"准"历史文化遗产被毁坏的事件发生；城市黄线的发展意图很明显，在发展过程缺乏对城市用地完整性的保护，导致城市用地被切割，形成了大量的零碎地块。如何兼顾保护与发展，成为了被忽视的问题。本研究提出了特色景观线、区域基础设施走廊控制线来保护地方特色和保障基础设施建设，保护的同时为地方发展带来更多的空间，其保护兼发展的功能决定了其位置关系应该贯穿于其它几条线之间。

2. 主要功能定位决定的横向空间关系

基于城镇开发边界、永久基本农田保护红线、生态保护红线三条底线的基础上，综合考虑每条控制线具备的功能定位，并结合城镇国土空间的空间性质，从国土空间开发建设管控视角，划定了浙江省国土空间规划重要控制线的空间关系（图2.2），对基础三线、传承五线、特色六线的相对空间进行了图示化。其中，区域基础设施走廊控制线、特色景观线两线可以贯穿其他控制线；都市区绿线作为带状出现，主要用于隔离都市区之间三条底线的控制区域，并与城镇开发边界相互独立；传承五线、低效用地控制线、产业区块控制线、近期增量建设用地控制线主要是对城镇开发边界内部的存量和增量用地进行细化控制，当然，部分控制线为了满足保护管控需要也可以划定到城镇开发边界外，例如，城镇开发边界外的道路需要划定道路红线，城镇开发边界外的历史文化保护遗产也需要划定城市紫线等。以保障国土空间规划全域全要素管控。

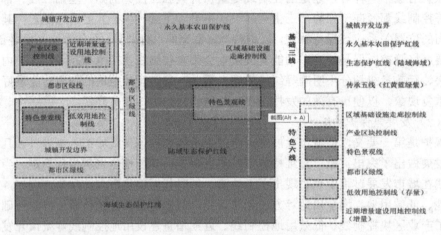

图2.2　重要控制线之间的空间关系

通过横向空间关系划定，不难发现，三条底线、传承五线、六条特色线管控范围除了大片存在于国土空间中，也有存在于局部小地块之中。为了保证控制线的有序划定，对控制线划定区域之间的关系进行了进一步梳理，控制线之间主要存在着相离、重合、相含、包含四种边界关系。

相离：控制线之间相互远离，管控规则互不干涉；

重合：控制线之间相互重合，各管控线所管控的内容原则上需要后退一定安全距离，避免管控区域之间的建设行为相互影响；

相含：控制线之间部分区域相互重叠，管控重叠区域的管控原则应遵循：适建区避让限建区、禁建区和不适宜建设区；限建区避让禁建区和不适宜建设区；除国家重大战略调整、国家重大项目建设、行政区划调整等确需调整的，可按照国土空间规划的调整程序进行调整；

包含：控制线之间形成了完全包含关系，重叠区域管控原则优先考虑被包含控制线的管控规则，且外围控制线的管控规则也需要遵循。

综上，六条特色线、五条传承线、三条底线之间存在着包含、贯穿、相互独立等空间关系。其中，相对独立的控制线管控事权也互不干扰，而对于那些管控内容交叉重叠的控制线，需要进行协调处理，并制定相应的政策制度来逐渐减少交叉重叠图斑，以达到国土空间管理内容清楚、管理边界明确、管理责权分明等目的。

（二）重要控制线体系的纵向传导关系

1. 纵向传导方式

结合浙江省重要控制线划定实践探索，总结出重要控制线在新的"五级三类"国土空间规划体系中的传导关系主要有：边界坐标传导、指标名录传导、政策法规传导。

（1）边界坐标传导

为了达到管控界限精确、管控事权清晰的目的，多数管控内容需要划定精确的刚性控制线。这部分刚性控制线需要划定详细管控的边界，并统一坐标系，以明确控制线的边界坐标。在向下的管控传导过程中，省、市、县、乡镇等各级政府需要严格执行上一级政府划定的边界坐标，逐级向下传导管控边界，且需要保持坐标不变。各级政府在加入新管控边界的时候注意避让上一级政府核定的管控边界，尽量避免新划定的控制线与已有管控边界出现覆盖、交叉重叠等现象，导致管控内容重叠、事权不清等问题再次出现。最终形成"自上而下"的刚性管控传导模式。

（2）指标名录传导

浙江省国土空间规划重要控制线体系实际划定过程中，编制人员发现并不是所有的控制线都能在国家、省域或者市（县）域层面进行划定，例如，传承的城市五线、低效用地控制线、产业区块控制线等控制线的划定对象主要集中在城镇开发边界以内，且划定的面积小而分散。而国家、省域等层面的规划图纸比例较大，较小面积的图斑在国家、省域等层面图纸上只能看到一个点。需要国家、省域层面通过指标名录的方式进行管控传导，在省域层面可以划定的控制线主要包括永久基本农田保护红线、城镇开发边界、生态保护红线三条基础线，以及需要跨行政区域的都市区绿线、区域基础设施走廊控制线和部分特色景观线。其中，基础三线的划定是省域国土空间规划的首要任务；后三者主要是涉及跨行政区管控，故需要省级划定。特色景观线除了需要划定跨行政区域的特色风貌区外，也包含一些真有地方特色的文化景观区域，图斑相对来说较小，不宜在省级国土空间规划图纸中表达，需要附相应的特色景观控制区域名录，名录需要明确特色景观区的面积大小、地理位置、保护类型等要素。以便向市县级国土空间规划进行指标传导。其余无法确定或者划定的控制线参考相同方式，制定相应的指标名录，并给下一级的划定工作留有一定的弹性空间，该弹性空间也为各地发展诉求留有余地，保证"自下而上"的发展诉求得到响应，形成下级申请划定、上级根据指标目录审核的"自下而上"的弹性划定模式。做好控制线的管控传导系统。

（3）政策法规传导

控制线的划定、实施、监督都需要配套相应的政策法规，政策法规作为"刚性"与"弹性"管控传导模式"上下联动"的纽带，需遵循"节约优先、生态优先、绿色发展、自然恢复"的管控政策导向，推动国土空间由规模驱动向存量挖潜、流量增效、质量提高转变。注重控制线的管控政策激励与约束并重，强化市场在资源配置中的决定性作用，促进资源要素合理有序流动，控制线政策重点弥补生态补偿、主观能动性不强、存量开发积极性不高等市场失灵领域。在控制线政策设计过程中，需要注意以下两点：首先，强化控制线政策的协同作用，促使中央、省、市、县、乡镇、村等部门在控制线划定、实施、监管的过程中协同发力，捋顺与其他区域政策的优先次序；其次，抓住与控制线的政策相关的财政、投资、产业、生态环境、自然资源等方面的政策，并制定绩效考核、生态补偿制度，以建立较完善的控制线管理制度体系，来保障城镇化地区优化发展，提高综合竞争力，发挥市场能动作用；以达到提升农产品主产区和重点生态功能区的公共服务水平的目的，推动生态经济发展，促进"两山"理论转化，力争实现优势互补高质量的发展格局。

2. 控制线传导理论框架构建

结合指标名录、边界坐标、政策法规三种控制线传导方式，对重要控制线在"五级"规划体系内的管控传导方式进行了系统梳理。明确了各层级政府在编制国土空间规划过程中需要编制相应重要控制线的管控传导成果，以保障重要控制线在"五级"规划体系内的纵向传导。从各级政府需要编制的控制线管控传导成果来看，国家和省级的主要任务是制度宏观政策导向、明确城镇发展方向、划定"三生空间"保护性控制线；市级政府作为重要控制线划定和管控传导的关键层级，其主要任务是根据上级政府要求落实、划实各条重要控制线，以指导、监督县级政府继续深入细化控制线的划定、管控和实施。乡镇、村级政府作为管控传导的最后一级，也是控制线体系实施落地的主战场，乡镇、村级政府应该严格执行控制线的管控规则，以保障国土空间规划正在落实到位，实现国家空间管控治理手段现代化。

七、控制线政策法规体系设计

从政治学的理论视角出发，控制线体系作为一种国土空间管理工具，也是空间管控权力的技术依据。在设计控制线相关的政策法规时，既要考虑赋予行使管理人的权利，也需要考虑设计相关控制线管控政策来限制权利行使人的权力范围；同时控制线体系在运作过程中，被管理人来源于社会成员，从新制度主义理论视角出发，管理人与被管理人必须要做到相互信任和合作，管理才能顺利运作，控制线体系才能作为一种被认可的管理工具进行运作。因此，在政策法规设计过程中就需要建立公平公正的公众参与和公众监督环节，建构国土空间规划控制线体系的监管体系，以便于监督控制线体系的实施运作。

从规划实施逻辑的角度出发，控制线体系也是国土空间用途管制体系主要组成内容，控制线政策设计过程中，需要考虑"五级三类"的国土空间规划体系的串联作用，明确各层级政府的责权范围，串联各级政府的多个相联结的决策，保障各级政府的政策意图在城市复杂系统里面逐级推进。其中，国家需要制定国土空间规划法、三区三线法等与控制线体系相关的法律、法规和技术标准，为控制线体系划定、实施和监察的全过程提供保障，并制定相应的政策法规指导、审核、监督下级政府开展工作。省、市、县各层级需要制定"特色六线"和分区分类相关管控的行政法规、地方条例和技术标准等，细化指标分解政策法规。落实上级政府政策法规的同时，也需要制定相应政策法规指导、审核、监督下级政府划定控制线；乡、镇、村主要是控制线体系政策法规的落实层面，只需按照上级政策法规进行操作即可。当然，传统规划体系对控制线的认知只存在于技术层面，政策文件还会出现"原则上"、"应该可以"等一系列表达方式，导致其处于被动运作的局面，甚至会为其它法规、行政管理和监管治理行为让步。要保障控制线体系的贯彻落实，还需要将控制线体系与法规、行政和治理等管理行为一视同仁，制定类似《景观法》的控制线法规来保障控制线的严肃性，整合国土空间规划控制线体系的运作系统。

第三章 国土空间详细规划编制

第一节 详细规划编制背景

一、发展背景

改革开放 40 年以来，我国经济高速发展，经济总量跃居世界第二，综合国力和国际影响力实现历史性跨越，城镇化进程不断加快，人民生活水平也发生了翻天覆地的变化，基础产业和基础设施实现跨越式发展，供给能力实现了从供不应求到丰富充裕的巨大转变。但无论是经济发展还是社会进步，其积累到一定程度，必然转化为质的提升，这是发展的规律使然。我国改革开放 40 年的发展积累，已经到了由量转质的阶段，随着国家提出"高质量发展"的发展方向，我国特色社会主义进入了全新的时代。

"高质量发展"这一时代性课题，也对自然资源和城乡规划领域提出了更高的要求。改革开放的 40 年，是城镇化进程快速发展的 40 年，在提升我国综合国力和人民生活水平的同时，也深刻改变了我国的地理、经济和生态环境格局，重塑了城乡关系。40 年来，我国的大城市不断做大做强，与国际接轨，中小城市的数量和规模也有了显著的增长，京津冀、长三角等地区涌现出一批城市群或都市圈，但是近年来越来越多的城市遇到了发展瓶颈，尤以中小城市和乡镇为甚，人口流失严重、公共服务能力不足、规划管理偏弱、资源枯竭等问题逐渐显露。随着我国步入高质量发展阶段，我国的城市建设也应转变思路，从增量发展转型为存量、减量发展，从粗放发展转型为精细化发展，而详细规划作为城市建设精细化管理的重要手段，理应响应时代的要求，积极探索如何在城市建设中进行高质量、高标准管控。

二、改革背景

我国自 2017 年提出转型高质量发展阶段后，进一步提出"深化党和国家机构改革是推进国家治理体系和治理能力现代化的一场深刻变革"，并于 2018 年 3 月完成了建国后第八次大规模的机构改革，自然资源部应运而生，其主要职责之一即是负责自然资源的合理开发利用和建立国土空间规划体系并监督实施，自此，我国新时期的国土空间规划体系建设工作全面启动。

国土空间规划体系建立的初衷即对国土空间用途进行统一管制和实施，在此之前，我国的用地用途管制系统分别依托于城乡规划和土地规划两种规划类型，两类规划分属不同的职能部门，其主要内容、编制思路、管控方法、关注点等均存在一定的差异性，也导致政府在用地用途管制的过程中屡现矛盾，国土空间规划体系的建立正是国家针对这一现状做出的重要决策。实际上，我国对国土空间规划体系建立的探索已长达十余年。国土空间规划体系的前身即"多规合一"规划，自 2008 年"多规合一"走入公众视野，到 2018 年自然资源部成立，国家各级政府已在国土空间规划体系的构建上做了十余年的铺垫。

2019 年 5 月 9 日，国务院办公厅正式发布《关于建立和监督国土空间规划体系实施的若干意见》（以下简称《若干意见》），我国的国土空间规划体系建设正式开始，《若干意见》提出了空间规划的总体工作框架，明确了"五级三类"的国土空间规划体系框架，"三类"即指总体规划、详细规划和专项规划，其中总体规划和详细规划为上下传导关系。至 2020 年底，国家和省级的国土空间总体规划编制工作已基本完成，市县一级的总体规划预计 2021 年 9 月份全面完成，在上位规划编制已近尾声的时期，关于详细规划的编制研究工作应全面展开。

三、实践背景

详细规划作为城乡建设管理的核心手段，一直推动着我国工业现代化和新型城镇化的快速发展，尤其控制性详细规划，是我国现代城市规划体系中的重要一环，它作为法定规划，实现了规划设计与规划管理的有机结合。控规自诞生近 40 年来，体系日趋成熟，内容日趋完善，为我国城市的有序、稳定发展作出了不可磨灭的贡献，然而近年来，在城市建设和管理的过程中，控规也逐渐暴露出一些问题。控规作为法定规划，其核心是通过确定一系列规定性指标和引导性指标对用地进行精细化管控，而现实中，城市建设屡屡突破控制指标，控规调整与修改逐渐常态化，导致控规的法定地位受到质疑。

同时，随着城市发展的多元化，现行控规体系在面对丰富多样、错综复杂的片区时表现力不从心，规划内容千篇一律，规划思路照猫画虎，管控体系生搬硬套等现象普遍存在。2020 年，一场疫情席卷全国，暴露出医疗卫生、社区服务配套等一系列的潜在问题，反映了近年来控规编制没有以人为本的普遍情形。新时期的详细规划，应在规划与规则、刚性与弹性之间寻求平衡，避免出现千城一面的历史性错误。

另一方面，我国的快速发展也使城乡生态环境和资源承载力面临挑战，之前的控规主要关注城市建设用地的管控，覆盖面基本以城镇集建区为主，即使涉及部分非建设用地，也多以对建设用地的管控手法生搬硬套，对非建设用地的管控和引导缺乏针对性，而做到对每一寸土地的管控和引导，是新时期下国家发展对国土空间规划提出的要求。

随着新时代的发展，详细规划应当通过技术升级，视角扩展等手段，加强自身的规范化与法制化，为中国的高质量发展做出有力的技术支撑。在国家治理能力和水平的提升中发挥更大的作用，推动中国社会主义的现代化进程，实现各级政府在"十四五"乃至中长期规划的设想。

第二节 相关研究综述

一、详细规划改革思路研究

前文提到，国土空间规划体系下的详细规划主要参考模式仍为之前城乡规划体系中的控制性详细规划，是控规的优化创新。因此，本次详细规划编制的探索应从控规的改革研究入手，通过对控规的演变历程总结以及对学界关于详细规划编制或控规改革前沿观点的归纳，分别阐述详细规划改革的必要性与思路。

（一）详细规划改革的必要性

1. 详细规划的产生与发展

（1）演变历程

控规在我国的城乡规划体系中并不是一开始就存在的，对于国内控规的产生与发展，高捷在《我国控制性详细规划近三十年研究热点与进展》一文中，将我国的控规发展历程分为三个阶段："酝酿与探索—发展与完善—创新与调整"，本文将控规的演变历程分为四个阶段。

第一阶段：1980-1990年，诞生与探索阶段，规划从形体设计走向指标管理。

我国控规的起源，要追溯到上世纪80年代初对美国区划条例的借鉴。上世纪70年代末，我国实行改革开放，体制由计划经济向市场经济转变，国有土地也逐步开始实施有偿开发利用的管理制度，1980年，美国女建筑师协会来华学术交流，带来了"美国区划（Zoning）"的城市规划理论，我国控规的诞生也是从对美国区划法的借鉴开始的。随后的十年时间，我国部分城市和沿海特区以美国和我国香港地区相关经验为参照，结合地方发展需求开启了控规初步的实践与探索。1988年，土地有偿使用制度建立，城市建设机制发生重大变化，使得控规编制成为其前置条件。1989年，在温州旧城改造控制规划中，文本、图则与法规三者相互匹配，是对当时各种控规编制探索的总结和集成，具有里程碑意义的规划实践。

控规诞生的第一个十年，通过规划指标体系对土地使用实施规划控制，打破了详细规划传统"摆房子"的规划模式，但是作为新兴的规划类型，在规划内容和技术方法上还处于摸索阶段。

第二阶段：1991-2000年，确立与发展阶段，控规的技术框架初步建立。

20世纪90年代，我国逐渐确立了控规的技术框架，制定和颁布了相关办法及细则，明确了相关控规的具体编制内容，控规也逐渐地走上了规范化的轨道。90年代初，建设部相继颁布《城市规划编制办法》和《城市国有土地出让转让规划管理办法》，明确出让城市国有土地使用权之前应当编制控规，也变相确立了控规的法定地位，同时也进一步明确了控规的编制内容和要求。1995年，建设部颁布《城市规划编制办法实施细则》，进一步明确控规的编制内容，控规走上规范化轨道。至此，各地开始普遍编制控规，但城市并没有全覆盖。直至1998年，《深圳市城市规划条例》把控规的内容转化为法定图则，才形成了以法定图则为核心的管控体系。

控规诞生的第二个十年，我国控规在充分借鉴美国区划、英国地方规划和香港法定图则的基础上，基本确定了自己的技术框架体系，全国层面也启动了规模化编制，但是控规编制的规范化还有很长的路要走。

第三阶段：2001-2007年，优化与调整阶段，控规编制走向规范化。

进入21世纪，国家进一步规范土地使用制度，2001年到2007年，国家先后出台政策文件，进一步明确指出经营性用地使用权出让必须采用"招拍挂"方式，而控规编制作为"招拍挂"的前置条件，开始全面发挥作用。2006年，新版《城市规划编制办法》颁布实施，在修改和完善控规编制内容和要求的基础上，明确了规划的强制性内容。可以看到，进入21世纪的第一个十年，控规的作用越发明显，法定地位不断得到保障，各地对控规的重视程度普遍提升，2007年，济南市率先开启了第一轮中心城区全覆盖的编制工作，这是山东省第一个进行控规全覆盖的地市，对下一个十年山东省控规的编制有着重要的影响。值得一提的是2004年，上海启动了首轮单元规划的编制，控规的分层编制模式初现雏形。

第四阶段：2008-2018年，稳定与创新阶段，技术体系进一步创新。2008年《城乡规划法》的颁布施行，从国家法律的高度强化了以控规为依据的规划许可审批制度，并正式提出较为完整的控规制度体系，这也是首次从法律层面正式明确控规在城乡规划体系中的法定地位和核心地位，也随之开启了控规发展的第四个阶段。

这期间，一些城市也在控规日趋成熟的技术体系内进行积极的探索，如深圳市2011年编制的城市发展单元规划，进一步研究分层编制的管控方法，同年《上海市控制性详细规划技术准则》中首次提出"附加图则"概念，将城市设计纳入控规的编制内容，2013年无锡太湖新城控规将生态低碳指标纳入指标体系等，都在控规的发展史上都留下了宝贵的印迹。这十年的控规，体系和编制方法已经趋于成熟和稳定，但在新型城镇化的背景下，控规领域的研究更为多元。一是城市开发从规模扩张向品质提升转变；二是生态保护、环境品质、经济发展等方面逐步融入控规编制内容。在稳定中创新，是控规最后一个十年的主旋律。

（2）特征总结

根据对控规发展历程的梳理，可以看出，虽然借鉴于美国区划，但由于土地使用制度的根本不同，我国控规的发展自身具备独特的特征。

①先有实践探索，进而制定规则。从近40年的发展来看，在体系尚未成熟甚至尚未建立时，各地的控规编制工作已经相继启动，并不断向上反馈，相关的政策或编制办法等是相对滞后的，同时控规研究成果也是多以实际案例为基础，逐渐转向对其编制方法、管控体系的思考。

②研究范围逐渐向生态区域拓展。后期的控规已经不仅仅局限于对建设用地使用的管控，而是演变成综合了经济、社会、生态、美学等多项利益诉求的城市治理工具。

③发展脉络呈现阶段性特征。一方面，"自下而上"的地方探索推动着控规的发展和不断创新；另一方面，控规紧跟时事的特性，让国家经济社会发展背景和政策要求对其影响显著。两个方面使控规的发展基本处于十年一个阶段的发展模式，一些重要法律法规的颁布成为其演变的重要节点。

④体系和制度仍在不断创新。从发展历程来看，控规的体系、制度和编制方法一直在不停地优化创新，直到国土空间规划体系的建立前，各省市仍在不断对控规的编制方法进行探索，山东省就在2017年颁布了新的《山东省控制性详细规划编制技术导则（试行）》，未来的详细规划，也应在创新这条道路上坚持走下去。

2. 详细规划的问题与分析

四十年来，控规在我国快速发展的过程中有着不可磨灭的贡献，但是随着城市越来越多元化的发展，控规也面临着诸多问题。

首先，控规在管控内容上缺少必要的灵活性。俞国华认为控规对城市的管理起到了积极的促进作用，但是依然存在缺乏灵活性，规范性的问题。田莉也认为，目前我国的控规除了具有传统上的所谓"用地兼容性"外，没有任何其他方式可以灵活控制。彭阳、申洁（2019）提出现行控规对保留建成区和再开发区域没有区分，采用均质化、标准化的控制方式，弹性不足，建设重点不突出，此外，通则式的指标管控，造成局部与全局关系的失衡，对群体诉求和经济可行性关注也不足。尹稚也尖锐地指出，控规体系建立后，由于在指标的控制上较为难以把握，导致出现了一些权钱交易情况，好在没有出现整体性的经济和空间失序现象。学界关于控规灵活性的问题研究颇多，在这不一一列举。

其次，控规缺少对非建设空间的有效管理。根据《城乡规划法》中对规划区的定义，规划区主要为建成区或因城乡建设必须进行规划控制的区域，因此详细规划的编制重点仍集中在城镇建设空间的规划设计、管理制度、公众参与和法定化等方面，而对于非建设空间的管理则相对薄弱，在实施全域全要素国土空间用途管控制度的背景下，生态空间、农业空间的规划管理将是国土空间规划体系建构中，转变消极保护模式、加强规划积极治理的关键。2012年底，上海提出"郊野单元规划"的概念，开始了对非建设空间管控的探索，这对详细规划未来的管控有着很高的参考价值，但全国其他地区对非建设空间的管控研究还较为浅显。

第三，控规缺少对城市空间品质的关注。控规目前过多依赖通过指标体系来进行管控，忽视了城市的整体协调发展，尤其是对城市空间品质的控制缺乏足够的重视，对于这种现象，学界也讨论甚多，大多数观点基本一致，认为控规对城市设计内容不够重视是主要原因之一。另一方面城市更新也没有得到控规应有的关注，有很多观点认为控规不但没有引导城市的老旧城区有序更新，反而一系列繁琐的控制指标成了城市更新的"绊脚石"。随着国家转型高质量发展，居民对空间环境品质的需求已成为今后城乡规划建设的主要矛盾，城市设计和城市更新的法定化进程推动着详细规划的发展。

综上，控规原有的管控模式已逐渐不能满足新时代下城乡发展的需求，借着国土空间规划体系全面构建的历史机遇，详细规划应在控规打下的坚实基础上进一步改革，向现代化、精细化、品质化的管理的目标迈进。

（二）详细规划改革的思路

首先，详细规划的改革应贯彻国土空间规划的初衷，即对国土空间进行用途管制，并推进空间治理体系和治理能力的现代化。王引（2019）认为，国土空间规划不是简单的"城规"与"土规"的融合，不是简单的"多规合一"，是以全域空间为对象，以城镇、农业、生态空间为约束，合理配置资源，促进社会政治及国民经济统筹协调发展的综合性规划，表现在空间维度，是城市与乡村的协调发展规划。而详细规划作为国土空间规划向下落实的主要抓手，在未来改革的道路上应从关注的重点从"土地"转向"空间"。其次，详细规划的改革应向全域全要素拓展。有别于以往控规只关注城市建设用地，新的详细规划应对非建设空间予以足够的重视，应覆盖全域国土空间，对各类资源进行科学配置，管控到每一寸土地。宋军提到，新的空间治理体系，全面覆盖国土空间，统筹各类空间规划，更有利于保持国土空间系统的整体性。所以，未来的详细规划，不应仅仅把城市建设区作为主战场，全域全要素管控是新的国土空间规划体系提出的要求。

最后，详细规划的改革应探索各种层面的差异化管控。规划内容上，应针对增量、存量、生态、保护等不同的地区属性，进行差异化管控，避免指标体系的生搬硬套；管控方式上，应在刚性与弹性的结合上不断探索，视角从"土地"转向"空间"，针对不同地区，约束性指标和引导性指标也应各有侧重；编制深度上，应满足各地区需求的编制深度，传统控规"一竿子到底"的深度已经不适合如今多元化发展的城乡格局，未来详细规划的编制，需结合实际情况，在各地区、各要素的工作深度和表达方式等方面进行探索，在满足底线管控的前提下，形成多样化的规划成果。综上，详细规划的改革应贯彻国土空间规划的初衷，向全域全要素的管控拓展，并积极探索多层次、多方面的差异化管控模式，扮演好时代赋予的角色。

二、详细规划编制方法探索

当今，详细规划的改革涉及规划管理部门、规划设计部门、市场开发主体以及公众等多个方面，而笔者作为规划师，主要从详细规划的编制方法进行探索研究。

（一）详细规划编制内容研究

前文提到，详细规划应以现行控规模式为基础，进行优化和创新，因此本文对编制内容的研究不再重复现行控规的内容，主要分为以下几个方面：

1. 详细规划应进行全域全要素管控

在城市建设区，要细化用地分类及建设项目分类，刚性落实公共、基础、安全三大设施，弹性落实市场经营类设施，要以人为本编制城市公共空间规划设计，提高城市品质等；在非建设地区，要统筹山、水、林、田、湖、草各资源要素，与农业生产相结合，强化生态红线及基本农田保护线。

2. 详细规划的编制内容应明确包含城市设计

城市设计能够较为科学地反映未来的城市面貌，是协调城市发展的重要工具之一，对城市空间品质的塑造具有重要的作用。2011年上海就在全国率先提出将城市设计以"附加图则"的形式纳入控规，开始了城市设计法定化进程的探索。未来城市设计以何种形式、将哪些内容纳入详细规划，都是需要长期研究的命题，这也标志着详细规划以"指标"为本向以"人"为本的转变。

3. 详细规划的编制应充分考虑城市更新

随着国家转型高质量发展，详细规划面向的不再是开发区、城市新区等待开发区域，更多的是已建成区，城市更新是绕不过的问题。详细规划编制应当适应城市发展各个阶段的需求，不断充实和完善，适时调整内容重点，充分融入城市更新的理念，以人为本，贯彻可实施的规划要求，进行精细化的管理，制定针对性的编制内容和管控要素。王晓东（2019）提到，面对城市更新，详细规划必须对土地属性变更、指标变更等做出精细化的规划导控，打破目前简单僵化的工程设计思维，为城市更新改造预留更多可能性。

4. 详细规划的编制应充分保障公共安全

2020年一场突如其来的疫情，让湖北省会、国家中心城市武汉经历了一场公共卫生安全的大考，虽众志成城，举全国之力战胜了疫情，但整个过程中暴露出的问题仍值得深思，同时还有近年来层出不穷的火灾、洪灾等灾难事件，都让"公共安全"这个概念走入了公众视野。过去，详细规划对公共服务设施和基础设施有着良好的指标体系进行管控，未来，公共安全设施也应是详细规划重点管控的内容。

综上所述，详细规划的编制内容在宏观层面应包含城市建设区和非建设区，在微观层面应加强对城市设计、城市更新和公共安全等方面的管控与引导。

（二）详细规划管控方式研究

"用途管制+指标管控"是现行控规的核心管控方式，未来详细规划的管控方式应基于这个模式，进行拓展研究，以符合新时代的要求，主要分为以下三个方面。

一是详细规划的管控体系应以分层编制为主。详细规划主要的任务便是对总体规划的传导与落实，传统的控规多是从总体规划直接管控到地块，上下传导缺少平缓的过渡阶段，尤其是大中型城市，大量的约束指标很大程度制约了城市的弹性发展，于是以上海为代表的一些先进地市普遍开始了分层管控的控规编制模式，山东省济南市的第二轮中心城区控规全覆盖编制也采取了这种模式，分为片区和街区两个层次，不同层次的管控重点和深度不同，能够更缓和地完成上下传导的任务。

二是详细规划的管控体系应引入准入管理的模式。"用途管制＋指标管控"的管控模式主要作用于城乡建设空间，重点对建设用地性质、强度和空间环境进行管控，并不适用于非建设空间。针对农业空间和生态空间，可以通过增加名录管控、正负面清单管控等方式来进行保护和开发利用，合理统筹建设安排，最终形成"用途管制＋指标管控＋准入管理"的管控模式。近年来，武汉的生态绿楔控规、上海的郊野单元规划都是这方面的探索。

三是详细规划的管控体系应更注重刚性与弹性的融合。对刚性与弹性体系的研究是自控规诞生起不变的主题，其是平衡规划确定性与城市发展不确定性的主要途径之一。对于不同地区、不同时间、不同的编制深度，都要有相对应的指标体系，在确保重要公益性设施和需政府重点管控的内容为刚性管控的前提下，应进一步研究弹性管控的尺度。同时，在保障刚性管控内容具有实施性的基础上，也应对弹性引导配套相应的管理办法，确保弹性调整的规范性。

综上，建立一个更具有弹性的，更立体的，更多元化的管控体系是详细规划编制的主要目标。

三、详细规划编制实践总结

（一）相关省市国土空间规划体系研究

《若干意见》发布以来，全国各省市积极跟进，北京、上海、浙江等相继颁布关于建立国土空间规划体系的政策文件。进一步研究这些省市的国土空间规划体系，可以发现，以详细规划为区分依据，目前主要存在两种类型，一类是以北京为代表的对传统城乡规划体系的优化，另一类是以上海为代表的引入郊野单元、生态单元等作为详细规划补充的空间规划体系。

1. 以北京为代表的国土空间规划体系

在北京的国土空间规划体系中，详细规划包括控规、村庄规划和规划综合实施方案。其中在城镇开发边界内，编制控规，城镇开发边界外的村庄地区在乡镇域规划基础上编制实用性村庄规划，同时以国土空间规划及国土空间近期规划为依据，编制街区单元规划综合实施方案。在编制详细规划时，提出要注重统筹平衡、集约利用、高效配置空间资源，同时加强城市设计，推动城市双修，增强实施的可操作性。

北京的国土空间规划体系注重刚性传导和事权划分，以北京为代表，江苏、江西、陕西、黑龙江等地也相继颁布了各自的国土空间规划体系，在此类空间规划体系中，关于详细规划，主要有以下特点：

1）以城镇开发边界为界，边界内编制控规或详细规划，边界外编制村庄规划；2）乡镇国土空间规划可以兼顾村庄规划的编制内容；3）北京市设立了规划综合实施方案层面规划，属详细规划。

2. 以上海为代表的国土空间规划体系

在上海国土空间规划体系中，详细规划包括控制性详细规划、郊野单元村庄规划和专项规划（详规层次），其中城市开发边界内、城市开发边界外的其他建设用地内，编制控规；城市开发边界外的乡村地区，按需编制郊野单元村庄规划；对交通市政基础设施线性工程、城市开发边界外和城市开发边界内控规未覆盖地区的各类点状设施以及城市开发边界外的生态空间编制专项规划（详细规划层次）。同时提出深化城市设计管控要求，提升城市品质，建立贯穿规划编制、实施全过程的城市设计管控体系，在各层次国土空间规划中，明确相应的城市设计管控要素和具体管控要求。

上海提出了编制郊野单元村庄规划，以上海为代表，浙江、河南、宁波等先后结合郊野单元、生态单元、特定功能单元等详细规划类型，提出了各自的国土空间规划体系。此类的国土空间规划体系中，关于详细规划有以下两个特点：

1）同样以城镇开发边界为界，边界内编制控规或详细规划，边界外编制村庄规划；2）提出了郊野单元、生态单元、特定功能单元等详细规划类型。

（二）案例分析与借鉴

2019 年以来，北京、雄安等地区相继批复了新的控制性详细规划，对详细规划的编制研究具有很高的参考价值，本节将对这些典型案例进行研究，总结经验和规律。

1. 北京城市副中心控制性详细规划

党中央、国务院批复在 2019 年 1 月正式批复该规划，这是国土空间规划体系建立以来中央层面批复的首个控规。规划采用了分层管控的模式，其以一个城市片区为编制范围，向下划分 12 个组团和 36 个街区，其中片区和街区均为法定规划，12 个组团是对片区功能和指标的分解落实，经由相关程序进行备案整理。

在片区层面，规划通过城市本底、城市骨架和城市底蕴三条底线对片区的发展进行刚性控制。城市本底主要指城市开发边界和生态控制线；城市骨架主要指基础设施建设控制线、河湖保护线以及绿地系统线；城市底蕴主要指历史文化保护线。

指标体系上，通过 76 项规划指标，16 类管控边界和管控分区集中落实了北京城市总体规划的要求，通过文本、图纸、图则实现了对总体功能、规模、布局和各项系统性的内容进行有效地管控与引导。其中比较关键性的管控指标包括人口规模、用地总面积、城乡建设用地面积、生态空间面积占比、地上建筑总规模、人均绿地面积等。

在街区层面，主要分解落实片区的刚性内容，并结合街区特点进行弹性引导。街区以 15 分钟生活圈为依据进行划分，各街区均出分图则。图则中的刚性内容包括：功能与人口、总面积和建筑规模、是否为重点地区、公共设施的类型和数量（定量定位）、家园中心位置、数量、用地规模（定量定位）与市政和交通设施（定量定位）。

可以看到，该控规采用了分层管控的体系，在片区层面和街区层面有不同的管控深度，能够较为平缓的将总体规划的要求向下传导，同时也对生态空间进行了差异化管控，提出了生态空间面积占比等指标。

2. 河北雄安新区起步区控制性规划与启动区控制性详细规划

另一个具有代表性的是雄安新区的一系列控规，由于其特殊性，在总规与控制性详细规划之间，新增了一个规划层次，即控制性规划，相较于控制性详细规划，少了详细二字，它主要作为总规与控规之间的策略性管控规划，完成总规到详规的传导作用。河北雄安新区起步区控制性规划于 2020 年 1 月由国务院正式批复，其管控内容主要涵盖城市空间格局、结构性功能布局、城区建设边界、生态空间布局、骨干基础设施布局、公共服务设施标准等涉及经济、文化、环境、民生方面的结构性要素，全力保障城市实现发展愿景。

规划中同样以层级传导为原则，管控单元大致以 15 分钟生活圈为依据进行划分，明确了社区级以上公共服务设施规模、类别、位置；红线、绿线、蓝线、黄线；建设高度、建设强度等内容。整个控制性规划从总体层面对结构性要素进行刚性管控，对于其他非结构性要素通过弹性引导，来体现包容性和城市韧性，也平缓的将总规的指标进一步向下分解。

在后续的启动区、容东、容西等片区的控规中，基于控制性规划对管控单元的划分，又进一步细分街区，形成了城市单元 - 街区 - 地块的三级管控体系。在城市单元层面，结合未来街道管理，重点对用地规模、人口规模、开发建设规模、公共服务设施、基础设施等内容进行管控；街区层面，将单元内容向下传导至街区，鼓励统一规划、统一建设、统一运营管理；地块层面，兼顾弹性引导和刚性管控，通过用地边界、用地规模、开发规模、建筑高度等指标约束，重点对涉及独立占地的公共服务、市政公用设施和交通设施地块进行管控。

规划中每个城市单元均有图则管控，图则重点管控内容包括公共服务设施、蓝绿空间、基础设施等方面。同时由于雄安新区迫切的建设需求，规划内容通过地块信息直接纳入以 BIM 为基础搭建的管理信息平台。

从雄安一系列的规划中可以总结出，控制性规划划定的管控单元，为后续的指标向下传递发挥了巨大的作用，所以通过分层编制能够保障总体规划强制性内容的有效传导。值得一提的是，规划中也明确将城市设计作为了规划管控的重点。

3. 上海郊野单元规划

针对城镇开发边界内非建设用地的管控方式，上海郊野单元规划有着重要的参考价值。2012 年上海首次提出了"郊野单元规划"的概念，并分别于 14 年、15 年和 18 年进行了技术升级。

郊野单元规划是镇域、村域层面实现"两规融合"、"多规合一"的规划，是覆盖乡村地区、统筹全地类全要素的综合性、统筹性、实施性和策略性规划，是实施土地用途管制特别是乡村建设规划许可的依据。郊野单元被定义为集中建设区外的郊野地区实施规划和土地管理的基本地域单位，是郊野地区统筹各专项规划的基本网格，原则上以镇域为一个基本单元。

郊野单元规划的主要任务是深化落实镇土地利用总体规划和总规中乡村规划建设方面的内容，优化调整建设用地、基本农田、生态用地等各类用地布局，形成近期行动计划，制定规划实施路径和策略，促进乡村地区建设用地布局优化和土地利用效率提升，主要针对集建区外的郊野地区的用地规模、结构布局、生态建设及环境保护等内容在一定期限内的综合部署和具体安排，形成综合性实施规划。

郊野单元规划的主要目标一是补充耕地、建设高标准基本农田；二是进行建设用地减量化，改善农村面貌；三是提升郊野地区的综合功能及效益。其主要的调整方式是土地整治和建设用地的增减挂钩两方面。

郊野单元规划以详细规划的视角，通过土地整治和建设用地的增减挂钩两个方面对非建设空间的各类要素进行管控。初步来看，郊野单元规划在非建设用地的管控上取得了很好的效果，并于 2018 年在南方一些省市开展了试点编制工作。由于山东省并未参加此次试点工作，且山东省已于 2019 年颁布了《山东省村庄规划编制导则（试行）》，因此郊野单元规划并不完全适用于山东省，但是其对非建设用地的规划思路和管控方式对山东省国土空间详细规划的编制仍有重要的指导作用。

四、现行控规体系评估

（一）山东省控规管理文件和技术文件演变历程

在山东省的控规编制体系中，管理办法与是技术导则分开的，管理办法共有两版，分别颁布于 2003 年和 2010 年，办法规范了控规的审批、调整和监督程序，进一步明确了控规的法定地位，并提出成立城市规划委员会。两个版本的区别主要在于控规的编制对象由城市变为了城镇，也可以看出控规的作用对象由城市向乡镇延伸的过程。由于本文主要的研究内容为详细规划的编制，且管理办法颁布较早，有一定的滞后性，因此管理办法的内容不再做深入研究。

技术导则共历经 4 个版本的演变。1993 年颁布的《山东省城市控制性详细规划技术规定（试行）》是山东省第一部控制性详细规划技术规定，确立了控规编制的基本框架，但较不成熟；1998 年《山东省控制性详细规划编制技术规定（试行）》颁布，这一版是基于 1993 版予以补充完善，并对控规编制内容作了详细的规定，其首次提出规定性和引导性两类指标，明确规划单元为 50-100 公顷，但要求过于全面，不利于城市的弹性发展；2011 年《山东省城市控制性详细规划技术规定》出台，此技术规定是基于 1998 版本予以调整的，无论是编制内容还是成果形式，均有所简化，是 21 世纪 10 年代全国较为普遍的控规技术规定。

随着规划更加多元，全国各地对控规编制均有不同的侧重点，2017 年，省住建厅颁布《山东省控制性详细规划编制技术导则（试行）》，其基于济南控规的编制模式，引入了分级控制的管控体系，对片区和街区两级均做了编制要求，同时增加了控规评估、基准容积率（各类建设用地在分区建设强度的初始值，主要根据规划期内各强度分区的建设增量和用地面积增量进行分配计算得到）、实虚线控制、城市设计等新的编制内容，总体来说较前三版有较大改革，是应对新时代发展要求的一次积极尝试。

通过简单的梳理，可以看到山东省的控规编制体系随着时代的变化与时俱进，控规的编制对象由城市向城乡延伸，而编制方法则由前三版的技术规定向编制导则转变，即在编制上由硬性规定向弹性引导转变。仔细研究四版的指标控制体系也可发现，控规的刚性与弹性无论是在管控方式，还是管控内容上，都是在不断结合完善的，这也给山东省未来的详细规划编制提出了现代化、科学化、合理化的要求。

（二）现行控规体系解析

山东省现行的控规编制导则是在 2017 年 8 月份颁布的试行稿，其较之前的版本有了较大的变革，现结合详细规划的编制研究主要梳理解析以下几个方面。

适用范围方面，导则适用于山东省行政区域内城市、县城的控规编制工作，建制镇参照执行，并未明确是否仅适用于建成区，也未明确和城镇开发边界的关系。编制模式方面，创新的提出了片区控规和街区控规两种编制模式，并且明确均为法定规划。片区控规主要突出对城市建设的引领作用，落实城市总体规划强制性内容，街区控规主要突出地块规划管控的适用性、灵活性和精细化，落实城市总体规划强制性内容和片区控规相关控制要求。这是山东省第一次提出分层编制，这种模式在济南第二轮的中心城区全覆盖工作中表现良好，但对中小城市可能是一次技术和观念上的挑战。

片区和街区的划分由城乡规划主管部门在片区控规编制前，统一组织划定片区范围，对于中小城市的城区核心区域、近期重点发展区域等直接编制街区控规的，应在划定片区范围的同时，划定街区范围。基于各地规模和管理要求的差异性，导则未对片区和街区的规模作出要求，对于总规内容的向下传导缺少约束。

编制内容方面，片区控规主要着力于城市各类系统的构建，没有管控到地块深度，街区控规达到了传统控规的深度，同时精简了编制内容，诸如区域分析、产业发展、市政管线等内容均不再控规中体现，而是将地下空间、城市设计、海绵城市等新兴概念纳入编制内容。导则在管控上也有所创新，引入了基准容积率、虚实线控制等创新点，一切出发点都是为了能够在未来的城市建设中找准刚性与弹性的平衡。

基础准备方面，导则提出在控规编制前，一是要对已编制的专项规划进行梳理整合，二是开展中心城区建设强度分区研究，三是完成基于总体规划的城市道路用地控制线、水体保护控制线、区域性基础设施用地控制线的"三线"标定工作。这些编制前的基础准备对中小城市、乡镇等提出了较高的技术要求。

成果形式方面，片区控规和街区控规均由法定文件和附件构成，片区控规中的图则有别于传统控规，主要是用地现状图、土地使用规划图、"六线"控制规划图、街区划分图等，少了传统控规中的街坊图则。同时导则规定设区的市应建立以控规为主体的规划管理信息平台。总体来说，导则在成果形式上较传统控规有了较大程度的简化，但在信息化方面提出了新的要求。

（三）现行控规体系评估

综合来看，山东省控规编制体系是勇于创新、与时俱进的，但这么多年走过来仍存在一些问题，对于规划管理部门来说，编而不批、报而不审是各地市常态，尤其是中小城市，设计难落实、指标屡突破、控规调整等现象频出，控制内容繁杂、控制重点不突出，也缺乏对非建设空间的有效管理。对于公众来说，公示图文专业性过强，公众理解困难等问题同样突出。这些问题并不仅仅存在于山东，在全国层面都是共性的，如何在详细规划的动态演变中解决这些问题，值得思考。

对于2017年颁布的现行控规编制导则，也有其优点和不足之处。

优点方面，首先，实现了分层控制。在编制深度上提出了片区和街区两个层面的控规，上下传导作用更为明显，相较于传统控规更有针对性，事权更明确，控规的管控效果更加显著，也与国内先进城市的控规编制模式更靠拢。同时两个层面不同的刚性与弹性控制内容也更加科学化，控制住了底线，却不会进一步限制用地的正常建设。

其次，重点更加明晰。对控规编制内容去粗取精，摒弃掉传统控规中的区域分析、产业发展、市政管线布置等与总规或专项重复的内容，使控规的研究更多的放在对用地的控制和引导上，对于和总规及其他专项规划衔接的问题上，更强调落实而不是重新规划。

第三，成果要求更加简洁明了。成果要求中对传统控规的图则进行了变革，同时去除说明书和文本里繁冗的内容，文字数量相当于传统控规的三分之一，专业性和可操作性更强，便于规划和管理等相关部门的使用和管理。

除了上述优点，也有不足之处。首先缺少宏观控制。导则虽然通过分层编制从片区和街区两个层面进行规划的传导，但片区层面的规划视野被设施配套限制住，街区层面的规划视野锁在了用地上，使得控规对于整体性的控制有一定程度的欠缺，对总规非强制性的内容反馈有限。尤其是反应城市未来面貌手段之一的城市设计，仅在街区层面有一定程度的涉及，未能从整体与宏观层面进行统筹。虽然对地块的建设有了更强的指导性，但如何从整体性上进行控制和引导，从而落实总体规划和专项规划的内容，有待进一步研究。

其次缺少对全域性的管控。导则适用范围未明确和城镇开发边界的关系，从编制内容、管控方式等方面来看更适用于城镇建设空间，不能满足新的空间体系背景下全域覆盖的要求，纵向的传递和深化无法实现市县域的城乡全覆盖。

第三是规划层级之间缺少明确的传导体系。一方面导则为适应各类地区，对片区、街区规模不做明确规定，导致总体规划的指标无法进行合理分解，经常出现片区指标之和远大于总规指标的情形。另一方面导则未明确片区与街区之间的编制和传导关系，导致部分地区因项目原因将街区控规先于片区控规编制，指标传导时出现片区控规落实街区控规的情况。综合来看，分层控制之后总体、片区、街区三者之间的传导不足，未完成预期目标。

第四是普适性不足。导则基于济南控规的模式编制，无论是从编制前的准备还是编制完成后成果的入库归档等，都对规划管理部门提出了很高的硬性要求，一些城市设计、强度分区、海绵城市等概念在中小城市尚未普及。总的来说，新的控规编制无论是程序还是内容，对管理部门都提出了很高的门槛，一些中小城市在实施过程中有较大的困难，这也是新导则颁布后各地编制较少的主要原因。

最后是成果面向公众专业性过强。随着控规内容的精简，说明书和文本均以条文形式表达，批前公示和批后公告的内容也多是专业图纸和简要说明，公众理解难度较大。现一些先进地区的已开始探索面向公众、社会的成果表达形式，多样化、系统化、公众化也是详细规划未来的发展趋势。

总体来说，2017年颁布的导则是对控规编制模式改革的一次积极有益的探索，也改变了传统控规留下的刻板形象，但是仍有一些不足之处，导致控规整体的普适性不足，新时期详细规划的编制应基于现行的控规编制导则进一步探索，注重因地制宜，规范传导，提高效率，做好精细化管控。

第三节 详细规划的体系构建

一、详细规划体系的构建思路与目标

（一）构建思路

1. 正确认知详细规划在国土空间规划体系中的作用

国土空间规划背景下，"五级三类"的规划体系已经基本形成，其中，总体规划从宏观层面对城乡发展进行总体调控，并作出战略部署；专项规划从专业角度对特定区域或领域进行深入研究，对开发保护利用作出专门安排；详细规划则从中微观层面对空间要素进行配置和管控，是政府管理城市、实施建设的直接依据。三类规划相辅相成，总体规划发挥基础和统领作用，专项规划着重在特定区域或领域进行专业化设计，而详细规划要以总体规划为依据，并与专项规划相协调，发挥好落地层面的管控作用。

具体的看，详细规划一方面向上要分解落实总体规划和专项规划的结构性要求和强制性内容，包括空间结构、人口容量、建设规模、重大设施、城市六线等方面；另一方面向下要完成国土空间的"用途管制"任务，对用地的性质、规模、配套、建设要求、准入清单等进行管控，将相关指标传导至用地的实施方案，实现国土空间开发的精细化治理。

2. 建立全域覆盖、精细治理的规划技术体系

一是要建立全域全要素覆盖的编制体系。山东省城镇开发边界外编制村庄规划作为详细规划，而对于开发边界内，有别于之前的控规编制体系，应对建设空间和非建设空间进行全覆盖规划。同时详细规划的管控也应从"土地"转向"空间"，无论是

建设用地的实施还是山、水、林、田、湖、草等要素的保护利用，都应在详细规划的引导下完成。

二是要建立精细治理的管控体系。一方面通过分层编制，将上位规划的强制性内容和指标严谨、有序地向下传导；另一方面通过刚性与弹性相融合的指标体系，充分贴合规划管理部门的管理模式，让详细规划由"理想静态"向"过程动态"转变；最后加强对城市设计、城市更新、社会现象等方面内容的关注，全面提升国家治理体系与治理能力。

3. 建立适配市场经济体系的规划管控体系

过去的控制性详细规划基本由当地政府或规划管理部门牵头，由设计院编制，市场开发主体和公众很难介入，一直到方案完成、专家论证通过才进行社会公示，公示内容专业性强、程序简单，起到的作用微乎其微。未来的详细规划面向的是转型高质量发展的城市，存量、减量规划变为了发展主题，挖掘城市内部潜力取代了城市扩张，城市更新、城中村改造、环境提升等问题将成为详细规划的主要研究内容。这些问题一是需要征求公众的意见，二是需要权属主体或市场开发主体的介入，三是需要市场经济的调控，所以未来详细规划的编制应转变观念，积极引入社会资源，编制模式从精英主导向多方协作转变。

4. 注重差异化管控，强化空间品质

随着城市的多元化发展，开发区新区林立、一味扩张的时代一去不复返，新的发展背景下，详细规划应立足现状，夯实基础，对城镇开发边界内的空间进行分类管控。针对扩张型空间、存量型空间、更新型空间、保护型空间和生态型空间，详细规划应提出不同的管控要求，赋予不同的指标体系，采用不同的刚性与弹性管控措施，实现差异化、特色化、专业化管控。

另一方面，应提升详细规划的综合性，积极融入城市设计、城市更新、生态低碳指标、海绵城市等内容，强化全域的环境品质管理和发展引导。在城镇建设空间，实现规划的精细化管理，提高空间环境品质的建设；在农业空间，加强对空间环境品质的塑造，强化对社会经济发展的引导；在生态空间，严守底线，科学治理，全面平衡发展与保护的问题。

（二）地位与作用

首先应明确国土空间详细规划的法定地位，其是对具体地块用途和开发建设强度等作出的实施性安排，是开展国土空间开发保护活动、实施国土空间用途管制、核发城乡建设项目规划许可、进行各项建设等的法定依据。

详细规划是建设全域、全要素的国土空间用途管制制度、实现城乡一张图精细化管理、提高人居环境品质、保护生态环境、保障公共安全、服务政府现代化规划治理的重要环节。

（三）编制目标

1. 纵向联动，传导有效

详细规划应落实总体规划，衔接专项规划，完成上传下导的任务，通过分层控制，将管控要求和指标有序传导；应建立完善的反馈机制，对总规非强制内容积极反馈，对跨专业问题有效协调；应积极联合多方主体协作，明晰各级事权，加强规划的可实施性。

2. 横向到边，全域管控

详细规划应注重对城镇开发边界内非建设空间的管控，对城镇开发边界内的国土空间进行全域覆盖，科学配置各类资源，加强专业性，实现全域全要素的差异化管控。

3. 管控融合，优化衔接

详细规划一方面要打破管理壁垒，找到技术与管理的平衡点，做好与各地现行控规的传导与过渡；另一方面要做好刚性与弹性的融合，增强普适性，建立容错纠错机制，在风险可控下谋求发展。

4. 内容简明，成果完善

详细规划要坚持"管什么就批什么"的原则，落实总体，衔接专项，避免内容重复。成果要公平公正公开，积极面向公众，同时符合"城乡一张图"建设要求，最终纳入国土空间基础信息平台。

二、详细规划的管控体系构建

（一）适用范围

前文提到，"横向到边、全域管控"是详细规划编制的主要目标之一，新的国土空间规划体系背景下的详细规划编制应实现城镇开发边界内的全域全要素管控。依据《山东省城镇开发边界划定技术导则（试行）》，本文研究的详细规划体系和编制内容等适用范围是山东省行政区域内城镇开发边界以内，包括城镇集中建设区、城镇弹性发展区和特别用途区。

对于城镇开发边界切割村庄行政界线的情形（图3.1），《山东省城镇开发边界划定技术导则（试行）》明确指出应避免城镇开发边界穿越村庄驻地，故情形 A 不做讨论，对于情形 B 中驻地位于边界外的情况，建议边界外编制村庄规划，边界内的非建设空间纳入详细规划统一管控，对于情形 C 中村庄主体位于边界内的情况，边界内应纳入详细规划统一管控，边界外的非建设空间结合周边村庄联合编制村庄规划。

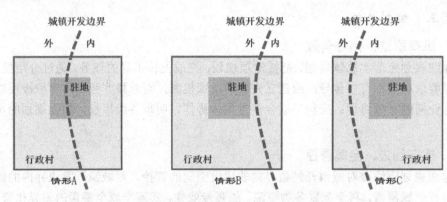

图 3.1　城镇开发边界穿越村庄情形

（二）管控体系

"纵向联动，传导有效"是详细规划编制的另一个目标，建立科学合理的管控体系是总规意图向下传导落实至用地的重要保障。

1. 构建三级管控体系

详细规划作为衔接总体规划的下位规划，其管控体系应严格与总规无缝衔接。关于总规如何对详细规划进行指引和传导，在《市级国土空间总体规划编制指南（试行）》中提到"在市级总规基础上，以行政区或规划分区为单元，加强对详细规划的指引和传导"，《山东省市县国土空间总体规划编制导则（试行）》中对详细规划分解落实有更具体的要求，导则中明确指出"按照有利于规划意图向下传导并最终落地实施的原则，确定中心城区详细规划编制单元划分方案，明确需要向各编制单元传导的功能定位、核心指标、管控边界和要求。"

可以看到，市县总体规划要明确划定详细规划编制单元来向下传导总规意图，详细规划的管控单元应首先与详细规划编制单元相匹配。结合山东省现行控规"片区-街区-地块"的管控体系，考虑到与现行控规的衔接过渡，详细规划应构建"片区单元-街区单元-地块"三级管控体系（图3.2），通过片区单元与详细规划编制单元无缝衔接，在城镇开发边界内实现片区单元全覆盖，并将内容和指标分解落实到街区单元，再经街区单元向下传导至地块。

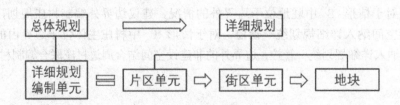

图 3.2　详细规划管控体系

（1）片区单元

片区单元应作为详细规划的管理实施和调整论证单位，必须与国土空间总体规划（或分区规划）划定的详细规划编制单元相衔接。在该层面主要对详细规划的强制性内容进行定量、定位，并提出控制要求。片区单元内应遵循开发总量平衡原则。

（2）街区单元

街区单元为详细规划的引导建设单位，是片区单元在建设用地内的细分，具有相对的完整性和灵活性。在该层面中应进一步明确地块规划技术指标、城市设计要求、实施路径等，引导土地成片有序开发。

（3）地块

地块为详细规划的基本单位，应落实用地边界、用地规模、建设规模、绿地率、建筑密度等约束性指标。

2. 科学划分管控单元

（1）单元划分原则

考虑到详细规划落地实施的属性，详细规划单元的划分不宜跨越街道或镇的管辖边界，应与社会管理的边界对应，同时参考城市主干道路、铁路、河流等人工和自然界限，充分考虑规划管理和公共服务设施配置的要求。对包含城市特色风貌区、历史文化街区的区域进行划分时，应坚持保护优先的原则，尽量保持其边界完整性。详细规划单元的划分除考虑街道行政界线外，应兼顾用地规模的合理性，实现互不重叠、无缝衔接。

另外需要考虑的是涉及城市更新的空间，国家颁布的《市级国土空间总体规划编制指南（试行）》中提到，要"推进国土整治修复与城市更新，提升空间综合价值，结合城乡生活圈构建，系统划分城市更新空间单元"，因此详细规划编制时，涉及城市更新的地区应充分衔接上位规划划定的城市更新空间单元。

（2）片区单元的划分

片区单元的划分应同国土空间总体规划（或分区规划）的详细规划编制单元一致。《山东省市县国土空间总体规划编制导则（试行）》中提到详细规划编制单元按照主导功能，可分为生活型、生产型和生态型，片区单元的划分宜沿用此分类，但总规导则中未对各情形如何划分予以明确指导。2020 年 10 月份颁布的《社区生活圈规划技术指南》中明确"城镇社区生活圈宜按照 15 分钟步行可达的空间尺度，结合基层行政管理和建设运营的实际需要确定，不宜跨越城市主干路、大型河流山体、铁路等空间屏障，并与详细规划编制单元相衔接。"

由以上可见，总规划定的详细规划编制单元应以 15 分钟生活圈为依据划分，结合 2018 年颁布的《城市居住区规划设计规范》中对生活圈的界定，以及参考北京、雄安等先进地区的编制经验，建议生活型片区单元用地规模宜控制在 3～5 平方公里，以 15 分钟生活圈为基础划分；生产型片区单元用地规模可适当划大，以实际生产功能为划分依据；生态型片区单元用地规模不限，以自然地理界线为划分依据，尽量保证生态用地的完整性。

由于市县总规编制导则中未明确详细规划编制单元的划分方法，考虑到各地编制情况的差异性，对于上位规划划定的详细规划编制单元划分确需调整的，应在保证总量平衡的原则下进行调整，并在成果中予以说明。简化详细规划编制程序是业界的共识，因此笔者认为对于单元的调整无需进行专家论证、报批备案等程序，保证总量平衡，强制性内容得到保障即可。

（3）街区单元的划分

街区单元的划分应在片区单元内划分，用地规模宜控制在 30～50 公顷，以 5 分钟生活圈为基础划分。以生产、生态功能为主的片区单元划分街区单元时规模视情况而定。

3. 合理划定生活圈

详细规划管控单元划分的主要依据即生活圈的划定，规划学领域的生活圈概念源自日本，在中国的研究近年来刚刚兴起，2020 年 10 月自然资源部颁布的《社区生活圈规划技术指南（征求意见稿）》中给生活圈的定义是："在一定的空间范围内，全面与精准解决生活各类需求、融合居住和就业环境、强化凝聚力和应急能力的社区生活共同体，是涵盖生产、生活、生态的城乡基本生活单元、发展单元和治理单元"。

无论是 15 分钟生活圈，还是 5 分钟生活圈，其划定是否合理直接决定了详细规划传导的准确性和有效性。关于生活圈的范围认定有很多种，包括步行、骑行、电动车骑行等距离，结合我国的发展现状，我们规划中认定的生活圈为规定时间内步行可达的空间尺度，经数据统计，15 分钟生活圈的覆盖面积约为 3～5 平方公里，5 分钟生活圈的覆盖面积约为 30～50 公顷。近年来家园计划、生活圈划分规划等或以专项规划的形式，或在控规、城市设计中专题研究的形式出现，但大多以固定的服务半径对城市的生活区进行分割，较为粗浅，缺乏对人口布局、24 小时人群活动轨迹、人群结构等方面的分析，这样的生活圈划分往往与老百姓的日常生活是高度脱节的，规划后要么实际服务半径无法覆盖，造成资源短缺，要么要素配置重复，带来资源投资的巨额浪费。因此，未来详细规划中生活圈的划分应该坚持以下几点：

①应坚持"以人为本"的原则，全面完善生活圈的结构体系，从底线保障型设施的补足向品质提升转变。

②以特征为导向，因地制宜，针对分地区、分时、分季、全龄段的不同诉求，通过大数据分析、GPS 轨迹识别、建立数据模型等方法对生活圈进行科学划定。

③探讨各类设施空间的弹性使用边界，界定设施共享范围，提高生活圈的弹性和实施空间，营造韧性社区。

④15 分钟生活圈的划定应留足向下完善的接口，加强对 5 分钟生活圈的要素引导。生活圈的合理划定是详细规划编制的基础，同时法定规划也是生活圈主要的技术载体，在经历了命途多舛的 2020 年后，人们抱着一种怀旧之情，开始关注社区邻里关系的重现，认识到公共服务配套设施的重要性，这对详细规划乃至国土空间规划的编制都有着深远的影响，关于生活圈的划定还有更多的原则、方法、应用场景等，本文不再做深入探讨。

（三）管控的差异化

总规编制导则中将详细规划编制单元按照功能分为了三种类型，即生活型、生态型和生产型，片区单元应延续该功能的划分，与详细规划编制单元无缝衔接。但随着城镇的多元化发展，城市各地段的空间属性各异，有的是新区扩建，有的是老城更新，还有历史文化保护、生态保护等地段，在全域全要素的基础上进行差异化管控既是详细规划的编制目标，也是顺应时代发展，构建精细化治理体系的重要内容之一。依据城镇各地段的空间属性，可大致分为扩张型空间、存量型空间、更新型空间、生态型空间、保护型空间和农业型空间。其中农业型空间多在城镇开发边界以外，管控以村庄规划为主，本文对其他几类空间的管控重点提出建议。

1. 扩张型空间

扩张型空间是指新增用地占比较高的区域，这类区域是过去数十年来各地重点发展和研究的区域，规划经验较多，详细规划的管控应吸取经验教训，重点关注以下方面：

①注重土地的集约利用，对容积率、建筑密度等进行一定程度的下限管控；

②注重新增建设用地的兼容性管控，提升规划的适应性与包容性；

③重视对公共设施、公共空间的规划和精细化管控，先进地区预留轨道交通走廊和设施用地，做好管控与防护。

2. 存量型空间

存量型空间是指保留用地规模占比较高的区域，这类区域建成时间较短，建设完成度高，详细规划的管控应进一步关注各类要素细节，重点关注以下方面：

①完善空间内的功能和职能，提升人居环境品质，并通过指标体系管控；

②优先考虑增补配套设施，补足绿地缺口，与时俱进的更新管控指标体系；

③重点识别已建地块和可利用地块，区别管控。

3. 更新型空间

更新型空间是指城市更新用地、低效用地规模占比比较高的区域，这类区域多见于老城区或城郊棚户区，详细规划的管控应注重动态的更新过程，重点关注以下方面：

①明确更新的目标与责任，建立动态考核机制；

②明确更新机制与方式，引入正负管理清单管控模式；

③以住房保障为优先考虑对象，落实安置人口数量，保障住房规模、位置、建筑形式等内容。

4. 保护型空间

保护型空间是指历史文化街区、历史文化名村、传统村落所在的区域，这类区域风格明显，环境脆弱，详细规划的管控应关注风貌的延续性和稳定性，重点关注以下方面：

①充分落实上位规划，衔接专项规划，划定历史文化保护管控范围；

②重点明确风貌管控要求，建立风貌管控指标体系；

③明确各类用地的具体管控要求，刚性管控内容要普遍强于一般地区。

5. 生态型空间

生态型空间是指集建区外，非建设用地和村庄建设用地占比较高的区域，这类区域多位于城区外围，是城区的生态屏障，详细规划的管控应注重保护与利用的平衡，重点关注以下方面：

①深化总体规划，细化各类自然资源要素的管控边界；

②落实村庄的近远期发展需求，对村庄驻地的发展进行管控；

③明确非建设用地开发利用的项目准入清单，建立正负管理清单管控机制。

三、详细规划的编制体系构建

（一）编制体系

1. 建立分层编制体系

前文提到将建立"片区单元 - 街区单元 - 地块"三级管控传导体系，编制体系应结合管控体系中片区单元与街区单元的划分，分为片区详细规划（以下简称为片区详规）和街区详细规划（以下简称为街区详规）两个规划层次。其中片区详规以片区单元为基本管控单位，并将指标分解落实到街区单元，街区详规以街区单元为基本管控单位，将指标落实到各地块，最终通过两个编制层次（图 3.3）将上位规划的任务和指标平缓落实到地块。

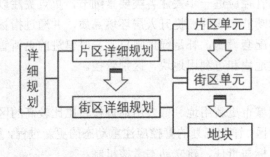

图 3.3　详细规划编制体系

（1）片区详细规划

片区详规作为总体规划下一级的法定规划，应作为自然资源和规划主管部门规划管理的主体文件，与详细规划的相关管理技术规定共同指导日常规划建设管理工作。片区详规应落实上位规划的强制性内容，从总体层面上对结构性内容和规模容量进行控制，对片区的功能定位、空间布局、交通系统、设施配套、环境品质等方面进行系统性研究，并通过片区单元进行管控。

片区由一个或多个相邻的片区单元组成，考虑到各地编制情况不同，应由各市、县（市）自然资源和规划主管部门应在所有的片区详规编制前，统一组织划定片区范围。片区的规模不宜做统一规定，如开发区等功能相对单一的地区可以适当划大，而老城区、中心区等宜适当划小，划定片区时既要考虑功能配置的相对完整，又要有利于在编制周期内进行深入研究。以乡镇驻地为主体的片区，其规模应同其城镇开发边界一致。

（2）街区详细规划

街区详规是片区详规下一层次的规划，编制时间应滞后于片区详规，其是针对重点地段和近期建设地块进行规划管理的专门文件，结合近期建设规划、年度计划和实际建设需求，以片区详细规划为依据，进一步分解和落实片区详规中对设施所提出的定性、定量的控制内容，并传导至地块，确定重点地段和近期建设地块的各类控制指标。街区详规应遵循"定性、定量、定位"的原则，突出地块规划管控的适用性和精细化。街区由一个或多个相邻的街区单元组成。各市、县（市）自然资源和规划主管部门应依据实际情况，划定城市核心区域、近期重点发展区域的街区范围。街区范围划定时应综合考虑功能组织、土地利用、城市更新、城市设计、建设进度等要素。街区原则上不应跨越片区单元。

2. 完善国土空间规划体系

山东省于 2019 年 11 月颁布《关于建立国土空间规划体系并监督实施的通知》（以下简称《通知》），结合之前陆续颁布了市县总体规划、乡镇总体规划、村庄规划等一系列的编制导则，已经完成了部分体系的构建，考虑到专项规划的特定性，随着详细规划编制体系的构建，将补全山东省国土空间规划体系。

体系完善后，各级规划将有效地上下传导，自上而下由市级总体规划向下传导至县总体规划和分区规划。整个规划体系由国土空间总体规划开始向下传导，县级或区在城市开发边界内编制片区详规，由片区详规向下传导至街区详规；在城市开发边界外编制乡镇国土空间总体规划，乡镇的城镇开发边界外编制村庄规划，边界内编制以驻地为主体的片区详规，再由片区详规向下传导至街区详规。考虑到各地的情况不同，尤其是乡镇地区驻地规模有限，片区详规编制时可进一步深化至街区详规深度，具体情况在下节编制弹性中详细分析。

在规划内容向下传导的过程中，与专项规划全程衔接协调，强化在特定地区或特定领域的指导约束作用。三类规划"各就其位"后，山东省将构建传导有力、事权明晰的国土空间规划体系。

3. 增强编制普适性

《若干意见》中提到在市县及以下编制详细规划，《通知》中提出"实现详细规划应编尽编，城镇开发边界内应当实现详细规划全覆盖"。响应两个文件的要求，山东省应在城镇开发边界内应实现片区详规层面的全覆盖，并通过片区单元进行管控，同时各地结合建设发展和规划管理的需要，可及时编制核心区域、近期重点发展区域的街区详规。

考虑到各地实际发展情况不同，尤其是乡镇地区规模普遍较小，无法规定地块指标的片区详规在中小城市或乡镇地区实际的规划管理中达不到深度要求。因此，依据未来的城镇规模，将编制深度界定为三种，对于规划人口大于 50 万的大中型城市，建议采取分层编制；对于规划人口 20～50 万的中小型城市或大于 10 万人的建制镇（乡），建议采取分层编制，但局部地区达到街区详规深度；对于规划人口小于 20 万人的小型城市或一般建制镇（乡），建议编制片区详规时直接达到街区详规深度。编制弹性也是提升各地详细规划编制普适性的主要手段之一。

（二）编制组织程序

1. 编制主体

片区详规作为衔接总体规划的下一级法定规划，应由本级自然资源和规划主管部门组织编制，也便于在全局进行片区的划分与统筹，其中设区市的片区详规编制应积极采纳区人民政府的意见，以镇（乡）驻地为主体的片区详规编制应积极采纳镇（乡）人民政府的意见，必要时可以联合编制。

街区详规作为非全域覆盖的规划，主要针对核心区域、近期重点发展区域进行管控，建议由自然资源和规划主管部门、区人民政府联合编制。对于城市核心区域，应由自然资源和主管部门为主要牵头单位，对于近期重点发展区域宜由区人民政府牵头编制，同时在编制过程中要积极采纳街道办事处和市场开发主体的意见。

2. 编制组织程序

参照《山东省城镇控制性详细规划管理办法》，结合山东省现行控规的编制组织程序，未来详细规划的编制程序应大致分为五个部分，包括基础调研、规划编制、征求意见、审查报批、规划公告等。

（1）基础调研

基础调研主要包括自然资源现状、建设现状、用地权属和规划审批情况四部分。

国土空间规划体系建立后，规划应更加重视对自然资源现状的调研，主要包括对地形地貌、风险规避、文物及古树名木等方面的调查分析，同时应严格落实上位规划中非建设用地范围，并对用地的适宜建设情况进行综合评价。

关于建设现状方面，规划应对编制范围内土地利用和建设情况进行分析，对保留、改造、新建等各类别用地进行综合评价。

尊重产权才能带来规划的恒久与稳定，以落地实施为导向的详细规划关系到每个公民切身的利益，随着国土空间基础信息平台的建立，更应重视用地权属、地籍信息等调研和收集工作。现状调研应重视对划拨用地、出让用地、集体建设用地和集体农用地等现状用地的分类，在布局公共设施、确定规划指标等方面应综合考虑用地权属、地块地籍信息的因素，提高详细规划的可操作性。

对规划管理信息的整合已经成为控规编制的常规动作，但随着土地规划系统和城乡规划系统的整合，规划管理信息应在过去对已批已建、已批未建、未批已建等信息整合的基础上增加内容，对批而未供、供而未用、授权一级开发项目等信息做出整合与分析。

（2）规划编制

在调研分析的基础上，以国土空间总体规划为依据，落实上位规划的强制性内容，对编制范围内的功能结构、空间布局、设施配套、交通系统、环境品质、生态环境保护以及城市设计等方面，做出统筹安排，对用地分类进行深化细分，建立综合指标体系，形成规划方案。

（3）征求意见

征求意见环节是详细规划展示公平公正公开的主要手段之一。在详细规划草案编制完成后，详细规划组织编制机关应当依法将详细规划草案予以公示，并采取论证会、听证会或者其他方式征求专家和公众的意见。公示的时间不得少于 30 日。公示的时间、地点及公众提交意见的期限、方式，应当在政府信息网站以及当地主要新闻媒体上公告。

（4）审查报批

作为法定规划，各地应在规划完成应尽快审批，避免出现编而不批、报而不审等现象。市、县详细规划经本级人民政府批准后，报本级人民代表大会常务委员会和上一级人民政府备案，镇（乡）的详细规划由本级人民政府报上一级人民政府审批。

（5）规划公告

详细规划应当自批准之日起 20 个工作日内，通过政府信息网站以及当地主要新闻媒体等便于公众知晓的方式公布。面对如今高度发达的信息社会，各地应积极探索公告的平台及形式，有条件的地方可以进一步调查利益相关公众知晓率，为相关研究提供数据支撑。

（三）编制基础

1. 技术基础

（1）规划基础

在详细规划编制前，应对总体规划的强制性内容和指标进行分解落实，对结构性内容进行总结归纳，未下一步深化细化做好铺垫；应对已编制的各类专项规划进行梳理整合，将核心内容作为编制的重要依据。

另一方面，在详细规划编制前，应开展建设强度分区研究或综合承载力分析研究。建设强度分区研究是通过建立用地强度的空间数学模型，以形成城市用地建设强度区划体系及强度指标控制体系，为规划决策和详细规划的编制提供科学、合理的直接依据，其核心指标基准容积率也是详细规划体现弹性的重要指标之一。考虑到研究的专业性和有一定的技术难度，大中城市可编制中心城区建设强度分区专项规划，小城市可随片区详细规划编制开展建设强度分区专题研究。

综合承载力分析是指从综合经济实力与职能定位、交通承载力、公共服务设施承载力、市政设施承载力和环境容量承载力五个方面对编制范围进行全面分析，综合确定建设强度，提出可开发用地规模和住宅建筑面积总量，对总规传导的指标进行校核。该分析是近年来开展的依附于控规的专项研究，北京市新城控规的编制中开展了这方面的研究，具体的研究内容可参考北京市《新城控制性详细规划（街区层面）编制技术要点》。

（2）指导文件

从山东省控规编制技术办法的制定历程演变来看，省级层面应该会颁布详细规划的编制导则或技术办法以及一些相关的制图标准、入库指南，但是详细规划涉及面广、专业性强，如济南市的控规编制导则后有九个技术细则来支撑，考虑到各地发展情况有所不同，设区的市应当结合各地实际，依据编制导则和国家、行业有关标准，制定当地详细规划编制技术细则及相关规范性文件，明确用地分类标准、设施配置标准、数据标准、成果形式等内容。

（3）执行通则

由于片区和街区的编制范围受限，在宏观层面无法做到有效的管控，考虑到各地发展情况和管控要求的差异性，设区的市编制片区详细规划时，应结合本地实际同时编制执行通则，其下辖县（市）、镇（乡）应参照执行。

执行通则应作为详细规划成果使用的普遍性规定，其内容一般应包括：

①执行通则的地位和作用，深化或调整控制内容的程序和要求；

②用地分类、用地性质兼容或混合的具体管理要求，用地开发强度的管理要求；

③明确城市"六线"控制的地位和作用以及深化或调整的情形；

④细化土地使用强度的具体管制要求，包括容积率、建筑高度、建筑密度、绿地率、人口密度等控制指标；

⑤关于建筑方面的有关规定，如建筑类型、建筑风格、建筑与用地的适应性等；

⑥还有一些各地的城市管理要求。

2. 信息基础

（1）编码体系

考虑到"一张图系统"对规划成果信息化的管理需要，山东省应该建立完善的详细规划编码体系。结合以往经验，编码格式宜采用"设区市码—分区（区、县级市、县）码—片区单元码—街区单元码—地块码"的格式，其中设区市码、分区（区、县级市、县）码、片区单元码采用英文字母形式，街区单元码、地块码采用数字形式。

（2）基础数据

第三次全国国土调查（以下简称三调）已经基本完成，作为国土空间总体规划编制的基础数据，详细规划也应以此为基础，但是详细规划要具体指导项目的实施，三调作为以 gis 为主要平台的矢量数据，精度上达不到要求，因此要结合近期测绘的 CAD 格式地形图共同作为详细规划编制的底图。

同时地形图要与三调一致，采用 2000 国家大地坐标系和 1985 国家高程基准作为空间定位基础。片区详细规划宜采用比例尺不低于 1:2000 的地形图，街区详细规划宜采用比例尺为 1:500～1:1000 的地形图。

第四节 详细规划的编制内容与成果研究

一、详细规划的编制内容

（一）详细规划编制的总体要求

作为专注于管控和实施的法定规划，其编制内容的质量直接影响着规划的有效性、管理的便捷性以及实施的准确性。同样详细规划还具有综合性，其覆盖范围广，涉及专业多，其编制内容在总体层面应符合以下几个要求：

1. 落实总体

详细规划的编制内容应以市、县（市）、镇（乡）国土空间总体规划为依据，严格落实已批准的上位规划的强制性内容，规划所依据的基础资料也应符合国家和省的有关要求。

2. 衔接专项

详细规划编制内容应充分衔接各类专项规划，对于生态环境保护、历史文化名城保护、综合交通等区域性的专项规划，以统筹落实为主，对于教育、文化、体育、医疗、养老、公用设施等相关专业性的专项规划，以深化为主。

3. 提升品质

详细规划编制内容应积极融入可持续发展、绿色低碳、智慧城市等城市发展新理念，将城市设计、海绵城市、公共安全的相关要求纳入编制内容，以提升人居环境为根本。

4. 公平公正

详细规划的编制涉及专业面广，涉及利益主体多，所以其编制内容应坚持公平公正，避免感性思维战胜理性思维的情况出现。要完善公众参与制度，各阶段的编制内容应广泛征求专家和公众意见，杜绝"一言堂"的情况。

（二）片区详细规划的主要编制内容

片区是以一个或多个相邻的片区单元组成，片区详规主要是对城市中的结构性要素进行刚性管控，对编制范围内的功能定位、空间布局、规模容量、道路交通、公共服务、公用设施、景观环境等方面进行系统性研究，其主要内容应包括以下方面。

1. 落实功能定位，明确发展目标

根据区位条件、建设现状、自然资源等特征，落实和深化上位规划对片区的功能定位，提出发展目标，合理测算适宜片区的人口规模和建设容量。

2. 优化空间结构，深化用地布局

（1）空间布局

结合现状，梳理空间结构，并结合上位规划对用地进行布局深化，一方面要坚持节约集约的利用土地，统筹供需，优化配置，满足城市建设需求；另一方面要强化功能混合，提高用地效率，预留发展弹性，进一步研究留白用地用途，保障未来发展需求。值得一提的是关于弹性发展区的规划和管控，弹性发展区由总体规划划定，山东省的城镇开发边界划定导则中指出"在不突破规划城镇建设用地规模的前提下，城镇建设用地布局可在城镇弹性发展区范围内进行调整，同时相应核减城镇集中建设区用地规模。"因此，在弹性发展区未使用时，也应尊重城镇发展规律，根据其潜在的发展定位、功能组织、规模容量、用地用途等，明确管控要求，提出正负清单管理建议，为未来的使用控住底线。

（2）土地利用

用地划分方面，应依据现状土地使用情况以及自然和人工边界，结合规划建设条件、规划意图等划定，应便于土地供应和实施建设，保证地块边界相对规整，避免出现零星用地，节约、集约利用土地。

用地分类方面，应严格执行《山东省国土空间规划用地用海分类指南（试行）》的编制要求，在片区详规层面，建议非建设用地划分至二级类，建设用地大部分划分至二级类，其中居住用地、公共管理与公共服务用地中的教育用地、仓储用地、交通运输用地等几个类别可划分至三级类。

同时为适应城市开发和国土利用的不确定性，在符合"公益优先、保障安全、功能互利、环境相容"的原则的前提下，各地块可以适当进行兼容。在用地兼容性方面，控规已经做了很久的探索，结合新的用地用海分类指南，主要用地类别的兼容性应当符合下表：

表3-1　用地兼容性引导表

用地类别	居住用地	行政办公用地	公共管理与服务用地	商业服务用地	一类工业用地	二类工业用地	三类城镇工业用地	一类物流仓储用地	二类物流仓储用地
居住用地	–	○	×	○	√	×	×	○	×
公共管理与服务用地	√	×	–	√	○	○	×	○	○
医疗卫生用地	○	×	×	○	×	×	×	○	○
商业用地	√	○	×		√	×	×	√	√
批发市场用地	×	×	×	√	√	√	×	√	√
娱乐康体用地	×	×	×	○	√	√	×	√	×
加油加气站用地	×	×	×	×	√	√	×	○	×
其他商业服务业用地	√	×	×	○	○	○	○	○	○
一类工业用地	√	×	×	×	–	√	√	×	×
二类工业用地	×	×	×	×	×	–	√	×	×
三类工业用地	×	×	×	×	×	×	–	×	×
一类物流仓储用地	×	×	×	×	√	√	×	–	×
二类物流仓储用地	×	×	×	×	×	×	×	×	–
交通场站用地	×	×	×	√	√	√	×	√	√
公用设施用地	×	×	×	×	√	√	×	√	√
绿地与广场用地	√	×	×	√	√	√	×	√	√

备注：1. 横向用地可兼容竖向用地，不可反向。2."√"表示可兼容，"○"表示满足环境影响、安全、卫生防护等要求条件下可兼容，"×"表示不兼容。

上表只是对大致情况做了一个引导，兼容性多出现在较发达地区，因此县级市、乡镇等在详细规划编制中鼓励用地混合，但应慎重使用用地兼容。

3. 提升服务水平，改善居住条件

（1）公共设施

片区详规应落实和深化上位规划对公共服务设施的规模和布局，并与相关专项规划合理衔接。根据社区生活圈的划分，分级配置公共活动空间和公共服务设施。在布置公共服务设施和公共活动空间时，要积极探讨集中建设、混合布局、综合使用等方式，实现公共服务与日常生活的有机衔接，满足民生需求，完善城市功能，便利居民生活。

（2）住房保障

住房保障在以前的控规编制中不是主要内容，但北京、雄安等地区的新一轮控规编制均对此方面给予关注，片区详规中应加强对住房保障方面的规划和落实，衔接居民对公共服务、就业、通勤、生态环境等的需求，合理布局保障性居住用地。另外对于面积较大的片区，可以深入研究功能复合、居住与就业空间混合布局等方面的内容。

4. 组织综合交通，引导绿色出行

交通方面，首先要落实和深化上位规划确定的路网结构以及重要交通设施的控制要求，并与相关专项规划合理衔接。编制中，要合理确定道路系统布局、主次干道的道路网密度以及重要交叉口的形式等内容，且道路网络布局、空间资源分配应优先考虑公共交通、非机动车和行人交通的需求。

公共交通方面，要合理确定轨道交通、公交走廊及换乘枢纽的布局。交通设施作为片区对外衔接极为重要的一环，应在片区层面就予以严格管控，规划要严格落实城市重要交通设施的布局，确定各类常规交通设施的布局。

另外应引导绿色出行，在规划中注重慢行交通网络的构建，营造舒适宜人的慢行交通环境，建立高质量的慢行交通体系。

5. 完善公用设施，增强城市韧性

（1）公用设施

公用设施的完善与否是一个城市韧性的衡量标准，它是城市正常运行的最基本保障，规划应严格落实上位规划对公用设施的布局和要求，与相关专项规划合理衔接。规划要合理确定供水、排水、热力、燃气、电力、通信、环卫、综合管廊等各类区域和城镇公用设施的建设标准和用地布局。由于市政各专项规划已对市政管线进行了详细布局，为避免规划的臃肿和内容重复，片区详规仅对设施和重大的市政走廊予以管控即可。

（2）竖向和地下空间

竖向是控规编制的常规内容之一，在片区详规层面应明确竖向的整体控制原则及要求，并至少确定城市次干路以上道路控制点标高和坡度坡向。

随着城市的发展和建设技术的进步，地下空间的开发利用越来越受到重视，规划应综合考虑用地地上职能、建筑体量、交通组织、重大设施布局等因素，构建轨道交

112

通、综合管廊、市政设施、地下空间、智能设施五位一体的地下空间系统。

（3）城市安全

一场新冠疫情，几乎将国家中心城市武汉的公共安全系统彻底击穿，城市安全作为城市对居民保障的底线，应充分给予重视。规划在严格落实上位规划对公共安全设施的布局和控制要求的基础上，与相关专项规划合理衔接。规划应坚持预防为主、防抗救相结合，高标准布局防洪排涝、消防、抗震、应急避难、公共卫生等城市安全设施，全面提升综合防范能力，提高城市韧性和安全保障水平。在片区层面要合理确定消防站、应急避难场所、应急通道等重要公共安全设施的建设标准和布局。

关于公共卫生安全方面，规划应严格落实公共卫生法规，明确疾病预防控制设施的规划布局，预留公共卫生事件应对用地。另外由上图可看到，在去年青岛市的一场全民核酸检测中，根据热力图显示，各地自发形成的检测点基本以 500-800 米的半径分布，因此建议在规划中以 5 分钟生活圈为基础构建应急生活圈，完善突发公共卫生事件的应对机制。

6. 保护生态环境，强化底线约束

规划应落实上位规划对资源环境底线的约束要求，对于片区内山水林草的保护与修复，应结合相关专项规划，确定年径流总量控制率和径流污染物削减率等主要指标，并提出各类水体、绿地等开敞空间的控制和利用要求。

其他非建设用地主要是以耕地为主，规划应研究并确定集建区外包括田、水、路、林等农用地和未利用地的综合整理方案，对耕地质量建设和高标准农田建设等基本内容，提出正负清单管理建议，明确其他非建设用地的控制界线和管控要求。

7. 注重城市设计，展现城市形象

（1）城市风貌

规划应落实和深化上位规划中对本地区城市设计的控制与引导要求，合理划定城市风貌分区，明确景观风貌控制要求，提出尺度、色彩、界面、标志、街道空间等城市设计的引导要求。

（2）公共空间

规划应重视公共空间的营造，在落实上位规划确定的市级和区级公共绿地、生态廊道、城市广场、滨水公共空间、特色步行街道等大型公共空间的基础上，与相关专项规划、城市设计合理衔接，设置服务周边居民的中小型公共空间。

（3）特色风貌区

对于包含历史文化街区、特色景观、特色人文风貌等要素的片区，可以划定特色风貌区。依据整体的功能结构和空间布局，对特色风貌区的建筑形式与规模、交通系统以及开放空间等内容提出控制要求。

（4）建筑高度分区

应充分衔接落实上位规划、总体城市设计框架所确定的城市空间形态、公共开敞空间、视线通廊等的控制与引导要求，合理确定片区的整体空间形态特征，并对建筑高度进行规划分区，保障城市建设与人文、自然景观相协调。

8. 重视文物保护，传承历史文化

规划应严格落实上位规划划定的历史文化街区、历史文化名镇、历史文化名村、传统风貌区、文物保护单位、历史建筑、传统风貌建筑、地下文物控制地带等历史文化的保护范围界限和保护控制要求。建议历史文化街区所在的片区详规在编制中应明确项目准入清单，保障历史文化风貌不受破坏。

9. 推动城市更新，提升城市品质

城市更新是未来城市发展的重点之一，老城区、棚户区已经成了各地发展的瓶颈，尤其是中小城市，老城区常年不变，与新城区形成鲜明对比。详细规划的编制应致力于突破瓶颈，解决问题，规划要依据国土空间总体规划（或分区规划）划定的城市更新空间单元，结合现状调研，完善建成区用地分析，明确保留现状用地、保留规划用地、整治提升用地、改造重建用地，分单元提出城市更新措施，加强公共服务设施和基础设施配套，增加绿地和公共空间，注重对城市文化的继承和发扬，以新促老、新老融合。规划应优化资源配置，盘活存量土地，制定合理的控制指标体系，对于城市更新用地面积超 50% 的片区单元应提出城市更新措施和控制要求，并在街区详规中予以落实和深化。

10. 纳入信息平台，实现总体管控

（1）规划单元管理

关于规划管控单元，在前文的管控体系章节已做过详细介绍，片区层面，规划应充分衔接上位规划确定的详细规划编制单元，合理确定片区单元划分边界，提出片区单元核心控制内容。并按照单元划分原则，进一步划定街区单元，同时要将片区单元的建设总量和各项建设要求分解落实到各街区单元。

（2）开发建设管控

①开发强度

规划原则上不得突破上位规划确定的建设总量，并与强度分区研究、综合承载力研究等合理衔接，结合交通支撑条件、公共服务设施服务水平、地区发展条件等，合理确定整体空间形态特征，确定片区单元建设强度空间分布，核算地上总建筑面积并分解至各街区单元，明确街区单元各类用地的基准容积率。

②控制线

在山东省传统控规编制中，对于城市规划的强制性内容均采用"六线"的管制制度，多年来的控规编制证明此制度是符合山东省省情的，因此详细规划的编制建议继续使用，并结合《山东省控制性详细规划编制导则（试行）》中提出的虚实线控制方式，在片区层面对"六线"进行实线和虚线控制。

（三）街区详细规划的主要编制内容

街区是以一个或多个相邻的街区单元组成，街区详规是片区详规的下位规划，其编制滞后于片区详规，在编制中应严格落实片区详规所分解的任务和指标，并进一步落实至地块。由于街区详规主要针对城市的重点地段或近期建设地段，其编制范围多

位于城镇的集建区内，故本文对街区详规编制内容的研究不包含以非建设用地为主的空间，其主要内容应包括以下方面。

1. 落实主导功能与规模

规划应依据总体规划和片区详规，确定街区的主导功能、总建设用地面积，并依据片区详规，结合强度分区研究或综合承载力分析，估算总居住人口，核算总建筑面积，其中建议街区层面应包括地下建筑面积。

2. 确定地块划分与指标

规划应在用地现状分析的基础上，结合街区主导功能、空间布局以及建筑布局，合理划分地块，科学确定各地块的用地分类、用地面积以及建筑系数、绿地率、停车泊位等规划指标。以上都要依据街区单元的总建筑面积、建设发展需求以及各类用地的基准容积率。另外街区详规的用地分类应细分至三级类。

3. 完善道路交通体系

街区层面的道路交通主要注重微循环的营造，规划应落实和优化上位规划确定的路网布局，确定铁路、公路、各级城市道路的用地界线。应详细明确各级城市道路的断面、交叉口形式、转弯半径及控制点坐标，对于地块要确定出入口方位。

4. 提升城市服务能力

（1）公共服务设施

规划应在落实片区详规确定的公共服务设施布局基础上，进一步完善基层公共服务设施的配套布局，包括配套标准、类型、规模、位置和建设方式等，对于独立占地或综合设置的各级各类公共服务设施的界线、规模、数量也要予以明确。

（2）公用设施

公用设施由总规向下传导，至街区时重要的设施基本已布局完成，街区详规落实片区详规确定的公用设施后，要进一步完善基层公用设施的配套布局，并确定独立占地或综合设置的各级各类公用设施、管廊等的界线、规模、数量。

（3）公共安全设施

规划应严格落实片区详规确定的各级各类公共安全设施、廊道等的布局。对于片区详规划定的 5 分钟应急生活圈，要进一步深化各设施的布局以及应急模式，确保应急生活圈"用之能战，战之能胜"。

（4）竖向与地下空间

在片区详规竖向确定至城市次干道的基础上，进一步明确各级道路控制点标高和坡度破相，必要时可确定地块场地的平均标高。对于地下空间，应确定其使用功能、范围、连通位置和地下总建筑面积，对于大规模的地下空间开发利用宜加出图则或专题研究的形式进行详细管控。

5. 保障蓝绿空间

（1）绿地

规划在落实片区详规确定的公园绿地的基础上，要进一步确定社区级公园绿地，确定用于城市道路、主要公用设施、水体保护、重要生态廊道和绿化隔离带等的防护绿地的布局，对各级各类绿地的数量、界线应严格管控。

（2）河湖水体

集建区内的河湖水体是城市发展中的天然生态空间，在街区层面应严控底线，加强保护，尤其是济南以泉水闻名的城市，对其地下水的保护也要予以重视。规划中要确定各级河道及需要保护的各类地表水体、地下水涵养区等区域的界线、标准。

6. 推进城市更新

对于城市更新的地块，要确保规划的落地性，依据片区详规提出的城市更新措施，确定城市更新地块的控制指标，在容积率、建筑密度、建筑高度、绿地率等基本指标的基础上，建议补充"地块更新方式""正负管理清单"等内容或类似指标，明确需更新用地的更新方式选择和更新路径。在城市更新的探讨上，深圳有着丰富的经验，在《深圳市城市更新单元规划编制技术规定》中，对城市更新的编制要点进行了梳理，对于街区详规的编制有重要的参考意义。

7. 深化城市设计

城市设计应是街区详规的重点规划内容之一，目前来看，街区详规也是城市设计法定化的唯一路径，在济南新一轮的街区控规编制中，对城市设计内容已经十分重视。未来的街区详规应进一步延续该表达深度，确定整体空间形态，提出建筑总平面布局意向，重点区域应达到详细城市设计深度；提出公共开敞空间、景观视廊、天际线、建筑色彩、夜景照明、户外广告、城市家具、第五立面等城市设计要素的控制要求。

二、详细规划的控制内容

（一）片区详规的刚性与弹性

片区详规作为编制面积较大的详细规划层级，主要在总体层面和单元层面进行管控，并划定城市"六线"。其具体管控指标有以下几个方面。

1. 刚性控制内容

（1）总体控制

包括片区的主导功能、建设目标、人口容量、建设用地面积；公共中心、道路网络及路网密度、绿地系统的布局、功能混合利用要求；重要景观、功能廊道走向等。

（2）单元控制

包括片区单元的主导属性、建设用地面积、公园绿地面积、各类用地的基准容积率、公益性公共服务设施和公用设施的等级、规模、布局等。

（3）城市"六线"控制

①现状保留和规划新建、扩建的各类公益性公共服务设施的等级和规模；

②现状和规划新建、扩建的公路、铁路、城市次干路及以上道路的用地界限；

③现状保留和规划新建、扩建的各类市政交通设施的等级、规模以及高压输送管线的走廊宽度；

116

④现状保留和规划新建、扩建的各类绿地的等级、规模;

⑤各类水体的防洪防涝标准,干流河道的走向和宽度最小控制值;

⑥各级文物保护单位、地下文物保护区、历史建筑的保护范围与保护控制要求,历史文化街区、名镇、名村的核心保护范围与建设控制地带等保护控制要求等。

2. 弹性引导内容

(1) 总体控制

包括片区的功能结构、规划目标、居住人口分布、用地布局、城市交通与用地协调要求、海绵城市建设要求、建筑高度和建设强度控制分区、竖向与地下空间规划、城市设计导引等内容。

(2) 单元引导

包括片区单元的人口规模、建设规模(地上)、城市支路、河道支流的位置、线型;新建独立占地公益性服务设施、基础设施、各类绿地的位置、形状、数量;集建区外的建设用地减量化指标、新增耕地面积、村庄管控要求等。

(二) 街区详规的刚性与弹性

1. 刚性控制内容

(1) 单元控制

包括街区单元的用地面积、主导属性、人口规模、总建设用地面积、地上总建筑面积等。

(2) 地块控制

包括地块的划分与编码、用地性质、用地面积、额定容积率(地上、地下),建筑高度、建筑密度、绿地率等。

(3) 城市"六线"控制

主要包括各级各类公共服务设施、公用设施、城市安全设施、交通设施以及绿地的配套标准、界线、规模、数量;道路用地界线;各级河道及需要保护的各类地表水体、地下水涵养区等区域的界线、标准。

2. 弹性引导内容

(1) 单元引导

包括整个街区单元的建筑平面布局、总建筑面积(含地下)、城市设计要素控制要求;各类用地中适建设施的规模、形状、位置;各级道路断面、交叉口形式、转弯半径及渠化措施、控制点坐标,公交站点位置;地下空间使用功能、范围、连通位置。

(2) 地块引导

包括地块的建筑高度,地块出入口位置、停车泊位数及海绵城市建设要求等。

三、详细规划编制成果要求

（一）详细规划的成果构成

作为法定规划，详细规划的成果构成应延续传统控规的模式，由法定文件和附件构成。法定文件包括文本和图则，两者应相互匹配，具有同等法律效力。附件包括说明书、图纸和专题。成果应统一主要图纸绘图标准、图例及图则样式标准，电子成果应及时纳入国土空间基础信息平台，同时为建立规划动态管理平台打好基础。

1. 片区详规成果构成

（1）法定文件

片区详规的法定文件应包括文本和图则，文本应采用条文化的方式书写，用语应规范、清晰、简洁。根据编制内容，规划文本应大致包括以下内容：

①前言：阐述规划背景、编制动因、主要任务等内容。

②总则：明确规划目的、规划依据，制定规划原则与规划重点，明确编制范围并进行单元划分。

③定位与规模：明确规划目标、总体功能定位，确定各片区单元的主导功能、总体发展规模等内容。

④空间布局：包括空间结构、功能布局、土地利用等规划内容。

⑤公共服务与住房保障：包括行政办公、文化、教育、医疗、体育、社会福利等各类公共服务设施以及住房保障的相关规划内容。

⑥综合交通：包括道路系统、公共交通、慢行交通、交通设施等规划内容。

⑦蓝绿系统：包括生态系统、各类绿地、地表水体、其他非建设用地等内容。

⑧公用设施：以市政设施的布局为主，参考北京、雄安等先进地区的经验，有别于以往的水电暖章节布局，可大致分为水资源利用、能源综合利用、智能信息服务、固废收运处置、工程管线综合、地下空间等规划内容。

⑨城市安全：包括综合防灾、防洪排涝、消防、抗震防灾、人民防空、公共卫生安全等规划内容。

⑩城市品质：包括城市风貌、公共空间、特色风貌区、历史文化保护区、城市更新等规划内容。

⑪总体控制：包括街区单元划分、开发建设管控、竖向控制、城市"六线"控制等规划内容。

⑫规划实施：包括建设时序、近期土地开发的实施建议、村庄安置、政策建议等内容。

另一方面，图则是详细规划的核心内容之一，结合山东省现行控规编制体系和先进地区的控规编制经验，片区详规的图则主要包括土地使用规划图、"六线"控制规划图、片区单元划分与指标控制图、各片区单元管控导则。

其中各片区单元管控导则是在山东省现行的片区控规的图则内容上新增的，应包括片区单元规划图、图例、片区单元位置索引图、街区单元划分及管控导则等内容。

生活、生产型片区单元的管控导则主要包括性质与规模、配套设施、城市设计框架、规划实施建议、街区单元指标体系等内容,而生态型片区单元导则主要包括主导属性、规模、村庄管控措施、建筑风貌要求和建设用地、农林用地、生态用地指标体系等内容。

（2）附件

山东省现行控规体系中片区控规的附件内容包含说明书和图纸,但随着国土空间规划体系下编制内容的复杂性以及详细规划编制技术的进步,片区详规视实际情况可在编制前或编制中参考总体规划的模式编制专题研究。

说明书是对文本的解释说明,在增加现状基本情况的基础上,建议针对文本的条文进行逐条解释,避免说明书的臃肿和内容重复,由于和文本框架基本一致,本文不再拟说明书的框架。

图纸作为辅助说明文件,应包括区位、土地利用现状分析、现状限制要素综合分析、现状土地使用权属分析、规划信息汇总、土地利用情况综合评价、空间结构规划、道路交通规划、蓝绿系统规划、各级公共服务设施规划、公用设施规划、城市安全设施规划、城市设计导引、高度控制分区、强度控制分区、城市"六线"控制、竖向控制、片区单元划分与指标控制等图纸。

专题作为新增的附件内容,应不局限于形式和内容,如规划实施评估、强度分区专项研究、综合承载能力研究、地下空间规划、城市更新实施等专题均可,各地的自然资源和规划主管部门可以结合执行通则更好的使用详细规划对城市开发建设进行管控。

2. 街区详规成果构成

（1）法定文件

山东省现行控规体系中街区控规的法定文件包含文本和图则,但济南市在后续的街区控规编制审核中去掉了文本的内容,结合一些先进地区街区层面的规划经验,笔者认为街区详规更侧重于实施而非管控,文本的法定作用有限,因此建议街区详规的法定文件仅图则一项即可。

街区详规的图则应包括土地使用规划图、城市"六线"控制图、各街区单元管控图则。其中街区单元管控图则中均需标明区位示意、指北针、街区编码、比例尺、规划图例、地块控制指标及要求等要素。

同样,街区详规并无实际项目可提供经验,以上图则也是笔者根据经验自拟,仅供参考。另外重点地区视实际情况也可编制城市设计、城市更新、地下空间等附加图则。

（2）附件

街区详规的附件应包括规划说明和图纸,规划说明是对规划的解释,根据编制内容,应大致包括以下内容:

①项目概况:阐述规划背景、编制范围、规划依据等内容。

②现状分析:包括土地利用现状分析、上位规划及相关规划解读、对片区详细规划执行情况等内容,由于街区详规偏向于实施,对于实施过程中遇到的重点问题解析也可放在此部分。

③用地规划：包括整体的功能布局和土地利用等规划内容。

④综合交通：包括道路系统、公共交通、慢行交通、静态交通等规划内容。

⑤设施规划：包括公共服务设施、公用设施、竖向与地下空间设施等规划内容。

⑥城市设计：包括空间形态、高度控制、强度控制、绿色建筑与设施等规划内容。

⑦地块划分与指标控制：包括街区单元的指标控制、地块划分与指标控制等规划内容。

图纸作为辅助说明文件，应包括区位分析、土地利用现状、规划信息汇总、建筑现状评价、道路交通规划、竖向规划、地下空间规划、地块划分与指标控制等规划图纸以及建筑布局总平面、日照分析、居住以及空间形态透视、鸟瞰等城市设计图纸。

（二）详细规划的电子成果要求

电子文件是规划成果的组成部分，应包含文本文件和图形文件。电子文件宜采用通用的文件存储格式，规划文本可采用＊.wps、＊.doc（＊.docx）、pdf 格式，图纸采用＊.jpg 格式，电子文件必须保证其规范性和准确性。

矢量数据方面，现各地市国土空间总体规划的编制已经普遍开展，并大多接近尾声，按照国土空间规划"一张图"建设要求，各地伴随总体规划的编制也基本以地级市为单位建立了国土空间基础信息平台，未来详细规划的编制也应纳入该平台。据调查，各地的数据平台基本以 GIS 信息系统为基础建立，而详细规划为确保可实施性，对矢量数据的精度要求较高，需要在 CAD 系统上进行大量操作，因此，详细规划未来的矢量数据应包含＊.shp、＊.dwg 两种格式。关于文件在 CAD 和 GIS 系统的互相转换，国内一些软件公司已经着手研究，如飞时达软件公司已通过在 CAD 和 GIS 软件外挂插件的形式基本完成的一些功能的转换。

详细规划内容繁杂，覆盖面广，随着科技的进步，生态保护、用地规模、开发建设规模、公共设施、公用设施、地下空间开发、城市设计等管控内容均在数字化的道路上探索。一些建设城市感知系统或城市信息模型（CIM）的城市，在详细规划中也需进一步落实和深化相关内容，推进智慧城市建设。另外，详细规划还应结合项目审批和项目建设实施，将项目信息汇入规划管理信息平台，实现规划建设协同联动，为精细化治理提供保障。

四、详细规划的理想形态

（一）规划信息

我国详细规划的编制无论从体系到技术，从内容到表达，一直都在进步，但相较于一些发达国家或地区的规划信息呈现，还有相当长的一段路要走。规划信息是规划的主要产物，它理应作为一种公共产品，面向政府管理，也面向公众。我国目前的规划信息，尤其是法定规划信息，基本都掌握在政府手里，仅通过社会公示征求意见和批后公告来向公众展示部分规划信息，展示的信息专业性强，时间固定，普通公众很难对规划进行了解。

近年来借由互联网、多媒体的介入，公众获知规划信息的渠道有所增加，但仍面临两方面问题，一是多媒体等转载的规划信息仍是政府公布内容，专业性强，虽附上了解释说明，但多由政府或设计部门提供，故而公众获取的信息少有自己的判断；二是互联网、多媒体发布的内容多具时效性，过后并没有集中展示的平台，公众无法在固定平台获取规划信息。

详细规划作为未来城市发展轮廓的具体规定，其面向实施，与公众利益密切相关，所以对详细规划理想形态的探索具有重要的意义。

（二）案例参考

我国近年来发展迅速，但仍未迈入发达国家行列，国土空间规划体系也提出了要建立"一张图系统"数据平台，但目前来看仅仅针对政府内部管理使用，对于详细规划理想形态的探讨，一些发达国家或地区的经验或可以参考。

第一个比较有代表性的案例即我国香港的规划信息系统，它是基于法定图则建立的汇总及查询系统，系统汇集了批准和在编的法定图则，以及与法定图则相关的申诉、审批等信息。该系统可以获得法定图则空间单元和地块详细的规划信息，包括法律条例的规定、审批的要求、反馈的意见、历史审批的情况等等。

系统界面清晰，查询便捷，对于规划图的查询和我们平常对于高德地图、百度地图等的使用类似。从该系统可以获得非常全面的信息，一是法定图则的全部信息，包括范围、内容、批准的时间、历次修订情况等；二是地块的规划要求，包括地块边界线、建筑退缩线、建筑面积、建筑高度、容积率，用途要求等内容，无论是对于个人还是市场开发主体，都公开透明，对未来详细规划的成果信息化有着重要的参考意义。

另一个有代表性的是新加坡的 master plan，该规划主要以地块为单位进行用途开发管理，类似于我国的控制性详细规划。该规划信息平台也基于"一张图"进行体统构建，通过分层叠加数据的方式，可以链接上位规划和相关规划，提供以 master plan 为核心提供全部规划信息，包括财产使用与批准、保护区和建筑物、城市设计准则、道路要求、停车场、私人居住物业、人口统计、卓越建筑等内容，对于我国"一张图"系统的建设具有一定的参考价值。

结合以上两个案例可以看到，我国详细规划的信息化还有很长的路要走，在有先例参考的情况下，详细规划的编制工作也应少走弯路，向理想形态迈进。

（三）多样化表达

详细规划作为法定规划，其成果表达应具备规范性、严肃性，但作为以"以人为本"为内核的规划编制，应不断探讨成果形式的多样化表达。

一是在规划编制的各个节点应有不同深度的成果表达。如方案初审、社会公示、部门联审、专家论证、审查报批等环节均需要给出不同的规划信息，表达方式也应有所侧重。

二是面向主体不同时，应有不同的表达形式。面向规划主管部门时，规划成果应事无巨细地展现，以发现问题为目标；面向政府部门时，应针对不同层级的政府有侧重点的表达，以传达内容为目标；面向社会时，应遵循"做人民能看懂、能用的规划"的原则，以普及规划为目标。

三是规划管理部门和设计部门应不断探索新的成果表达平台。按照信息公开的不同需要进行信息共享和公示，加强数据共享，实现数字规划的多场景深化应用，形成空间规划综合信息权威可靠、地上地下一体、规划管控要求可视可查的规划管控数字系统。

第四章 国土空间布局优化

第一节 研究背景与国内外动态

一、研究背景

（一）优化国土空间布局是落实生态文明建设的必然要求

改革开放以来，随着工业化和城镇化的快速推进，我国经济社会发展取得了举世瞩目的成就。但在取得骄人成绩的同时，我国也面临着生态环境恶化、资源环境约束趋紧、空间开发秩序失衡等严峻挑战，国土空间的合理开发与保护受到了前所未有的冲击，城镇建设空间持续粗放式扩张，生态空间不断被蚕食，农业空间不断被压缩，城镇、农业和生态空间矛盾加剧，国土空间开发过度与开发不足现象并存，国土空间的可持续发展面临严重危机，以资源粗放式消耗推动工业化、城镇化快速发展的传统发展模式难以为继。

鉴于此，顺应时代发展要求，党的十八大提出要大力推进生态文明建设，之后的十八届三中、四中、五中全会，以及 2015 年《生态文明体制改革总体方案》的出台，都强调要把生态文明建设放在突出的战略位置，十九大明确要求将建设生态文明作为中华民族永续发展的千年大计。而生态文明理念落实到空间上，就是要合理的开发空间资源，规范空间开发秩序，形成科学合理的国土空间开发格局与布局。十八大报告将优化国土空间开发格局列为生态文明建设的首要任务；十九大报告将统筹划定生态保护红线、永久基本农田、城镇开发边界三条控制线作为加大生态系统保护力度，进而建设美丽中国的重要内容；十九届五中全会决议明确要求优化国土空间布局；十四五规划纲要也明确提出要优化国土空间布局，构建国土空间开发保护新格局。因此，优化国土空间布局是生态文明背景下实现人与自然和谐相处，推进国土空间均衡、可持续发展的必然途径，也是落实生态文明建设的必然要求。

（二）优化国土空间布局是国土空间规划的核心内容

出于不同的国土空间开发利用与保护目的，我国长期存在主体功能区划、土地利用规划、城市规划等多种空间类规划，以实现国土空间的合理利用。但由于各类规划主导部门之间缺乏衔接，导致规划内容重叠冲突、规划期限不一致等问题，进而导致国土空间开发利用效率低下、结构混乱，空间秩序失调。在此背景下，2019 年 5 月，中共中央国务院出台了《关于建立国土空间规划体系并监督实施的若干意见》，明确提出要建立"五级三类"国土空间规划体系，旨在通过一个全国统一、权责清晰、科学高效的国土空间规划体系来实现国土空间的高效利用和可持续发展。

优化国土空间布局是利用可行的技术和方法，合理调整国土空间结构，科学确定国土空间开发格局，协调国土空间冲突，以达到规范国土空间开发秩序，提高国土空间开发利用效率与效益的目的，有助于实现国土空间有效管控以及科学治理。国土空间规划作为一种统筹协调所有空间的规划和政策，编制的核心目标是通过空间管制实现空间均衡，以及不同类型空间的落地及可持续发展问题。因此，优化国土空间布局、合理划定空间功能分区是国土空间规划编制不可避免的核心内容和亟需解决的重要实践问题。在《省级国土空间规划编制指南（试行）》及《市级国土空间规划编制指南（试行）》中，均将优化国土空间开发保护格局，统筹划定"三区三线"作为国土空间规划编制的主要内容和重点管控内容。

（三）县域是国土空间优化落地实施的关键层级

县域作为我国分布最广泛、最为稳定的行政单元，在全国国土面积中的比例超过90%，是我国资源粗放利用、环境恶化和生态退化的主要区域，因此，县域的可持续发展对国家长远的可持续发展至关重要。《关于建立国土空间规划体系并监督实施的若干意见》提出建立"五级三类"国土空间规划体系，其中，国家、省、市、县四级必须编制国土空间总体规划，乡镇可根据地方实际与市县合并编制，或几个乡镇合并编制国土空间规划。由此可见，县级是国土空间规划体系中最基本的行政单元，既要充分落实上级规划的空间发展目标，又要指导下级区域的发展及其国土空间规划的编制，是协调宏观管理和微观管控的重要层级，是优化生态、农业及城镇三类空间布局、落实"三线"管控的关键层级。

二、国内外相关研究进展

（一）国外研究进展

国外学者开展国土空间布局优化的研究比较早，可追溯到 19 世纪，并在此方面形成了丰富的理论。英国学者霍华德 1898 年提出的"田园城市"理论，强调通过在城市周边设置绿带来控制城市的规模，对现代城市的空间布局具有重要的启蒙作用。德国地理学家克里斯塔勒 1933 年提出的中心地理论，对区域不同等级规模城镇的空间布局规律进行研究，为城市群空间布局优化及城市在其辐射影响范围内组织空间提供了理论依据。随着工业化和城镇化的快速发展，生态环境遭到严重破坏，一些国家和学者意识到国土空间开发是否合理适度，会严重影响地区生态环境状况。随后，相关理论被逐渐应用到国土空间开发的实践中去。德国地理学家 C·特洛尔 1939 年提出了景观生态学理论，通过研究景观结构与功能之间的相互作用，来优化空间结构，实现资源的合理配置。将此理论应用到土地利用结构优化中，能有效协调经济发展与生态保护之间的关系，促进人与自然的和谐发展。1987 年世界环境与发展委员会在《我们共同的未来》报告中提出了可持续发展理念，在全世界范围内获得普遍认可。一直到今天，可持续发展理念依旧是各个国家指导国土空间开发保护的重要理论。

2000 年以来，对土地利用优化配置以及土地利用结构变化与空间管制政策之间关系的研究逐渐增多。Carsjens 认为土地利用规划的实质是从数量和空间两方面对土地资源进行优化配置；Todes 对约翰内斯堡的城市增长管理策略进行研究，提出利用空间重构的方法来解决现状空间布局散乱问题。Koomen 认为土地利用受人类活动和区域自然环境本底的共同影响，在此基础上对土地利用模式与空间管制政策的关系进行探讨。随着数学方法的不断发展和 GIS 等计算机技术的日渐成熟，各类数学模型和计算机方法被不断引入到空间布局优化的研究中来。Ligmann-Zielinska 采用非线性优化模型来研究区域功能分区。Chuvieco 结合线性规划方法和 GIS 空间分析技术对土地利用情况进行模拟，以此来优化土地空间布局。Barredo 等人在研究土地利用影响因子的基础上，采用 CA 模型模拟了城市未来的土地利用情况。Stewart 则首次将遗传算法应用到土地资源空间配置的研究中。Polasky 认为综合效益最大化是土地利用布局优化的目标，并采用多目标模型对研究区的土地利用数量结构进行优化调整，在此基础上进行土地利用布局的优化。

（二）国内研究进展

国内空间布局优化从研究视角看可分为宏观的国土空间格局优化和微观的土地利用结构与布局优化。

在国土空间格局优化方面，目前基于"三生"功能的国土空间格局优化相对较多，且多数研究都遵循"三生空间识别——三生空间布局与演化特征分析——三生空间格局优化"的研究逻辑，即通过三生功能适宜性评价、三生功能承载力评价、定性分析土地利用功能与土地利用类型辩证关系等方法对研究区三生空间进行识别，并在分析三生空间时空演变规律与特征的基础上，采用比较优势指数、耦合协调度指数或定性的原则对全国、流域、市域及县域等不同空间尺度研究区的三生空间及其二级功能分区进行划分，并提出实现国土空间格局优化的路径或策略。

随着国土空间规划体系的建立，以"双评价"为基础进行国土空间格局优化的研究逐渐增多。部分学者对"双评价"在国土空间格局优化中的作用进行探讨，认为应以资源环境承载力评价为"数量约束"，以国土空间开发适宜性评价为"空间约束"

来优化国土空间格局,应用到实践中,赵筱青等通过国土空间开发适宜性评价,对云南喀斯特山区进行功能区划分,再通过资源环境承载力评价结果进行冲突空间功能确定,形成最终分区结果。谭琦川集成了城镇建设、农业生产和生态保护单宜空间评价结果和基于生态服务功能约束的空间承载等级,采用 GIS 空间叠置分析得出江苏省国土空间优化分区方案。部分学者认为"双评价"是国土空间布局的预判,在此基础上,要结合已划定的各类控制线、地区发展实际和区域发展环境等,因地制宜的划定国土空间分区格局。应用到实践中,祁豫玮等基于资源环境承载力评价和发展潜力评价得出南京市空间开发适宜性结果,并与现状空间开发强度进行组合判别,进而划分出南京市空间开发的功能分区。李思楠等将基于"双评价"的优化分区结果与采用 CLUE-S 模型模拟的各类功能区的空间布局结果进行结合,最终确定了西南喀斯特典型区的功能分区。在微观的土地利用结构与布局优化方面,相关研究大多遵循围绕经济-生态双重目标,通过多目标规划数学模型或通过设置不同情景来优化土地利用数量结构,并以此为约束,采用 CLUE 模型、SD-MOP(系统动力学与多目标规划模型)整合模型、ANN+CA 模型(人工神经网络与元胞自动机模型)等对土地利用空间布局进行优化的研究范式。李秀霞等基于经济-生态双重目标,利用 SD-MOP(系统动力学与多目标规划模型)整合模型,对 2020 年吉林省西部土地利用结构进行仿真模拟与优化。郭延凤等设定了"一切照常情景"、"规划情景"和"优化情景"三种情景,通过 CLUE 模型对江西省 2001～2030 年的土地利用变化空间分布进行优化模拟。唐丽静等测算了山东省沂源县经济发展目标生态需求和经济发展目标生态承载力,并按照公共生态服务盈余状态面积由高到低依次补充赤字状态面积的方法进行研究区土地利用布局优化。

(三)研究总结

国内外学者对国土空间布局优化进行了多尺度、多角度、多方法的综合研究,在空间布局优化理论、优化方法方面形成了丰富的研究成果。目前,对国土空间布局优化的研究大多遵循两种范式,一是通过功能评价识别空间主导功能,继而按照一定的原则及方法划定国土空间优化分区;另一种是围绕某一目标进行土地利用数量结构优化,并以优化后土地利用数量为约束条件,利用空间模拟模型进行土地空间布局优化。这两种优化方式大多关注土地利用或空间功能本身情况,对土地利用或空间发展中存在的问题及导致问题的原因关注不足,是一种目标导向下的布局优化方式,对解决现实问题的指导性不强。同时,在生态文明建设背景下,在第一种研究范式中,在进行多功能空间分区划定时,大多数研究均按照生态优先的原则,将多功能空间直接划入生态空间,导致划定结果与区域发展方向不符。因此,有必要对多功能空间的分区划定逻辑机理及技术方法做进一步探讨。另一方面,国土空间布局优化相关研究的研究尺度均比较宏观,大多为流域、城市群、省域和市域,对于县域的研究相对较少。县域作为国土空间规划体系中最基本的行政单元,是国土空间优化落地实施、进行空间管制的关键层级。因此,有必要对县级层面国土空间功能分区划定做进一步研究。

第二节 A县国土空间基本特征

一、基本县情

（一）地理环境

1. 地理位置

A县位于渭南市东北部，处于陕北黄土高原向关中平原的过渡地段，属渭北黄土台塬沟壑区，下辖 10 镇，总面积 1121.93 平方公里。A县位于晋陕蒙能源通道、陕西向东开放的京昆走廊上，交通便捷。其中心城区距渭南市区直线距离 86 公里，距省会西安市市区直线距离 140 公里，西韩城际铁路开通后，澄城将进入西安 1 小时交通圈。

2. 地形地貌

A县整体地形起伏较大、地貌多变。A县属渭北黄土台塬一部分，因受河流与山洪冲刷，形成诸多黄土高原特有的河谷台地、山、川、沟、塬，以塬为主。境内沟壑纵横，塬高沟深，大浴河、县西河、长宁河、孔走河四条河把全县分割为三梁一塬，北部沟梁相间，地貌多变，南部塬面平缓，起伏较小；全县海拔 351-1297 米，相对高差946 米，地势北高南低。按照地形特征，全县地形地貌可划分为三类，即低山丘陵区、沟壑区以及黄土台塬区。

3. 气候与水文

A县四季分明、昼夜温差大。A县境内属暖温带半湿润性大陆性季风气候，春季温暖干燥，夏季炎热多雨，秋季凉爽湿润，冬季冷晴干燥，四季变化分明，昼夜温差大，年平均气温 12℃。境内光热资源丰富，年平均日照总时数 2535.5 小时，年平均太阳辐射总量 135.44 千卡/平方厘米，是陕西省境内延安以南热能辐射量最高值中心。

降水不丰富，且季节、地域分布不均。春季降水少，夏季多阵雨、暴雨，秋季多阴雨，十月以后，几无降水，总体而言，降水随季节变化较大，且不丰富，境内多干旱灾害。从降水的地域分布来看，北部黄龙山区降水较多，大浴河以南地区降水较少。A县属于黄河流域北洛河支流，境内河流有过境的洛河及其支流大浴河、县西河、长宁河、孔走河、马村河。洛河在 A县境内长度 37.75 公里，径流量 624.16 万立方米，泥沙量大，达 78 万吨/年。全县目前形成了以南部抽黄、北部石堡川水库为主，以散点分布的机电井为辅的灌溉渠，农田有效灌溉面积 43 万亩，节水灌溉面积 38.99 万亩。

4. 地质灾害

A县地质灾害主要包括因水土流失造成崩塌和滑坡，以及因矿产资源开采导致的地面塌陷、地裂缝。按照侵蚀强度可将全域水土流失情况划分为三个侵蚀区：黄龙山南麓中度流失区、尧头丘陵沟壑强度流失区和沟南台塬轻度流失区，以河流两侧最为严重。其中，滑坡主要分布在交道镇、城关镇、庄头镇，崩塌主要分布在城关镇。地面塌陷主要分布在尧头镇、庄头镇，地裂缝主要分布在尧头镇。由此可见，A县中部城镇地质灾害严重。

5. 资源条件

煤炭资源量大质优。A县含煤区属于渭北黑腰带澄合矿区西段，面积740平方公里，占全县总面积的66%。县内含煤区累计查明资源储量13.06亿吨，煤质属低磷的焦煤及瘦煤。

历史文化遗存比较丰富。截止2019年底，共有文保单位44个，其中，国家级重点文物保护单位5个，主要为古建筑遗址；省级文保单位7个、县级文保单位32处，主要包括古建筑、古文化遗址、古石刻处、古墓葬以及革命遗址。

（二）经济社会发展

1. 经济发展与产业布局

A县经济发展在渭南市处于中下游水平，第二产业发展比较落后。2019年A县全年生产总值98.49亿元，其中，第一产业增加值30.43亿元，增长4.7%；第二产业增加值21.21亿元，增长1.5%；第三产业增加值46.85亿元，增长5%。2019年城镇居民人均可支配收入32665元，农村居民人均可支配收入11940元。A县围绕煤炭和新能源产业形成了两大产业集聚区。一是中心城区工业集中区，以煤-电-铝循环经济产业为主导；二是依托便捷的交通条件形成的韦庄工业集中区，以光伏产业、LNG气体、农副产品加工及物流产业为主导。近年来，A县以现代农业园区为载体的现代农业发展较好，现已建成现代农业园区16座，其中，省级5座，市级3座，县级8座，主要以苹果、樱桃、瓜菜等种植为主，且主要分布在北部的冯原镇、王庄镇和赵庄镇三镇。

2. 人口分布与城镇化

人口分布不均，城镇化水平较低。2019年末，全县常住人口373088人，其中城镇人口176692人，城镇化率47.4%，低于渭南市各市县城镇化率的平均水平，未来城镇化提升空间较大。在人口分布方面，镇区常住人口分布不均。2019年中心城区（包括城关镇和庄头镇镇区）常住人口11.4万人，其余镇区常住人口超过1万人的城镇仅韦庄镇和冯原镇，剩余城镇人口均少于1万人，其中，除尧头镇城镇常住人口超过4000人外，其余城镇常住人口均不超过4000人。

二、国土空间基本特征

（一）三类空间划分

目前，对城镇、农业、生态三类空间的划分研究比较少，尚未形成统一的划分标准。本研究从城镇、农业、生态三类空间的功能出发，参考现有三类空间的研究成果，将三类空间与《土地利用现状分类》（GB/T 21010-2017）进行衔接，对A县三类空间进行划分。其中：城镇空间是非农业人口进行生活、生产活动的空间，以提供工业产品和生产生活服务为主要功能，以区域内的城镇化发展区为主要空间。

农业空间是农业人口进行生活、生产活动的空间，以为农业人口提供居住、休闲等生活活动场所，以及农业生产场所为主要功能，是实施乡村振兴战略和保障国家粮食安全的重要空间。生态空间是维护地区生物多样性，保障区域生态系统安全的重要区域，以为人类提供生态产品和服务为主要功能，为人类的各种生产生活活动提供基础环境保障。

（二）国土空间基本特征分析

基于A县2018土地利用现状数据库，按照上述三类空间的分类体系对A县现状国土空间结构进行分析，研究得出：A县国土空间以农业空间为主，面积达86929.63公顷，占全县国土空间77.48%；生态空间次之，面积20702.71公顷，占全县国土空间18.45%；城镇空间面积4560.96公顷，占全县国土空间4.07%。

1. 农业空间特征分析

农业空间主要分布在县域的塬面上，以耕地和园地为主。其中，耕地面积43292.81公顷，占全县国土空间38.58%，占全县农业空间49.80%，主要分布在北部的冯原、赵庄和王庄三镇，面积占全县耕地面积的53%；园地面积34460.87公顷，占全县国土空间30.71%，占全县农业空间39.64%，主要分布在北部三镇，中部的庄头镇，以及南部的寺前镇和韦庄镇，六镇园地面积占全县园地面积的85.12%。农业空间中，农村宅基地面积7028.19公顷，占全县国土空间6.26%，占全县农业空间8.08%，主要分布在北部三镇以及中部的庄头镇，四镇农村宅基地面积占全县农村宅基地面积的57.77%。随着农业供给侧结构性改革的推进和乡村振兴战略的实施，A县设施农业也有了一定的发展，2019年，A县设施农用地面积275.89公顷，占全县农业空间面积0.32%，主要分布在北部三镇，中部的庄头镇，以及南部的韦庄镇。

2. 生态空间特征分析

生态空间主要分布在黄土沟壑区，以林地和草地为主。其中，林地面积7509.21公顷，占全县国土空间6.69%，占全县生态空间36.27%，主要分布在北部三镇，以及中部的安里镇，其中，北部的冯原镇林地面积最大，占全县林地面积的27.74%；林地以灌木林地为主，面积2707.28公顷，占林地总面积的36.5%。草地面积12486.46公顷，占全县国土空间6.69%，占全县生态空间60.31%，主要分布在北部的冯原镇、王庄镇，以及中部的庄头镇，其中，冯原镇草地面积最大，占全县草地面积的 26.13%。

3. 城镇空间特征分析

城镇建设用地集中分布在县城中部的中心城区和尧头镇，以及县域南部交通便利的韦庄和寺前两镇，在北部的冯原镇城镇建设用地布局也相对集中，其余城镇空间零散的布局在县域的各个区域。工业用地分布相对集中，主要分布在中心城区和 108 国道沿线；与煤炭资源分布相对应，采矿用地也主要分布在中部的尧头和庄头两镇。

4. 各城镇国土空间特征分析

从各镇的现状国土空间利用状况来看，在城镇空间方面，北部的冯原镇、王庄镇和赵庄镇三镇，以及位于县域中南部的交道镇城镇空间面积占比低于全县的平均水平；从城镇空间面积的绝对值来看，县域中部的城关镇、庄头镇，县域北部的冯原镇，以及县域南部的韦庄镇国土开发强度均远高于其他建制镇。在农业空间方面，北部的冯原镇，以及中部的城关镇、安里镇、尧头镇和庄头镇农业空间面积占比低于全县的平均水平，城关镇农业空间面积占比仅为 57.88%，远低于全县其他建制镇；北部的王庄镇和赵庄镇无论是农业空间的面积还是占比均位于全县前列，而冯原镇虽然农业空间面积占比低于全县平均水平，但农业空间面积最大，占全县农业空间总面积的 18.78%。在生态空间方面，北部的王庄镇、赵庄镇，以及南部的交道镇、寺前镇和韦庄镇生态空间面积占比低于全县的平均水平，其中，因为国土开发条件较好，韦庄镇和寺前镇无论是生态空间的面积还是占比均低于其他城镇；冯原镇由于沟壑地最多，因此，生态空间的面积最大，占全县生态空间比重高达 26.47%。

第三节 国土空间开发适宜性评价

一、评价指标与数据来源

（一）指标选择

根据生态、农业、城镇三类空间功能，在现有三类空间适宜性评价研究基础上，综合考虑 A 县国土空间开发保护的实际情况及关键影响因素，按照指标选取的层次性、科学性、代表性和可操作性原则，分别构建生态保护重要性及农业生产、城镇建设适宜性评价指标体系。

1. 生态保护重要性评价指标选择

生态保护重要性反映了对生态空间进行保护的程度高低，一般从生态系统服务功能重要性和生态敏感性两方面进行综合评价。考虑到 A 县水土流失情况比较严重，以及保障饮用水水源地安全需求，应从水土流失敏感性和水源涵养功能重要性两方面进行评价，因已划定且仍具有法律效力的《A 县生态保护红线划定方案》中的生态保护红线是基于水源涵养功能重要性划定的，而本研究会将该方案中的生态保护红线纳入生态保护极重要区评价结果之内，因此，本研究着重从水土流失敏感性方面进行评价，即选取了坡度、植被覆盖度、土壤可蚀性三个指标进行生态保护重要性评价。

2. 农业生产适宜性评价指标选择

农业生产适宜性反映了土地对农业生产活动的支撑程度，受土壤状况、农业生产条件等多方面因素影响。考虑到 A 县境内沟梁纵横、黄土土质比较疏松等情况，本研究选取坡度、坡向、耕层土质、耕地质量等级、侵蚀强度和现状地类六个指标进行农业适宜性评价。

3. 城镇建设适宜性评价指标选择

城镇建设适宜性是指国土空间对城镇建设活动的支撑力大小，受地形、灾害等自然条件及区位交通等社会经济条件等多重因素影响。本研究选取坡度、地质灾害、交通干线可达性、交通枢纽可达性及中心城区可达性五个指标进行城镇建设适宜性评价。

（二）数据来源

坡度、坡向数据根据从地理空间数据云中获得 DEM 数据经 ARCGIS 软件空间分析工具转换求得；植被覆盖度、土壤可蚀性、侵蚀强度来源于国家地球系统科学数据中心；现状地类来源于 A 县 2018 年土地利用数据库；地质灾害数据来源于 A 县自然资源局；交通干线可达性、交通枢纽可达性及中心城区可达性所需的路网数据来源于 A 县交通运输局。

二、评价单元

评价单元大小对评价结果有重要影响，评价单元过大，会模糊评价对象的部分信息，忽略空间的细部特征，因此，不适用于地形地貌比较复杂的地区。评价单元过小，数据处理过多，处理过程过慢，处理结果反映的信息多而杂，难以清晰反映国土空间重要特征。因此，需根据研究区域大小及研究区地形地貌特征综合确定评价单元。本研究梳理发现，目前流域、市、县（区）等中微观尺度适宜性相关研究的评价单元大小在 10m-200m 之间，因此，综合考虑 A 县地形地貌复杂特征，最终确定本次评价单元为 30m×30m 栅格。

三、评价方法

本研究中，三类空间的适宜性评价是在单指标适宜性评价结果的基础上，采用层次分析法确定各指标权重，再采用多指标综合评价法对单指标适宜性进行集成，最终得到各类空间的适宜性评价结果。单指标适宜性等级采用赋值分级法确定，分级标准由每个评价指标对评价目标的敏感度决定，分值越高，则对实现目标的敏感度越高，对实现目标的贡献度越大。

某些指标会对某类空间的功能产生强限制性，在此情况下，无论其他指标的适宜性等级如何，强限制性指标分布区域均为该类功能的不适宜区，如坡度 25 度以上区域不适宜农业生产，因此，即使坡度 25 度以上区域耕层土质等其他指标的适宜性等级很高，该区域依旧只能为农业生产不适宜区。因此，在进行多指标综合评价之前，需根据"木桶原理"，选出对三类空间功能存在强限制性的指标，直接划入该类功能的不适宜区。根据三类空间功能及 A 县发展实际，研究确定在生态保护重要性评价中，直接将坡度 ≥ 25° 区域、已划定的生态保护红线划入生态保护极重要区；农业生产适宜性评价中，直接将坡度 ≥ 25° 区域、已划定的生态保护红线划入农业生产不适宜区；城镇建设适宜性评价中，直接将坡度 ≥ 25° 区域、矿产资源压覆区、采空区、地震断裂带周边 200 米范围用地及已划定的生态保护红线划入城镇建设不适宜区。

（一）层次分析法

层次分析法是将与决策有关的要素分解成目标、准则、方案等不同层次，然后采用求解判断矩阵特征向量的办法，求得每一层次的各元素对相应上一层次元素的优先权重，再通过加权和的方法递阶归并各备选方案对总目标的最终权重。

1. 确定目标和评价要素

n 个评价指标：X={X1，X2，X3，…Xi}，其中，i=1, 2, 3…n。

2. 构建判断矩阵

参考研究区部门意见，并咨询专家意见，以此来判断低层次指标对高层次目标的相对重要程度，并通过两两指标的重要性比值，来反映低层次指标对高层次指标的相对重要性等级，一般用 1-9 数字及其倒数来标度，即若指标 X_i 与指标 X_{i+1} 的比值为 a，则指标 X_{i+1} 与指标 X_i 的比值则为 1/a（表4-1）。

表4-1 指标相对重要性的比例标度

标度	含义
1	指标 Xi 比指标 Xi+1，同等重要
2	指标 Xi 比指标 Xi+1，稍微重要
5	指标 Xi 比指标 Xi+1，较强重要
7	指标 Xi 比指标 Xi+1，非常重要
9	指标 Xi 比指标 Xi+1，极端重要
2、4、6、8	两相邻判断的中间值
倒数	若指标 Xi 与指标 Xi+1 的比值为 a，则指标 Xi+1 与指标 Xi 的比值为 1/a

3. 计算权重向量

采用和积法求解判断矩阵最大特征根 $\lambda \max$ 及其对应的特征向量，求出的特征向量即为权重向量。

4. 一致性检验

一致性检验公式为：

$$CI=\lambda_{max}-n/(n-1) \qquad 4\text{-}1$$

其中，CI 为一致性指标，λmax 为最大特征根，n 为构建判断矩阵的指标数量。

$$CR=CI/RI \qquad 4\text{-}2$$

RI 为平均随机一致性指标，若 CR<0.1，则该判断矩阵就复合一致性检验，否则，判断矩阵则不一致，需要重新构建判断矩阵。

采用上述层次分析法求解各指标权重，赋值分级法确定单指标适宜性等级，最终得到研究区国土空间适宜性评价指标的适宜性等级及权重。

（二）多指标综合评价法

将各单指标赋值结果进行加权综合，得到三类空间适宜性指数，计算公式如下：

$$F=\sum_{i=1}^{n} w_i * Y_i \qquad 4\text{-}3$$

其中，F 为评价单元的适宜性指数，n 为指标数量，w_i 为第 i 个指标的权重，为第 Y_i 个指标赋值后的指标值。

四、评价结果

（一）生态保护重要性评价结果

研究区生态保护极重要区、重要区和一般重要区面积分别为 8166.17 公顷、4084.72 公顷、99942.41 公顷，占国土空间面积的比重分别为 7.28%、3.64%、89.08%。

生态保护极重要区主要分布在黄土沟壑水土流失较为严重的区域，重要区与极重要区在空间上比较接近，也主要分布在黄土沟壑区，一般重要区主要分布在塬面上。

生态保护极重要区主要分布在 A 县北部，冯原镇、王庄镇和赵庄镇三镇生态保护极重要区占全域生态保护极重要区的 51.81%，其中，冯原镇最多，占比 30.56%；中部的交道镇生态保护极重要区分布也较多，占比 12.42%。其余各镇极重要区分布相对较少，南部的寺前镇和韦庄镇因地理条件好，区内多为平原，因此，极重要区分布较少，分别为 3.36% 和 2.03%。重要区主要分布在中部尧头镇、交道镇、庄头镇和安里镇内的沟坡地上，占全域重要区的 61.48%，北部冯原镇重要区分布也较多，占比 10.14%。一般重要区主要分布在北部三镇的塬面上，占全域一般重要区的 49.54%，其中，冯原镇分布最多，占比高达 19.46%。

（二）农业生产适宜性评价结果

根据农业适宜性评价结果，A 县农业生产的适宜区、一般适宜区和不适宜区面积分别为 58986.46 公顷，28174.06 公顷和 25032.82 公顷，占比分别为 52.58%、

25.11% 和 22.31%。农业生产适宜区主要布局在北部三镇和南部二镇的塬面上，占比 66.38%。不适宜区主要布局在沟坡地上，以及现状城镇建成区，其中，沟坡地占 76.43%，现状城镇建成区占 23.57%；一般适宜区也主要分布在沟道内。

从各镇来看，韦庄镇农业生产不适宜区占 13.33%，在全县所有城镇中占比最低，农业生产条件比较优越。城关镇、安里镇和尧头镇因城镇开发建设活动强度较大，对区域内的农业空间侵占较多，导致区域内农业空间破碎，且安里镇和尧头镇因分布较多的沟壑，导致区域农业生产适宜性较低。北部的冯原镇因区内黄土沟壑地较多，土壤易受侵蚀影响，导致冯原镇农业生产不适宜区占比较大，远超全县的平均水平。

从耕地质量等级来看，全镇耕地质量等级比较高，二、三等高等级耕地占比 40.99%，四、五等中等级耕地占比 59.01%。分城镇来看，二、三等高等级耕地主要分布在王庄镇、韦庄镇、寺前镇、冯原镇，这部分耕地质量等级较高，农田设施条件好，无明显障碍因素，应加强耕地保育和利用，确保耕地质量稳中有升。四、五等中等级耕地广泛分布在全区，以冯原镇、赵庄镇、王庄镇、庄头镇为主。这部分耕地应重点加强质量等级培育，提高耕地有效养分，完善灌溉条件。

（三）城镇建设适宜性评价结果

根据城镇建设适宜性评价结果，A县国土空间中，城镇建设适宜区、一般适宜区及不适宜区面积分别为 45678.73 公顷、29862.35 公顷及 36652.26 公顷，占比分比为 40.71%、26.62% 及 32.67%。不适宜区主要分布在安里镇、尧头镇、庄头镇以及冯原镇、王庄镇和赵庄镇的南部区域，一方面是因为该区域属于煤矿资源压覆区，因矿产开采导致该区域存在地面塌陷隐患。除此之外，不适宜区分布的区域主要还有沟坡地及洛河河谷地段，主要是存在黄土塬边崩塌隐患。一般适宜区主要分布在沟道内，以及塬面上的地质灾害低易发区。适宜区主要分布在北部城镇及南部城镇的塬面上的地质灾害非易发区及交通便捷的区域。

从各镇来看，安里镇、尧头镇、庄头镇和赵庄镇不适宜区占全镇国土空间的比例超过了全县的平均水平，其中，安里镇、尧头镇和庄头镇占比均超过 50%，分比为 97.13%、73.44% 和 56.47%，城镇建设条件较差，不宜进行高强度开发。县城南部的韦庄镇和寺前镇不适宜区占比仅为 5.03% 和 2.63%，远低于全县其他城镇，且交通便利，整体开发条件优越。

第四节　国土空间开发保护问题识别与问题形成机制

一、国土空间利用效率评价与分析

国土空间利用效率是空间系统内部各要素之间，以及系统整体与外部环境之间物质循环与能量交换程度的综合反映，是经济社会发展过程中空间价值实现程度的外在表现形式。提高国土空间开发利用效率是优化国土空间布局，进而促进生态文明建设的重要任务。鉴于城镇建设用地的低效利用和无序蔓延是造成国土空间失调的主要原因，因此，本研究只对城镇建设用地的利用效率进行评价分析。首先，文章对A县整体城镇建设用地的利用效率进行评价，并通过与渭南市下辖的其他市县进行对比，清楚认识A县城镇建设用地利用效率所处水平；其次，对A县各镇的城镇建设用地开发利用效率进行评价分析，以认识A县城镇建设用地利用效率的具体情况。

（一）指标体系与数据来源

结合已颁布的《市级国土空间总体规划编制指南》（试行）、已有关于城镇建设用地利用效率评价的相关研究，以及城镇建设用地利用效率的内涵，遵循指标选择的科学性、代表性、易获取性等原则，本研究最终采用地均二三产业增加值、地均公共财政收入以及人均建设用地面积三个指标分析A县的城镇建设用地利用效率（表4-2）。

表4-2　指标体系

指标名称	指标类型	指标涵义	数据来源
地均二三产业增加值（元／㎡）	正向	城镇二、三产业增加值与城镇建设用地面积的比值	《2019年陕西省统计年鉴》、《2019年陕西省城镇建设年鉴》
地均财政收入（元／㎡）	正向	城镇财政收入与城镇建设用地面积的比值	
人均建设用地面积（㎡／人）	逆向	城镇建设用地面积与城镇常住人口的比值	

（二）评价方法

采用科学的评价方法，是正确测度城镇建设用地利用效率的重要前提。本次评价采用变异系数法确定各指标权重，采用 TOPSIS 法确定城镇建设用地利用效率指数。

1. 变异系数法

变异系数法是一种客观的指标赋权方法，是直接利用各项指标所包含的信息，通过计算得到指标权重，避免了人为因素对指标权重的影响。此方法的基本原理是：在评价指标体系中，取值差异越大的指标是越难以实现的指标，这样的指标更能反映被评价对象的差距，即指标取值差异越大，该指标在整个评价体系中的权重越大。其计算过程如下：

①计算评价指标值的均值（$\overline{Y_j}$）

计算第 j 个评价指标值的均值（$\overline{Y_j}$），计算公式为：

$$\overline{Y_j} = \frac{1}{n} \sum_{i=1}^{n} \overline{Y_{ij}}$$

4-4

其中，$\overline{Y_j}$ 为第 i 个城镇对应的第 j 个评价指标；i=1，2，…，n；n 为评价对象的数量。

②计算评价指标值的均方差（D）

计算第 j 个评价指标值的均方差（D），计算公式为：

$$D = \sqrt{\frac{1}{n} \sum_{i=1}^{n} (Y_{ij} - \overline{Y_j})^2}$$

4-5

③计算变异系数（δ）

计算第 j 个评价指标的变异系数（δ），计算公式为：

$$\delta_j = \frac{D}{\overline{Y_j}}$$

4-6

④计算各个评价指标的权重（W_j）

计算第 j 个评价指标的权重，计算公式为：

$$w_j = \delta_j / \sum_{i=1}^{m} \delta_j$$

4-7

其中，m 为评价指标的数量。

2. TOPSIS 法

TOPSIS 法是一种能将多指标进行综合评价的方法。TOPSIS 法根据评价对象与理想化目标的接近程度，对评价对象的优劣进行排序。该方法的基本思路是，首先，计算评价目标的"理想解"和"负理想解","理想解"是设想的最优解,即各指标都取评价对象中的最大值,"负理想解"是设想的最劣解,即各指标都取评价对象中的最小值。然后,将各评价对象与"理想解"和"负理想解"比较,若某一评价对象越接近"理想解"且越远离"负理想解",则该评价对象排序越高。

(三)评价结果

1.A县城镇空间开发利用效率评价结果

A县城镇建设用地利用效率比较低。A县城镇建设用地利用效率在渭南市 9 市县中处于倒数第二位。从单个指标来看,A县地均二三产业增加值也处于倒数第二位,仅高于合阳县,说明A县非农产业发展水平较低,产业用地比较粗放;A县人均建设用地面积在 9 市县中最高,达到 218.89 ㎡,远高于《城市用地分类与规划建设用地标准》(GB 50137-2011)中人均城市建设用地不超过 150.0㎡ / 人的上限,说明A县建设用地利用不集约,浪费严重。

2.A县各镇城镇建设用地利用效率评价结果

由于各建制镇对二三产业增加值及财政收入未做统计,因此,直接用人均建设用地面积来测度A县各镇建设用地利用效率,人均建设用地面积越大,则建设用地利用效率越低,反之,则建设用地利用效率越高。各镇常住人口数据来源于各镇调研数据,建设用地面积由 2018 土地利用现状数据库汇总。

各镇城镇建设用地利用效率分异明显。A县除城关镇和尧头镇建设用地利用比较集约,其他城镇人均建设用地指标均远高于《城市用地分类与规划建设用地标准》(GB 50137-2011)中人均城市建设用地不超过 150.0㎡ / 人的上限,建设用地浪费严重。从空间上看,除庄头镇外,整体上,北部 3 镇的城镇空间开发利用效率低于中南部的城镇。庄头镇人均城镇建设用地远高于其他城镇,一方面是镇区建设用地利用低效,另一方面是将镇域内分布的中心城区建设用地核算在内。韦庄镇作为县城经开区南部片区坐落地,非农产业发展相对较好,但产业用地比较粗放,导致建设用地利用效率不高。除尧头镇、韦庄镇和城关镇之外的其他城镇建设用地利用效率不高主要是因为城镇非农产业不发达,致使城镇人口外流,城镇常住人口减少,进而导致人均建设用地面积过大。

二、国土空间矛盾冲突识别与分析

(一)空间矛盾冲突识别

1.空间矛盾冲突判断

国土空间出现矛盾冲突是因为空间的现状功能与空间适宜功能不符,以及各类空间规划对同一空间的功能定位不同,即某类功能空间布局在不适宜该功能的区域、某类功能空间与该空间的规划功能不符,以及同一空间存在多种功能对立的定位。

2. 空间矛盾冲突识别方法与类型划分

①识别方法

本研究通过将国土空间利用现状与国土空间适宜性评价结果、仍具有法律效力的各类空间规划相比较，以及仍具有法律效力的各类空间规划之间相互比较，识别研究区国土空间矛盾冲突。具体方法是采用 GIS 空间分析中的相交工具将国土空间利用现状与生态保护重要性、农业生产适宜性、城镇建设适宜性评价结果、《A 县生态保护红线划定方案》、《A 县基本农田保护区划定方案》叠加并提取交集。

②类型划分

根据空间矛盾冲突形成的原因，可将空间矛盾冲突划分为农业生产冲突和城镇建设冲突两种类型，其中，农业生产冲突是指因农业生产布局在不合理的区域而造成的矛盾冲突；城镇建设矛盾冲突是指因城镇建设布局在不合理的区域而造成的矛盾冲突。

（二）空间矛盾冲突布局特征

农业生产及城镇建设与生态保护之间的矛盾冲突最大，农业生产冲突是主要矛盾冲突。经分析，A 县国土空间现存在四种矛盾冲突，即现状城镇建设用地与城镇建设不适宜区之间存在矛盾冲突，面积 311.72 公顷；非生态用地与生态保护极重要区之间存在矛盾冲突，面积 3227.23 公顷；农业生产用地与农业生产不适宜区之间存在矛盾冲突，面积 2578.58 公顷；已划定的生态保护红线与基本农田保护区之间存在冲突，面积为 2.4 公顷。总体来看，农业生产冲突是研究区国土空间开发保护存在的主要矛盾冲突，占全域矛盾冲突空间的 94%，城镇建设冲突占 6%。

农业生产冲突主要分布在中北部的黄土沟壑区。农业生产冲突包括农业生产与农业生产不适宜区矛盾冲突、农业生产与生态保护极重要区矛盾冲突两种类型，均主要分布在中北部的黄土沟壑区，分城镇看，主要分布在北部三镇及中部的交道镇，占农业生产冲突总面积的 64.27%。农业生产与农业生产不适宜区矛盾冲突主要分布北部三镇，占农业生产与农业生产不适宜区矛盾冲突总面积的 53.18%。农业生产与生态保护极重要区矛盾冲突区域主要分布在北部三镇，以及中部的庄头镇，四镇占农业生产与生态保护极重要区之间矛盾冲突总规模的 66.82%。耕地布局不当导致的农业生产冲突占比高达 72.05%，其次是园地，占比 27.68%，主要原因是，在生态保护不严的情况下，农民追求农业效益，在"能种尽种"的理念下，扩大耕种规模，致使农业粗放无序发展。

城镇建设冲突主要分布在中部城镇，以城镇建设与矿产开发之间的冲突为主。城镇建设冲突包括现状城镇建设与城镇建设不适宜区冲突、现状城镇建设与生态保护极重要区冲突两种类型。其中，现状城镇建设与城镇建设不适宜区冲突主要是由于城镇建设布局在了煤炭资源压覆区之上，分城镇看，主要分布在庄头镇、城关镇、安里镇和尧头镇。现状城镇建设与生态保护极重要区冲突主要是在生态保护重要性高的黄土沟壑区内分布着大量小而散的采矿用地，分城镇看，主要分布在中部庄头镇、尧头镇、城关镇和交道镇，占城镇空间与生态保护极重要区之间矛盾冲突总面积的 81.32%。总体来看，城镇建设冲突主要发生在县城中部的庄头镇、城关镇、尧头镇和安里镇，占城镇建设冲突总面积的 84.42%。

三、国土空间开发保护问题形成机制解析

国土空间开发保护格局是国土空间本底在各种外部力量的相互作用下形成的物质空间的外在表现，是区域经济社会发展与自然条件相互作用的结果，其形成受自然条件、经济发展、发展需求及规划引导四方面因素影响，在此过程中，某一因素发展失衡，不能与其他因素协调发展时，则会导致空间问题。

（一）影响因素分析

1. 自然条件

自然条件是国土空间开发保护格局形成的基础决定性条件，也是影响区域国土开发的内在约束条件。区域地形地貌越复杂、矿产资源分布越广，对区域农业生产、城镇建设的限制就越大。从前文分析可知，研究区尧头镇国土空间开发过程中，由于镇域内黄土沟壑区和煤炭资源分布广，导致城镇建设活动受到极大限制，城镇建设空间不足。

2. 经济发展

经济发展是引起人口分布、用地结构变化的重要因素，也是导致空间开发保护问题的最直接原因。一方面，经济发展水平与开发建设规模不协调，会导致空间开发强度过大，进而引起生态环境恶化等问题，或空间利用效率过低，土地资源严重浪费问题。煤炭开采是研究区的支柱产业之一，在能源价格较好时期，研究区经济发展水平较高，人口在镇区集聚，城镇开发建设活动频繁，城镇空间利用效率较高。2015 年后，随着供给侧结构性改革及生态文明建设的深入推进，研究区大量小煤窑关闭停产，且由于新的接续产业尚未形成，研究区 80% 的建制镇镇区人口大量外流，致使城镇空间利用效率低下，建设用地浪费严重。另一方面，当经济发展与自然条件不适应时，也会引发空间问题，如当开发强度大于资源环境承载力时，会导致区域环境恶化。

3. 发展需求

发展需求是引发空间布局变化的原动力，当发展需求与自然条件不相适应时，则会导致严重的空间问题。如，人类对农业生产收益的追求，一方面会通过提高农业生产的技术条件，提高农业生产效益，进而提高收益；另一方面，在农业生产技术条件不变的情况下，则会通过寻求规模扩大来提高收益。因此，在不合理的农业生产收益追求下，则会导致不合理的行为，如通过陡坡开荒、滥砍滥伐等方式在不适合农业生产的地方发展农业，进而导致水土流失加剧等生态环境问题。从前文分析可知，研究区北部三镇在黄土沟壑区，农业生产与生态保护之间存在较大矛盾。

4. 规划引导

空间规划通过规定土地功能、用途，进而影响国土空间布局，而各类规划之间对同一地块的不同定位，是导致空间矛盾冲突的重要因素。由于大部分的国土空间具有

功能多宜性,因此,在协调不充分情况下,各类空间规划出于不同的开发保护目的,会对同一地块做出不同的功能定位,进而导致空间使用功能混乱,造成矛盾冲突。在上文分析中可知,研究区《生态保护红线划定方案》和《基本农田划定方案》中,对位于冯原镇、面积 2.4 公顷的同一地块分别做出生态保护红线及基本农田两种功能对立、且均为刚性保护空间的功能定位。

(二)形成机制解析

自然条件、经济发展、发展需求及规划引导四方面因素相互作用导致空间问题的过程中形成的规律性模式即是国土空间开发保护问题的形成机制。其中,自然条件是内在限制因素,发挥基础决定性作用;经济发展、发展需求及规划引导是外在引导因素,三者相互影响,并通过与自然条件的相互作用,最终影响国土空间开发保护。当外在引导因素导致的不合理空间开发突破自然条件约束,或开发规模超过合理发展需求时,则会导致水体污染、水土流失加剧等各种环境问题,或土地资源严重浪费问题。这些问题反馈给国土空间开发保护主体后,又会对其决策与行为产生约束,如政府调整规划,加强对土地资源管理,或出台相关政策,约束人类、企业的不合理行为,最终形成合理的国土空间开发保护格局(图4.1)。

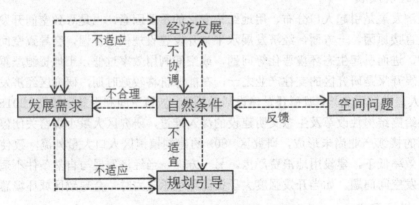

图 4.1　国土空间开发保护问题形成机制

第五节　国土空间布局优化

一、优化目标

(一)提升城镇空间利用效率

城镇空间的低效利用、无序蔓延,导致农业生产空间和生态空间不断被蚕食,进而导致保障区域粮食安全和生态安全的压力增大，因此，必须要提高城镇空间的利用效率。目前，A县城镇空间利用效率呈现出总体低效，各城镇分异明显特征，因此，未来A县城镇发展应以存量挖潜为主，严控增量扩张，并促进建设用地在各城镇间合理配置。根据A县城镇发展格局，未来，应将城镇建设用地增量重点布置在中心城区、冯原镇、韦庄镇三个重点发展区域；安里镇因现状建设用地效率低、建设条件差，未来原则上以现状镇区空间再开发为主，不再扩大城镇建设用地规模。

（二）消除国土空间矛盾冲突

消除国土空间矛盾冲突，合理布局生态、农业、城镇三类空间，以国土空间的保护与开发功能作为基本取向，充分考虑区域生态环境本底，经济发展格局、土地利用现状等因素，以空间适宜性为基础，遵循人类生产生活活动的空间组织规律，划定国土空间功能分区，明确空间管制要求，据此引导人类生产生活活动合理布局是国土空间布局优化的根本目的。目前，A县农业生产、城镇建设与生态保护，以及城镇建设与矿产资源开采之间存在较大矛盾冲突，未来，应基于空间适宜性，在满足国土空间合理开发需求的基础上，按照生态优先、基本农田保护优先、适宜性等级高优先的先后顺序确定空间功能，划定空间功能分区。对于城镇建设与煤炭资源开采之间的矛盾，位于煤炭资源压覆区上的城镇，其发展应严控增量扩张，矿产资源开采应避让城镇建设空间。

二、优化原则

（一）底线管控原则

优化国土空间布局，首先要保障国土空间安全，因此，必须坚持安全优先，按照底线管控原则，首先保障维护区域生态安全、粮食安全、文物安全等保护型空间底线，优先划定生态保护红线、基本农田保护红线、文物保护控制线等各种维护区域空间安全的各种刚性保护空间。

（二）保护与发展并重原则

生态文明建设背景下，强调生态优先的国土空间开发保护要求并不是指任何情况下生态保护都优先于经济社会发展，而是强调经济社会要与生态系统相平衡。因此，国土空间布局优化是在维护区域空间安全的前提下，保障经济社会发展的合理需求。所以，在进行空间布局优化时，首先根据区域空间保护需求，划定各种维护区域空间安全的刚性保护空间，在此基础上，优先满足城镇合理的建设需求，划定城镇建设空间。

（三）空间布局与发展格局相符原则

空间布局优化指在满足空间保护开发目标的前提下，一方面让各类空间布局在最适宜的区域，另一方面，优化后的各类空间应与其所处区域的空间功能相协调，即空间布局应与空间格局相适应，如城镇空间应主要布局在城镇化重点发展区。所以，在进行空间布局优化时，在满足空间开发保护目标、保障各项刚性保护空间和发展空间的前提下，多宜空间应根据其所属区域承担的主要功能来确定最终功能。

三、优化思路

（一）优化框架

国土空间布局优化应优先保障国土空间安全，划定保障国土空间生态安全、粮食安全、文物安全的各类刚性保护区；其次，优先保障城镇建设需求，划定城镇开发建设区；最后，按照适宜性等级和区域主导功能确定剩余空间功能（图4.2）。

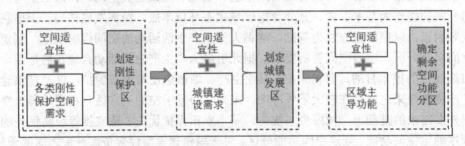

图4.2　国土空间优化框架

（二）国土空间功能区分类

基于生态、农业、城镇三类空间功能，综合考虑空间管制要求以及研究区空间管制需要，将A县国土空间划分为三大空间七大功能区，即由生态保护红线区、生态控制区构成的生态空间，由基本农田保护区、乡村发展区构成的农业空间，由城镇发展区、文物古迹保护区、其他建设区构成的城镇空间。

（三）优化方法

按照以下方法划定研究区2035年国土空间布局优化分区：

（1）落实既有的文物古迹保护控制线，划定文物古迹保护区；

（2）结合已划定的生态保护红线和生态保护重要性评价结果中的极重区，按照确保生态完整性、连续性原则，划定生态保护红线区；

（3）落实已划定的基本农田保护区，对因与生态保护红线存在冲突而减少的区域，依据2018土地利用现状数据库（因补划的基本农田土地利用现状应是耕地）及农用地分等定级成果，按照"数量不减少、质量有提升、集中连片程度有提高"的原则，对减少的面积进行补划，最终划定基本农田保护区；

（4）在合理预测城镇建设需求的基础上，划定城镇空间。在进行2035年城镇建设用地需求预测时，要根据第四章城镇建设用地利用效率分析结果对预测结果进行修正，合理确定各城镇建设用地规模。

①首先，根据2035年城镇建设用地需求，基于城镇建设适宜性评价结果，按照城镇空间布局紧凑的原则，划定城镇发展区；

②其次，根据2035年矿产资源开发需要、区域交通等基础设施建设需求，划

定其他建设区；

（5）在剩余区域，根据农业生产适宜性评价结果和生态保护重要性评价结果，按照适宜性（重要性）等级高低，分别划定生态保护控制区和乡村发展区；对具有多宜性的空间，即生态保护重要区/农业一般适宜区空间，根据上一节分析确定的各城镇在县域承担的农业生产功能与生态保护功能的先后顺序，确定多宜空间功能，即若农业生产功能优先于生态保护功能，则确定为乡村发展区，反之，确定为生态控制区。

四、A 县国土空间布局优化结果

根据优化结果，2035 年 A 县生态空间、农业空间、城镇空间的面积分别为21356.22 公顷、84093.90 公顷、6743.22 公顷，在全县国土空间中占比分别为19.04%、74.95% 和 6.01%，即 A 县国土空间以农业生产功能为主，其次是生态保护功能，城镇建设功能相对最少，符合其作为陕西省农产品主产区的主体功能定位。从空间分布上看，生态空间主要分布在黄土沟壑区内，农业空间主要布局在塬面上，在沟坡地上也存在少数以梯田形式存在的农业空间，城镇空间呈小集中、大分散的特点分布于全域各镇内的塬面上。与现状三类空间相比，生态空间从 18.45% 增加到19.04%，农业空间从 77.48% 下降到 74.95%，城镇空间从 4.07% 增长到 6.01%。

（一）生态空间优化结果

在生态空间中，生态保护红线区、生态控制区面积分别为 5766.81 公顷、15589.41 公顷，占全县国土空间的比重分别为 5.14% 和 13.90%。分城镇看，生态空间主要布局在北部冯原镇、王庄镇和赵庄镇三镇及中部的庄头镇和尧头镇，面积15048.77 公顷，占全县生态空间的 70.47%。生态保护红线区主要分布在北部的冯原镇、王庄镇和赵庄镇三镇，以及中部的交道镇、安里镇和尧头镇，面积 4793.79 公顷，占全县生态保护红线区的 83.13%；生态控制区主要分布在北部的冯原镇、王庄镇，以及中部的庄头镇、尧头镇，面积 9339.42 公顷，占全县生态控制区的 59.91%。

生态保护红线区主要包括五一水库、胜利水库、定国水库的水源一级保护区、洛河湿地，以及沟道内水土流失极严重区。生态保护红线区原则上禁止影响生态功能的一切开发建设活动，仅允许对生态功能不造成影响的有限人为活动。水土流失极严重区采取植树植草的生物措施及打坝淤地等工程措施加强水土流失治理，增强生态保护红线区的水源涵养和水土保持功能。生态控制区主要除生态保护红线外的国家公益林分布区、水土流失较严重区、水土流失隐患较大的区域，该区域要严控开发建设，禁止对主导生态功能产生影响的一切开发建设活动。

（二）农业空间优化结果

在农业空间中，基本农田保护区、乡村发展区面积分别为 51844.80 公顷、32249.10 公顷，占全县国土空间的比重分别为 46.21% 和 28.74%。分城镇看，农业空间主要布局在北部冯原镇、王庄镇和赵庄镇三镇、南部的韦庄镇、寺前镇，以及中部的庄头镇，六镇农业空间面积 66949.81 公顷，占全县农业空间的 79.61%。与主体农业空间布局相似，基本农田保护区也主要分布在冯原镇、王庄镇、赵庄镇、韦庄镇、寺前镇及庄头镇六镇，面积 42244.09 公顷，占全县基本农田保护区的 81.48%。基本农田保护区是区域内土地质量等级高、农业生产条件好的耕地，未来应加强保育，确保土地质量稳步提升，以及基本农田保护区面积不减少。

乡村发展区主要布局在北部的冯原镇、赵庄镇、王庄镇三镇、中部的庄头镇、安里镇，以及南部的寺前镇，六镇乡村发展区面积 25391.07 公顷，占全县乡村发展区的 78.73%。乡村发展区分为一般农业区和乡村建设区，其中，一般农业区发展应注重提升土地有效养分，提高土地质量等级，并积极完善灌溉设施等农业生产配套基础设施；乡村建设区呈现出小斑块、分散化特征广泛分布于 A 县全境，与基本农田保护区、一般农业区及生态控制区交错分布，未来，应适度推动零散乡村建设区适度归并，并严控将一般农业区转变为乡村建设区，鼓励将乡村建设区转变为一般农业区。

（三）城镇空间优化结果

在城镇空间中，城镇发展区、其他建设区和文物古迹保护区的面积分别为 5336.33 公顷、1339.72 公顷和 67.17 公顷，占全县国土空间的比重分别为 4.76%、1.19% 和 0.06%。在城镇发展区中，因现状庄头镇镇区已与中心城区连接在一起，未来应合并发展，因此，在此次优化中，将庄头镇镇区归入中心城区中。除集聚县城工业的经济技术开发区外，与未来城镇化格局相适应，城镇建设用地主要分布在中心城区、南部的韦庄镇和北部的冯原镇，面积占除经济技术开发区外全县城镇发展区的 79.35%。中心城区、韦庄镇和冯原镇城镇发展区是未来城镇化发展的重点区域，人类活动和城镇开发建设活动将比较剧烈，因此要严格控制开发强度，在注重经济效益的同时，更要注重提升生态效益；其余城镇发展区则要注重提升建设用地利用效率。

其他建设区包括区域基础设施用地、特殊用地及采矿用地，区域基础设施用地和特殊用地严格按照相关要求进行管控。采矿用地面积 332.25 公顷，占其他建设区的 24.80%。采矿用地主要分布在县城中部的尧头镇、庄头镇、城关镇和安里镇，占全部采矿用地的91.75%，且 90.05%采矿用地分布在沟壑区内，与生态空间交错分布，对区域生态环境保护构成潜在威胁。因此，该区域近期应严格规范、限制采矿活动，按照科学化的开采方式、环保化的生产工艺开采矿产，避免破坏生态环境，远期根据矿产资源发展需求，逐步退出生态保护红线区内的采矿用地，并及时进行矿区生态修复。

第五章 国土空间利用以及管制

第一节 研究背景与国内外动态

一、研究背景

在新时代发展的大背景下，我国自然资源开发利用和生态文明建设面临着城镇化转型、乡村振兴、生态保护等一系列重大机遇和挑战。科学地研究国土空间利用变化状况，对国土空间利用采取合理的管制措施，是保障国土空间科学布局的重要途径，亦是有效管理自然资源、实现可持续发展的有力支撑，对于我国绿色科学协调发展具有指导意义。《关于建立国土空间规划体系并监督实施的若干意见》明确提出，要科学布局国土空间，协调三生空间，发挥规划的权威性作用，不断建立健全国土空间利用管制体系，保障规划落实。"国土空间合理利用与用途管制"在我国已经提到重要的国家战略层面，在建设"美丽中国"的蓝图中，成为保护生态空间，统一管理自然资源，优化国土空间的途径和手段。因此，在国土空间利用及管制方面，加强相关的理论及实践研究，既能满足经济发展的需求，又是保护生态环境和自然资源的重要保障，符合新时代发展需求。

国土空间是经济发展的基础，是社会发展的载体，国土空间利用布局处于不断改变和优化的过程中。人类以农业发展为主的时期，对农业空间的开发利用较多，当时的核心目的是扩大农业空间，提高农业产率。人类以工业发展为主的时期，主要开发城镇空间，国土空间利用复杂度增加，出现用途管制的概念，规划的理念和作用受到重视，主要目标是改善城镇空间利用方式，实现协调发展。目前生态文明建设日益重要，强调对生态空间保护，进行全域空间管制、保障可持续发展是当前发展的重要任务。科学研究国土空间利用变化、保护国土空间、构建促进发展的空间规划体系、发挥用途管制的制约作用，共同构成了生态文明体制改革的重要内容，能够有效解决当前面临的环境问题，在自然资源利用过程中保护和引导，缓解生态破坏的伤害，为生态监管提供制度保障。但是，目前我国土空间的利用及管制仍然存在一些问题，对自然资源管理的刚性和弹性把握不到位，在协调和统筹自然资源，科学布局国土空间等方面存在问题。

当前我国国土空间管制体系改革进入了深水区，建立合理有效的国土空间利用与管制及保护体系是生态文明体制改革的保障和支撑。随着新形势下发展产生的新需求，高效灵活促进建设用地发展，科学统筹利用国土空间是新的管理目标。建立健全国土空间利用及管制体系，保护生态空间，科学发展农业和建设空间，进行合理的国土空间用途管制成为未来发展的必然要求。研究国土空间利用变化规律，在变化过程中施加用途管制措施，模拟未来国土空间利用结构及空间分布，科学规划生产、生活、生态国土空间。采用数学模型研究能够对国土空间利用变化趋势、驱动因素和变化过程等方面详细分析，可以分析和掌握国土空间变化的规律，进行未来的模拟和预测研究。模型研究结果可以提供国土空间开发和保护的决策依据，促进实现协调可持续发展。

二、国内外研究动态

（一）国内研究动态

国内学者对该领域进行许多相关探究。在国土空间利用方面，目前相关研究主要是将国土空间优化利用的思想与理论结合不同研究区进行应用研究。研究资源规划的学者结合我国目前状况将国土空间利用分为宏观、中观、微观不同层次进行研究，提出优化布局的不同层次模式和优化流程。陈文言等人以国土空间利用的微观和中观角度，将流域作为研究对象，通过国土空间利用布局优化和更新的手段，建议从整体布局考虑发展需求，全面优化国土利用空间，从而获得较好的成效。石英等人将土地利用规划融入到国土空间利用布局中研究，在微观层面上选取较小研究尺度，用数学模型分析其相关性及实用性，进行比较和归纳。李鑫、许小亮等人在此基础上将土地利用规划与国土空间利用的思想相结合，提出通过规划施加管制措施从而促进现状国土空间布局优化，对形成完整的优化理论体系进行深入探索，获得了一定成果。在国土空间利用模拟模型运用方面，主要运用 CA 模型、GTR 模型及 CLUE-S 模型等进行国土空间利用布局预测，结合数学模型的研究为模拟和分析国土空间利用演变提供了途径和手段。

在国土空间用途管制方面，周璞等人以系统总结现行国土空间用途管制相关制度的设计与内容为基础，研究更有效的用途管制手段，分析用途管制执行效果，深入剖析目前存在的问题，并提出有效建议：国土空间用途管制制度应该涵盖全部国土空间，统筹考虑多方面需求，构建科学合理的国土空间用途分区，完善国土空间规划管控体系，健全自然资源产权的权益保护功能，以及加强自然资源环境调查评价与监测预警管理。邵一希分析了目前多规在空间统筹、规划体系、实施机制方面存在的问题，结合"多规合一"背景下，介绍了国土空间用途管制的趋势和要求，进行实例探索和实践，为国家空间规划体系改革，城市推进"多规合一"提供参考和借鉴。林坚对空间规划、国土空间用途管制与自然资源监管三者的关系进行分析，探究国土空间用途管制的本质。其本质是政府在自然资源利用的过程，发挥行政管理的职能，对其开发和利用施加管制措施。国土空间用途管制不仅仅强调永久基本农田的重要地位，对耕地保护，还需要重视对自然生态空间的保护。在生态空间内划定生态保护红线开发过程中保护生态区域，在城镇空间划定城镇开发边界等措施，从而有效保护自然生态资源，在各类开发建设活动的过程中，国土空间用途管制需要参与管理。

国土空间利用及管制的研究与国土空间开发紧密相关，在理论研究和实践应用过程中涉及农用地、建设用地和生态用地之间的统筹和协调。现有相关研究中，大部分是相关理论探索和研究，基本上是针对土地利用分区研究，在用途管制政策及用途管制具体实证实施方面研究讨论不够深入详细。在用途管制理论探索过程中，较多的是结合国内外经验分析当前存在的问题，借鉴优秀地区的研究成果，通过采用数学模型进行国土空间利用分区理论的研究，并对目前存在问题提出政策建议。实证研究方面，大部分是在国土空间管控体系考虑生态因素的重要性，对国土空间开发利用严格管控，融入生态新需求在国土空间利用过程中进行用途管制的研究等，正逐渐成为研究的热门趋势。

（二）国外研究动态

针对空间利用及管制的研究，国外具有丰富的经验，随着城市化进程的演变，相关研究内容也不断拓展，国土空间利用及管制理念的逐渐变化，形成的一系列城市空间发展理论，主要侧重于城镇分区研究及统筹协调。从19世纪到21世纪，国外相关研究积累了大量的经验，能够促进我国优化配置自然资源，合理布局国土空间。国土空间利用布局优化的思想来源城市规划理论的形成，欧美地区有关国土空间利用及管制的研究较为久远，关于城市空间优化布局保障可持续发展的内容有较多相关成果。在19世纪末期，由霍华德提出有关"田园城市"的理论，该理论目的是为解决现代社会城市发展出现的问题，为实现适度规模的健康生活和生产的城市。当时对"田园城市"理论仅仅在理论研究阶段，不过该理念的研究在当时具有前瞻性。与此同时，马塔建议考虑有关"带型城市"观点，各类用地都与交通干线平行布局，这样可以避免城市规模迅速过大，城市范围过度集中，同时也能使人们与自然距离更近，有更好的生活环境。随着工业开始发展，工业用地需求不断增加的情况出现，加尼埃提出了有关"工业城市"的理论，提出促进工业用地合理布局的措施，主要是明确划分工业城市内的功能分区，在各个分区之间设置绿带以便隔离，提出理论并强调规划的作用，满足城市发展的多功能需求。这几大理论也影响着现代城市空间利用及管制理念，具有指导启迪意义。

到20世纪初期，同心圆理论、扇形理论、多核心理论等被美国研究者创立，主要研究城市发展过程中的空间结构变化，从而分析城市内部各个功能分区的演变过程及发展规律。随着后工业时代到来，工业化时代后期出现环境污染与交通拥堵等一系列问题，促使研究者再次侧重于低密度城市发展的相关研究，强调对城市功能布局的研究。20 世纪中后期，为解决城市规模无序扩大等问题，城市增长边界和"精明增长"等理论开始出现。20 世纪 80 年代以来，城市与农村发展差距过大，出现贫富差距过大、种族隔离等新的问题，逐渐形成"新城市主义"思想。马丁通过分析美国土地用途管制变化过程和今后发展趋势，结合当前生态重要性不断突出，提出 21 世纪以后将以全面协调可持续发展为重点。欧美地区不同时期的空间利用及管制的理念，随着不同类别、不同需求、不同目的的城市发展政策不断变化。大部分学者们认为，始终贯穿于城市发展的问题和矛盾是由城市形态和空间布局演化过程的动力机制决定的。通过分析国内外研究动态，目前对国土空间利用过程中施加管制措施，进行国土空间管制及情景利用模拟的研究还不够详细，因此本次对国土空间利用及管制实证模拟深入研究，将有利于建立健全国土空间用途管制体系，在自然资源开发利用过程中注重保护和修复，有利于优化国土空间开发格局，为经济建设保驾护航，为生态监管提供保障。

第二节 相关概念及理论

一、相关概念

国土空间：是经济发展的基础，是社会发展的载体。国土空间在《全国主体功能区规划》中的定义为：国土空间是国家主权及权利管理下覆盖的所有区域空间，是国家人民群众生产生活的场所及环境，涵盖陆地、陆上水域、内水、领海、领空等。国土空间按照发展导向的不同分为农业空间、城镇空间和生态空间三大空间。国土空间利用：是人类活动在空间层面的反映，对国土空间的利用不同时期有着不同的目的，随着社会经济的变化，发展需求的变化，对国土空间的利用方式也有不同的侧重点。农业发展时期，对农业空间的开发利用较多，工业发展时期，主要开发城镇空间，目前生态文明的重要性得以关注，强调保护生态空间，保障可持续发展。国土空间利用是在不同发展阶段，为实现不同的发展目的，人类对国土空间进行利用、改造和保护的活动。由于负外部性对国土空间利用影响较大，国土空间又具有多功能性或者多用途性，要通过国土空间用途管制，促进整体利益的最大化，保障社会公共利益。

国土空间用途管制：源于土地用途管制，涉及规划、实施、监督三项核心职责，对比土地用途管制制度，国土空间用途管制有更丰富的内涵。其涉及的资源类型更多，不仅仅包括以耕地保护为核心的农用地转用管制，而且扩展到生态区域，涉及到以生态保护红线划定为重点的河流、湖泊、地下水、湿地、森林、草原、滩涂、岸线、海洋、荒地、隔壁、冰川、高山冻原、无居民海岛等各类自然生态空间以及城乡建设区域，或者更直接地说不仅要管制各类自然资源的空间载体，对各类开发建设活动的空间管制。未来如何将国土空间用途管制体系扩展完善，还需要做更深入细致的研究。

二、基础理论

（一）可持续发展理论

可持续发展理论指的是在满足当代人需要的同时，又要保障后代人的利益。不对后代人的发展需求构成威胁，其本质是实现人口增长、经济发展、资源利用和生态保育的全面协调发展。在新时代发展背景下，可持续发展理论目的在于实现经济、社会和生态三方面的均衡发展，统筹协调可持续发展。城镇建设过程中要注重经济、社会、生态利益最大化，促进社会、经济和生态领域的共同发展。在经济发展过程中，需促进土地的节约集约利用；生态保护过程中，生态优先保护与经济发展需均衡发展，采取限制约束措施，实现协调可持续发展。社会发展过程中，需以人为本，保障人的各项需求，提供满足人们安居乐业的条件，促进人与社会协调可持续发展。在本次的研究过程中，强调在生态保护、耕地保护政策背景下，促进建设用地的节约集约利用。通过政府发挥行政管理职能，利用权威性进行土地用途管制，结合区域实际发展需求赋予各用地之间转换的刚性约束，对约束宽松区域给予适当弹性空间。结合自然、经济、生态多方面利益需求，在制定土地利用分区规划过程中，科学合理布局各项用地，促进绿色可持续发展。

（二）人地关系协调理论

人地关系发生在人与自然相处的过程中，其本质是发展过程中合理解决两者之前存在的矛盾，实现人与自然和谐共处，既满足人类发展的需求，又不对生态环境造成破坏。随着经济的迅速发展，人地关系也发生着变化。在提高生产力，经济建设等过程中，出现了一系列环境问题，比如水土流失、环境恶化、资源短缺等。因此人们对人地关系的认识也需要随之更新。人与地是相互依存、相互发展的关系，为使这种关系达到动态平衡，需要对自然环境不断深入研究，合理处理人与自然的关系。在不断认识的过程中，探索人地相处的最佳模式，保护生态环境，实现可持续发展。

在本次的研究过程中，国土空间的利用与管制需要考虑人地协调关系，在面临农业开发、城市建设、生态保护等出现的问题时，将人地协调理论为导向，控制不合理的用地模式，改善建设过程中的问题。实施人地协调观念的国土空间用途管制措施，在保障生态的前提下为经济发展提供有力支撑。

（三）土地生态经济理论

土地生态经济理论是以土地生态系统与土地经济系统之间协同发展为目的，促进经济社会环境多方协调的理论。国土空间的利用方式根据区域经济发展程度、自然资源条件的差异而发生变化，之间存在较大差异。科学合理地利用土地资源需要结合研究区域的实际情况，分析其特点，探索土地生态经济系统对地区土地利用模式以及区域发展的意义。

在本次的研究过程中，目前大部分地区建设用地指标集中分布在城镇建设用地地区，给乡村和农业区域的建设用地指标较少。然而这些地区的建设用地随着社会的不断发展也将有大量需求，但是旧的供给模式没能考虑非城镇地区的建设需求，于是出现在生态区域不能带来经济效益的状况。这将不利于经济效益的实现，生态效益和经济效益不能够同时满足。因此需要注重土地生态经济理论在实际发展过程中的运用，指导土地利用与管制。

（四）政府管制理论

国土空间管制是政府为实现土地资源合理配置，施加管制手段的行为。由于土地资源的数量一定，土地利用具有外部性，完全按照市场调控的话会出现信息交流不及时，利益获取不公平等问题，因此需要政府发挥管理职能，对土地利用进行管控，从而弥补市场调控的缺陷，促进土地合理利用，引导土地市场秩序有序进行。有关政府管制理论的研究经过不断深入，有学者提出了新的观点。与此理论相协调，有研究者提出了政府失灵理论、公共利益批判理论等负面影响理论，以及可转让土地发展权等具有正面借鉴意义的理论。

（五）法律依据

土地用途变更管制是我国土地用途管制的核心内容，对用地之间的转变进行了规定，由《土地管理法》、《森林法》、《水法》、《草原法》、《基本农田保护条例》、《风景名胜区条例》、《铁路用地管理办法》、《农村宅基地管理办法》等相关法律法规和政策文件，对部分用地类型之间的转变进行了规定。依据相关法律法规和政策文件，在研究过程中设置管制规则和措施，结合区域发展现状展开研究。

第三节 国土空间城镇建设适宜性评价

一、评价背景分析

（一）研究区概况

1. 地理位置与行政区划

GL 区位于 XA 市北部，在 SX 省关中平原核心区域。GL 行政区名称来源于区域内有奉正塬的典故，GL 自然地理条件优越，为 XA 市蔬菜、粮食主产地，因此被称为关中"白菜心"、"黄壤陆海"。GL 区国土空间总面积 28502.7hm²，在 XA 市区域总面积中占比 2.82%。2019 年，GL 区下辖 7 个街道，86 个村民委员会，区人民政府驻地位于鹿苑街道。

2. 自然资源条件

（1）地形地貌

GL 区是渭河平原的重要组成部分，也就是位于关中平原地区。地质构造是汾渭地堑谷演变成为的渭河平原。在 GL 区南部泾河、渭河汇流，河流两岸经过长期演变，成为平坦的沙地和内陆滩涂。GL 区整体地势平坦，西部区域相比东南区域地势稍高，海拔为 357.5m 到 414m 之间，高程相差 56.5m。GL 区北部是平川地貌，偏南部是塬、滩。

（2）气候

GL 区地处中纬度内陆地区，属于暖温带半湿润大陆性季风气候，春秋短，冬夏长，四季冷暖干湿分明。春暖少雨，夏热伏旱，秋凉湿润，冬寒干燥。受地形影响，南部冷湿，北部暖干。年平均气温 14.1℃，无霜期 231 天，年均日照时数 2247.3h，历年平均总辐射量 111.6 千卡 /cm²，年平均降水量 386.6mm。

（3）水系

GL 区境内南部地区泾河、渭河相交汇，水域面积超过 1500hm²。泾河、渭河为 GL 区带来较丰富的水资源，河流两岸灌溉条件便利，能够为 GL 区生产、生活提供用水，为 GL 区构建生态屏障奠定基础。

（4）土地

GL 区土壤质地主要有淤土、娄土、潮土、褐土等。北部平川地区大部分是淤土，熟土层厚实，能为农业生产提供广阔范围，带来效益。泾渭河北部地区和两河中间地区大部分是娄土，上层是人土覆盖层，下部是紧实的褐土，因此保水效果好，水土资源条件优越，能够为农作物的生长提供养分。河流南部滩地区域主要是潮土，性能较好，地下水资源丰富，有利于经济作物的生长。

（5）矿产

GL 区内矿产资源较单一，主要是泾渭河两岸的砂石、砾石资源，砂砾石作为主要建筑材料，在基础设施修建和建筑构造中提供基础材料。

3. 社会经济条件

（1）人口与经济

2018 年，GL 区常住人口 36.26 万人，较上年末增加 0.56 万人。GL 区城镇人口 23.42 万人，乡村人口 12.84 万人，占分别占比 64.59% 和 35.41%。2018 年末 GL 区户籍总人口约 35.77 万人，全区城镇化率 64.59%。

全年实现地区生产总值（GDP）378.45 亿元，比上年增长 8.1%。三大产业结构所占比重分别为 6.6%、63.1% 和 30.3%。人均 GDP 为 105183 元。全年非公有制经济增加值 149.36 亿元，占地区生产总值的比重为 39.5%。

（2）交通区位

GL 区位于 XA 市北部，紧邻 XA 市新行政中心所在的未央区，距离 XA 市传统中心钟楼核心区约 20km，与咸阳国际机场距离约 17km。境内高速公路主要有西铜高速和西禹高速，与国道 210、国道 310 共同为 GL 区对外发展提供便利的交通条件。

（3）产业发展

当前 GL 区一二三产业融合发展，乡村振兴稳步推进。近年来农业基础不断夯实，建设鹿苑农业科技示范园、通远高效设施农业产业园和张卜生态农业观光体验园，加强了乡村景观和田园风景体系建设，美化道路整治村容村貌，发展乡村休闲旅游业，打造一批特色鲜明、景观宜人的美丽乡村和服务于农业观光、农事体验的休闲度假型新型农村社区，不断促进乡村旅游与休闲农业发展；GL 区内泾渭工业园和泾河工业园推进商用车制造、乘用车制造、专用通用设备制造、高端装备制造、智能制造、新材料、精细化工、军民产业等八大产业基地建设，实施标准厂房建设，形成规模经济效应，工业用地的集约化程度较高。区内有京东商城、华南城、唯品会等知名电商，引进大型商贸物流企业，大力发展工业物流、大宗商品物流、城市配送物流等现代物流服务业态，促进先进制造业和生产性服务业有机融合、联动发展，建设大 XA 现代农业国际贸易物流服务区，注重打造覆盖全省、辐射西北的现代物流交易平台。

（4）旅游资源

GL 区旅游资源较丰富，全区以杨官寨仰韶文化遗址、汉阳陵等资源为重点，大力推进阳陵邑文化景区、杨官寨遗址公园建设，加大历史文化资源的开发利用，发展特色旅游业，打造具有 GL 历史文化特色的文化旅游项目，提升全区旅游竞争力，促进 GL 旅游业蓬勃发展。

（二）区域战略定位

国土空间规划是落实主体功能区战略，大力推进生态国土建设的依据和手段，是绘制未来美丽国土一张蓝图的重要抓手。对国土空间进行开发适宜性评价，其结果可作为规划的重要依据和支撑。本文以 XA 市 GL 区作为研究区域。GL 区地处渭北产业发展的中心，大 XA 建设提出"三轴三带三中心"的规划布局，GL 区在规划中横跨古都文化传承轴和现代服务生态轴，同时也是渭河生态带和全市工业大走廊的核心承载区。GL 区是 XA 市"先进制造业＋都市农业"重点发展区和城市空间跨渭发展"一河两岸"的新城区、经济发展的先导区，区位优势突出。

随着 XA 市人口落户政策的放宽，GL 区将成为未来 XA 人口外移的主要承载地，预计未来十年 GL 区人口数量将不断增长，用地需求也将增加。GL 区产业规划中，装备制造业等工业占产业发展主导地位，未来建设用地呈增加趋势，目前 GL 区面临既要保护生态环境，又要合理布局建设用地，促进经济发展的问题。

（三）适宜性评价概述

1. 生态保护重要性评价

大 XA 建设规划提出"一轴双城"的布局模式，进行北跨渭河双城发展的规划，以渭河贯穿东西为轴，打造渭河生态带、景观带和沿渭河高端产业带，稳步推进渭河以北大 XA 渭北新城建设，构建大 XA 发展特色区域。GL 区处于 XA 市现代服务生态轴和渭河生态带的重要位置，在用地过程中需充分考虑生态重要性，将生态因素纳入到用地审批、监管各个阶段，生态适宜性在发展过程中应着重关注。GL 区生态用地主要为河流和湿地，类型简单，主要分布于 GL 区南部的泾河、渭河及其沿岸地区。因此，在进行国土空间适宜性分区时，优先把这部分区域划为生态适宜区，不进行城镇建设和农业生产开发。

2. 农业生产适宜性评价

GL 区区域范围较小，农业主要以种植业为主，农业生产适宜性与水土资源、光热条件等自然条件相关联，本区域处于关中渭河平原区，地势平坦，土壤肥力较好，光热条件充足，整体自然条件较优越，农业生产适宜性受自然因素影响不大。

根据 XA 市双评价结果分析得到，GL 区农业生产适宜性相对均一，均处于较高水平。目前 GL 区已经逐渐从农业发展为主转为以制造业为主，由于研究区域内整体农业生产适宜性都比较好，因此本研究中，除去适宜生态保护、建设开发的区域，其他地区均作为农业生产适宜区。在 GL 区产业规划布局中，鹿苑、张卜及通远等街道为农业发展的主要区域，区域内"创想小镇"现代农业小镇、"源田梦工场"田园综合体正投入建设当中。在本研究中，将鹿苑、张卜及通远街道在西咸北环线和西禹高速以外的农用地区域为农业生产适宜区。生态保护区、现状建设开发的区域作为不适宜区。其它地区作为较适宜区。

3. 城镇建设适宜性评价

建设适宜性与交通因素、区位条件等社会经济因素紧密关联。GL 区作为大 XA 工业大走廊的核心承载区，以工业为主导产业，泾渭工业园区、汽车零配件产业园等装备制造业不断发展，同时 XA 市总体发展战略要求 GL 加快从工业经济向城市经济的转型，建设 XA 市北部中心，未来建设用地需求量较大，为保障产业项目落地实施，建设用地科学合理布局。由于区位环境条件的不同，建设适宜性差异相对较大，需详细分析评价建设用地适宜性。

因此，本次研究主要结合生态重要性，对 XA 市 GL 区国土空间城镇建设适宜性评价，摸清 GL 区的生态约束范围，分析区位条件，评价城镇建设开发的适宜性。对国土空间开发建设过程中施加管制措施，区分适宜开发建设的空间范围，对利用结构及空间布局详细研究，结合 GL 区战略定位，确定未来发展的趋势和空间布局，促进该区域国土空间布局优化，重视生态保护影响，为编制国土空间规划提供有力技术支持。

二、数据来源及评价方法

在对 GL 区国土空间开发适宜性分析的基础上，重点针对城镇建设开发适宜性进行评价。城镇建设开发适宜性评价结果能够指导 GL 区城市发展和产业布局，满足 GL 区作为渭北工业大走廊核心承载区的用地需求，有利于实现大 XA 北跨战略，促进 GL 承载 XA 城市发展，打造渭北工业廊道。

（一）数据来源

本次研究中土地利用数据来自于 GL 区 2018 年土地利用变更调查数据；永久基本农田数据来自于永久基本农田库；自然保护区范围数据由于目前没有公布官方数

据，采用已有研究成果数据矢量化及矫正得到；地形地貌数据以 DEM 数据为基础，计算得到坡度数据；社会经济数据来源于《XA 市 GL 区统计年鉴》；水资源来源于 GL 区供水工程分布数据，人口密度等其他数据通过统计年鉴等相关公报资料计算得到。对数据首先进行统一坐标系处理，采用 2000 国家大地坐标，其次进行矢量化、栅格化处理并赋予分值，然后对相关数据进行评价，针对国土空间城镇建设适宜性分析，本文研究尺度采用 100m×100m。

（二）评价方法

国土空间开发适宜性评价方法确定与评价结果的准确性、科学性相关联。有关研究指出评价方法的选择必须与评价区域实际发展状况紧密联系，选取严谨合理的评价指标，考虑到当地战略定位和发展需求。目前在研究适宜性评价时，采取的方法大部分是在空间叠置分析的前提下，根据发展需求优化算法，形成针对不同地区不同需求的评价方法。目前随着人工智能技术的发展，将其与传统方法相结合共同研究适宜性的方法日渐开始受到关注。

在本文评价过程中，运用多属性整体评价方法，多属性整体评价是通过定量分析对区域整体发展进行研究，在归纳研究区域多功能多需求发展条件的基础上，全面选取评价指标进行适宜性研究。对 GL 区国土开发建设适宜性进行分析的思路为：首先，从生态保护、耕地保护与建设发展等角度，选取对国土开发建设有明显影响的影响因子，结合影响因子对开发建设的约束程度，对选取的因子进行分类。其中强限制因子是根据生态重要性确定的，较强限制因子是根据区位环境条件及发展需求确定的；其次，对各评价因子与开发建设的影响程度进行赋值，综合分析之后计算整体适宜性分值；然后，结合适宜性评价分值结果，确定适宜性分区，采用聚类分析的方法针对国土空间城镇建设适宜性分为四大区域，在分区过程中生态重要性起着关键作用，在生态因子约束的范围内的区域都定为不适宜区。适宜分区的计算公式为：

$$S = \prod_{j=1}^{m} L_j + \sum_{i=1}^{n} W_i F_i$$

5-1

公式中：S 代表最后综合适宜评价的分值；

j 代表强限制因子的编号，m 代表强限制因子的个数；i 代表较强限制因子编号，n 代表较强限制因子的个数；L_j 代表第 j 个强限制因子适宜性分值；W_i 代表第 i 个较强限制因子的权重；F_i 代表第 i 个较强限制因子适宜性分值。

三、评价指标体系构建

将研究尺度定位 100m×100m，对研究区域进行处理。依据空间开发建设适宜性评价体系，按步骤进行评价，从而得到开发建设适宜性评价成果。国土空间城镇建设适宜性评价指标体系分为强限制因子和较强限制因子。

（一）强限制因子

结合生态优先保护、保障粮食安全的角度，针对 GL 区发展战略定位，从保护耕地，严守耕地红线的要求选取永久基本农田保护区作为强限制因子的内容；从 GL 区打造泾渭湿地生态带，打造大 XA 后花园，进行生态优先保护为切入点，选取泾渭湿地保护区、河流湿地、绿地公园加入到强限制因子内容中。这 4 项指标共同构成适宜性评价强限制因子的内容，对这些因素进行 0 和 100 赋值。在强限制因子范围内的评价单元赋值为 0，强调生态重要性，采取生态"一票否决制"。对强限制因子构建评价体系，见表 5-1。

表 5-1　强限制因子构成与分级赋值

因子类型	因子层	指标层	指标分级	指标分值
生态重要性（强限制因子）	农田保护区	永久基本农田保护区	永久基本农田保护区	0
			其他	100
		自然保护区	泾渭湿地自然保护区	0
			其他	100
	重要生态保护区	河流湿地	河流湿地	0
			其他	100
		绿地公园	绿地公园	0
			其他	100

（二）较强限制因子

区位环境条件与国土开发建设适宜性有紧密关联，构建区位环境条件评价指标体系是进行研究的重要内容。结合 GL 区产业发展和战略定位，本文从地形地貌、道路通达性、城镇通达性、开发密度、城镇土地利用、水资源等方面选取了 8 个国土开发建设较强制因子。其中，地形地貌通过坡度体现，道路可达性以距离交通干线远近体现，城镇可达性主要以距离 XA 市中心、GL 区中心远近体现，开发密度通过人口密度体现，城镇土地利用主要通过土地开发强度、城镇工业用地比重等指标反映，GL 区水资源大部分是地下水，根据 GL 区供水工程图分析水资源便利程度进行评价。通过对国土空间开发适宜性评价的相关文献分析，对于较强限制因子，一般按限制等级分类进行 0-100 赋值从而评价。

四、生态重要性分析

经数据处理及测算，全区划定永久基本农田保护区规模 4693.10hm²，其中城镇周边永久基本农田保护面积为 543.90hm²；泾渭湿地自然保护区区域总面积为 1460.79hm²；全区河流湿地面积为 1137.39hm²；全区公园绿地面积为 37.82hm²。

通过空间分析强限制因子区域，将互相叠置重复的部分除去，分析 GL 区由于强生态限制而不适宜开发的区域。根据数量结构分析，GL 区国土空间因受生态强限制因子限制而不适宜开发建设的区域面积为 6536.20hm²，在全区国土空间总面积中占比 22.93%，从空间分布看，不适宜区域分布在通远街道北部、张卜街道东部、鹿苑街道中部和东部，以及 GL 区南部的渭河沿岸区域。

五、区位环境约束条件

（一）单因子分析

1. 坡度因子

通过测算，GL 区整体地势平缓，坡度为 3°以下的区域约 27871hm²，占国土总面积的 97.72%，坡度为 3-8°的区域约 570hm²，占国土总面积的 2.00%，坡度大的区域主要分布在耿镇街道中部及 GL 区西南部渭河沿岸。

2. 道路通达性

就道路通达性而言，GL 区公路面积共 1018.99hm²，通过缓冲分析，缓冲区 0.3km 以内的面积共 16715.06hm²；缓冲区 0.3-0.6km 以内的面积共 7074.27hm²；缓冲区 0.6-1km 以内的面积共 3084.41hm²；大于 1km 范围内的面积 1628.95hm²。

3. 城镇可达性

以 XA 市政府所在地为中心，按驾车时速 40km/h 计算，进行缓冲区分析，GL 区驾车到 XA 市花费时间 0.5h 以内的区域面积有 2963.41hm²，花费时间 0.5h-1h 区域面积有 6304.61hm²；花费时间 1h-1.5h 区域面积有 11104.04hm²，花费时间大于 1.5h 的区域面积有 8160.63hm²。

以 GL 区政府所在地进行缓冲区分析，3km 以内的区域面积有 2820.51hm²，距离 3-5km 的区域面积有 5020.87hm²；距离 5-10km 的区域面积有 14327.94hm²，大于 10km 的区域面积有 6333.37hm²。

以 GL 各个街道办事处所在地进行缓冲区分析，1km 以内的区域面积有 2139.86hm²，距离 1-3km 的区域面积有 13216.75hm²；距离 3-5km 的区域面积有 10273.59hm²，大于 5km 的区域面积有 2872.49hm²。

4. 开发密度

GL 区人口密度大地方主要分布鹿苑街道、姬家街道和泾渭街道，人口密度大于 2000 人 /km² 的区域有 2281.85hm²；人口密度在 1000-2000 人 /km² 的区域有 9004.36hm²；人口密度在 500-1000 人 /km² 的区域有 15999.78hm²；人口密度在 500 人 /km² 以内的区域有 1216.70hm²。

5. 城镇土地利用

GL 区土地开发强度在 70% 以上的区域有 3944.96hm²；主要集中在泾渭街道、姬家街道、崇皇街道和鹿苑街道；开发强度在 50%-70% 的区域有 3211.50hm²；开发强度在 30%-50% 的区域有 4881.22hm²；小于 30% 的区域有 16465.01hm²。

GL 区城镇工业用地占比在 50% 以上的区域有 1200.17hm²；主要集中在泾渭街道和姬家街道；城镇工业用地占比在 30%-50% 的区域有 1812.11hm²；城镇工业用地占比在 10%-30% 的区域有 4658.14hm²；小于 10% 的区域有 20832.27hm²。

6. 水资源约束

根据 GL 区供水工程分布图分析发现，GL 区水资源开发利用强度空间上分布不均，呈现出西南多东南少的分布特征，在西南部人口密度较大、城镇建设用地较多的区域水资源条件也比较便利，水资源不便的区域都分布在人口较少，建设用地较少，耕地多的区域。

（二）综合分析

通过区位环境指标的较强限制因子评价，得到 GL 区国土开发建设适宜性分区：适宜区域主要分布在鹿苑街道西南部、泾渭街道和姬家街道，面积约 4403hm²，占全区国土总面积的 15.45%；较适宜区域面积约 15448hm²，占全区国土总面积的 54.20%，主要分布在鹿苑街道、通远街道和崇皇街道；一般适宜区域面积约 7744hm²，占全区国土总面积的 27.17%，主要分布在耿镇和张卜街道；不适宜区域面积约 908hm²，占全区国土总面积的 3.18%，主要分布在张卜街道南部和耿镇街道东部。

六、基于生态重要性与区位环境条件约束的适宜性评价

（一）适宜性评价结果

根据构建的生态重要性和区位环境条件评价指标体系，将强限制因子和较强限制因子的适宜性评价结果结合分析，运用栅格计算得出综合评价分值，然后划分 GL 区国土空间城镇建设适宜性分区。

从评价结果分析空间开发适宜性的空间格局，GL 区国土空间城镇建设适宜性空间分布差异较明显，区域适宜性不同，具有鲜明的特点。

（二）评价结果分析

1. 适宜区

适宜区面积约 4283hm²，占全区国土总面积的 15.02%。该区域生态因素限制较小，区位环境条件优越，适宜进行国土空间开发建设，是实现大 XA 北跨战略，GL 承载 XA 城市发展，打造工业廊道的优选区域。GL 区适宜性等级较高的区域主要集中分布在鹿苑街道、泾渭街道和姬家街道地区，区域整体的国土空间开发条件较好。

2. 较适宜区

较适宜区面积约 12316hm²，占全区国土总面积的 43.21%。该区域区位环境条件较优越，开发建设比较适宜。主要分布在鹿苑街道、崇皇街道、泾渭街道和姬家街道的适宜区外围区域。

3. 一般适宜区

一般适宜区面积约 5417hm²，占全区国土总面积的 19.01%。主要集中分布在耿镇街道和通远街道地区。一般适宜区与较适宜区范围接近，不过由于其具有较强的生态敏感性，考虑生态优先保护的需求，开发建设的条件不够优越，因此不太适宜开发建设，国土空间开发存在一定难度。

4. 不适宜区

不适宜区面积约 $6487hm^2$，占全区国土总面积的 22.76%。主要分布在张卜街道、通远街道的永久基本农田保护区和渭河沿岸的湿地保护区域。不适宜区把生态重要性放在首位，强调严格用途管制，保护生态区域，同时为贯彻实施 XA 市打造泾渭生态廊道的要求，该区受到区位条件限制，如若开发建设的话投入成本较高，建设阻抗因素较多，区域整体的国土空间开发利用难度最大。

基于生态重要性与区位环境条件约束，对国土空间城镇建设适宜性进行分区，分区结果对国土空间演变格局具有指导和管控作用。

第四节 国土空间利用以及管制方法

一、统筹全局优化国土空间开发保护

把优化国土空间格局贯穿于发展的全部过程。国土空间的开发具有不可逆性，一旦改变了国土空间用途的性质，造成了空间开发无序、低效，甚至环境恶化，恢复和纠正要付出极其高昂的代价，甚至即使付出了高昂的代价也不可能完全恢复和纠正。

从全局和区域协调发展的角度制定优化方案。优化国土空间开发保护格局是一个全局性的战略，其实施的影响范围是跨行政区、跨经济区和跨流域的，因此也必须在区域协调和区域互动的基础上来考虑优化方案。

协调规划城镇空间、农业空间和生态空间的布局。增加建设用地供给是经济快速发展的土地保障，而近几年频繁出现的自然灾害却给人们敲响了警钟，一些地区过度开发对生态环境的破坏，已经到了刻不容缓需要治理的地步。既要保障经济发展对建设用地的需求，又要保护生态环境，两者相互兼顾，实现经济可持续发展。

要保持生态用地的前位性。在经济发展和环境保护两者之间，要把环境保护放在经济发展的前面优先考虑。从经济社会的长远发展来看，保护生态环境是经济可持续发展的基础，一些地区短时期的建设用地开发，可能有很好的经济效益，但一旦生态环境遭到破坏，就要用几倍甚至几十倍的代价来弥补过度开发造成的损失。

因地制宜的选择生态用地和建设用地。保障改善环境的生态用地，是实现经济可持续发展的基础。近几年的土地开发利用，使一些地区的生态环境遭到破坏，如辽东山地植被面积减少，类型退化，功能下降，原有的大面积的沙松、红松阔叶混交林转化为以栎树为主的阔叶林和灌丛草地，辽东半岛的大部分山林已改造成柞蚕场，不少蚕场已退化为灌丛草地；辽西低山丘陵区生态逆向演进，气候干旱，水土流失严重，植被稀少，森林退化为灌丛，灌丛退化为草丛，草丛退化为裸地，这一逆向演进愈来愈严重。西北部由于过度开发和不合理的农耕方式，原有植被遭到破坏，固沙防护林郁闭度降低，林下灌木和草本植物被搂割殆尽，防风固沙能力显著下降，导致这一地区的沙化面积不断扩大，不仅给当地经济发展和人民生活带来危害，也对以沈阳为中心的辽宁中部城市群构成生态威胁。生态环境不断恶化已经成为制约经济和社会可持续发展的重要因素，对以上生态环境恶化的地区，要限制建设用地的开发，优先保障生态用地。

二、以节约集约为重点优化城镇空间

集约高效开发城镇用地，优化城镇空间结构。在快速城镇化的过程中，如果没有合理的约束机制，城镇无限蔓延、粗放的用地方式不会得到根本的遏制。辽宁省常住人口总体上处于稳定阶段，逐步进入减少态势。人口的城镇化率不断提高，但远低于土地的城镇化速度，建设用地存在过度扩张现象。推行以人为核心的新型城镇化，合理配置人口与用地，已经势在必行。

经济发展存在对建设用地的依赖性，保障建设用地的供给是辽宁经济平稳发展的土地基础。从辽宁省的产业创造的生产总值来看，全省 GDP 的 80% 以上是由第二、第三产业创造的，而第二和第三产业占用的土地主要是建设用地，建设用地是创造生产总值的"黄金之地"，其土地产出率要远远高于其他用地。辽宁省经济具有发展潜力的产业也是第二产业和第三产业，保障其用地需求是保障辽宁经济平稳快速发展的必然选择。

集约和节约利用土地，是解决经济发展与土地资源紧张的根本途径。辽宁省未利用土地的状况来看，土地利用率接近 90%，未利用土地不断减少，可开发土地资源越来越少。经济快速发展，对土地需求不断增加，可开发土地越来越少，土地供需矛盾激化，寻求两者协调发展的出路就是走集约和节约用地之路。

今后的发展应根据城镇人口增加的速度和规模，合理确定新增城镇建设用地规模。从城镇已有建设用地中挖掘用地潜力，提高用地的集约程度，节约利用土地。合理布局城镇工业、服务业、科教卫生文化事业、交通物流和居住等的用地，理顺大型产业开发区与大型居住区，就业密集区和居住密集区的空间配置关系。非特别需要，严格控制大型产业开发区和居住区的建设。尤其重要的是要合理布局城市生产空间和生活空间，扭转城市建设过程中重生产轻生活，为发展生产而损害生活的倾向。

以发展县域经济为重点培育城市群，促进不同规模城镇均衡发展。目前总体上大城市的扩展速度要高于中小城市。然而城市规模的快速膨胀会引发大量的城市问题，必须提高和充分发挥中小城市的作用。逐步调整资源过度向大城市、特大城市集中的趋势，尤其是要改变政府有倾向地引导资源向大城市集中的做法。要以中心城市为核心，推进量多面广的中小城市的发展，培育功能互补，协同创新能力强，空间布局协调，生态保障高效的城市群，从而达到化解大城市和特大城市的城市问题，优化区域城镇空间格局，提升区域整体竞争力的目标。

建设绿色城市，优化生活环境。作为未来最主要的生活和生产的承载空间，城市的质量和环境在很大程度上决定着生活在其中的人的生活质量和幸福感受。推进城市产业结构升级，发展无污染、低消耗、高附加值产业，淘汰落后产能，减少排污，降低城市的能耗水平，打造低碳城市。大力推进城市绿化，拓展绿色空间，提高人均绿地面积。把绿化和美化充分结合起来，营造美好的生活环境。

三、以保护耕地为核心优化农业空间

推进耕地占补平衡，坚守耕地红线。保护耕地是优化农业发展格局的核心。要继续实施最严格的耕地保护制度，建设占用耕地，必须以相同质量耕地达到占补平衡，以此确定耕地保有量。

进行用途管理，促进农业合理布局。实施农用地用途管理，在不改变农业用地性质的基础上，遵从市场的引导，优化农业生产结构和区域布局，开发高效优质农产品，促进农业生产的多元化，品种的多样化。

提高农业生产能力。加强农业基础设施和水利设施建设，推进土地整治，强化农业防灾减灾能力，全方位改善农业生产条件，促进农业稳产高产。适应市场需求变化，加快农业科技进步和科技创新，提高农业物质技术装备水平和农业劳动生产率，促进农业生产过程高效、快捷，实现农业现代化。

推动农业与其他行业融合发展。推进农业、林业与旅游、教育、文化、康养等产业深度融合，大力发展高端特色乡村旅游业、有机循环农业、休闲观光农业。发展村集体经济，实现村集体经济发展和群众持续稳定增收双赢。

按照乡村振兴总体战略安排，注重生态保护与经济发展协调推进、生态建设与生态治理同步推动，推进农田林网等重大生态工程，强化土壤污染管控和修复，加强农业面源污染防治，全面落实河长制，加快水污染防治，推动形成人与自然和谐发展新格局。以住房建设、基础设施和公共服务配套建设为重点，高标准实施好美丽乡村、美丽城镇建设，深入推进农村环境综合整治，真正做到乡村振兴。

四、提高生态质量全面保育生态空间

认真落实生态保护红线，科学合理制定生态空间建设布局，全面优化生态空间，提高湿地、水域、森林、草地等生态用地的自然修复能力和生态功能。按照区域生态功能的类型，制定针对不同区域的优化方案，提高生态质量。通过建立和完善生态补偿机制，人口转移、产业结构调整等多种方式降低人类活动对生态功能区的开发程度，全面保护自然环境。鼓励探索建立地区间横向援助机制，生态环境受益地区应采取资金补助、定向援助、对口支援等多种形式，对重点生态功能区因加强生态环境保护造成的利益损失进行补偿。按照生态功能区的总体部署，系统设计，统筹安排，有序组织生态防护林带、荒漠治理林带，山与流域综合治理。严格控制天然林的商业性采伐；严格禁止毁林开发、无序扩张建设参园、柞园、中草药园等；严格禁止在封山育林区狩猎和放牧；矿产开发严格控制在生态允许的范围内。

第六章 国土空间规划引领下的城市发展

第一节 研究背景与国内外动态

一、研究背景

（一）高质量发展成为城市发展的目标和主题

党的十九大作出我国经济由高速增长阶段转向高质量发展阶段的重要论断，2020年7月，中央政治局会议指出"我国已进入高质量发展阶段"。新时代背景下，我国经济从高速增长转向高质量发展，再到进入高质量发展阶段，经济发展首要问题转变为提高质量和效益，而不是规模和增速，特别是在新冠肺炎疫情影响下，只有更高质量、更高效率、更加公平、更可持续的发展，才能应对各种风险挑战。高质量发展从宽口径上看，不仅指经济领域，还应统筹考虑社会、文化、生态等各方面影响因素。近年来，高质量发展已成为我国城市发展的目标和主题，各地围绕高质量发展进行了深入研究和探索实践。结合 CC 新区实际看，国家出台了推动国家级新区高质量发展的指导意见，部署要求高质量发展。JL 省就深化高质量发展不断探索，先后颁布《JL省人民政府关于推动创新创业高质量发展打造"双创"升级版的实施意见》等系列文件，从产业发展、开发开放、土地利用、绿色发展等方面探索高质量发展路径。2020年，CC 市也作出了 CC 高质量发展"四大板块"战略部署。国家、省市对于高质量发展的要求和路径探索，不仅为 CC 新区高质量发展提出了战略导向，也为新区构建实施国土空间规划，推进国土空间合理开发，加快高质量发展提供了方向。

（二）国土空间规划符合高质量发展需要

坚持规划引领与管控对于区域发展具有重要意义。从上世纪 50 年代我国计划经济时期起，在全国首届城市建设座谈会上，提出各城市要制定远景发展总体规划，规划对党和国家事业发展起到了重要作用。但随着经济社会发展，我国社会主要矛盾发生变化，规划领域日渐呈现出一些问题，主要表现在规划繁多且协调不畅、统一管理难、职能边界模糊、执行力度不强等。对此，党的十八大以来，中央明确深化规划体制改革，加大对空间规划改革的顶层设计，各地也进行了有益探索，尝试构建新型空间规划，引领带动区域加快发展。

基于前期探索实践，2019 年 5 月，中共中央、国务院进一步加大规划改革工作部署，印发了《关于建立国土空间规划体系并监督实施的若干意见》（中发〔2019〕18 号）（以下简称"《若干意见》"），对新时代我国空间规划发展指明了新方向，国土空间规划更加强调生态优先、高质量发展、高品质生活、高效能治理，符合城市高质量发展需要。《若干意见》下发以来，相关工作深入推进，各地积极探索构建国土空间规划，JL 省积极部署国土空间规划编制工作，明确国土空间规划的总体框架、编制要求及主体、审批权限、监管等问题，推进规划评估、"双评价"、"三区三线"、"一张图"体系构建等工作。国家、JL 省关于国土空间规划的相关部署，为 CC 新区构建国土空间规划、引领高质量发展创造了新机遇，指明了新方向。

（三）CC 新区需要制定实施国土空间规划引领高质量发展

CC 新区作为全国第 17 个国家级新区，肩负着国家赋予的推动"一带一路"建设、东北振兴、长吉图战略深入实施等重大使命，科学制定实施规划对其尤为重要。按照国务院对 CC 新区提出的开展"多规合一"的要求，新区构建了 JL 省首个"多规合一"规划体系，指导和管控新区建设发展取得了显著成绩。但随着几年来实践，也显现出一些问题，在规划完善、系统实施等方面需要深度研究。2020 年 7 月，习近平总书记在 JL 考察时，专程前往 CC 新区了解新区规划建设，指出要"坚持高水平规划、高标准建设"。由此可见，在国家提出高质量发展、要求建立国土空间规划体系的形势下，新区构建国土空间规划引领高质量发展，既是落实国家要求的需要，也是推动自身向更高目标迈进的需求，CC 新区需要结合国土空间规划新方向和新手段，结合新发展理念制定实施国土空间规划，引领更高质量、更有效益、更具活力的发展。

二、国内外研究动态

（一）国外研究动态

从全球范围看，发达国家高度重视空间规划对城市发展的作用，空间规划起步较早、理念先进、经验丰富，对于我国编制实施国土空间规划，引领城市和区域高质量发展具有重要借鉴意义。本文重点选取英国、德国、美国、日本等几个发达国家，对先进经验进行梳理和介绍，以期对我国国土空间规划提供启示。

1. 英国

英国是现代城市规划发源地，诞生了世界上首部城市规划法。英国的空间规划发展大致可以分为 4 个阶段：第一阶段为 20 世纪初至 1947 年，为英国城市规划的探索阶段，属于以"土地利用"为核心的规划发展阶段，期间 1932 年颁布了第一部《城乡规划法》（Town and Country Planning Act 1932）。这一阶段城市规划的大致体系框架已经确立，但城市规划的法律地位并不牢固。第二阶段为 1947 年至 1985 年，这一阶段主要是在 1947 年和 1968 年颁布了《城乡规划法》，其中，1947 年的法规修订标志着英国城市规划的法制化，各地的"发展规划"由中央批准后实施，以法定"规划"为核心的、"自上而下"的空间规划体系建立；1968 年开始，多种类综合开发规划取代原有的单一规划模式，各郡负责的"结构规划"和各区负责的"地方规划"相结合的二级规划体系建立。英国的城市规划开始向政策导向型转变。此时，公众参与已成为规划流程的一部分。第三阶段为 1986 年至 2010 年，经历空间规划由二级规划体系转向"双轨制"规划，即大都市郡地区实行各区级政府实施的"单一发展规划"，非大都市郡地区继续保留"二级体系"，后又转向从国家到区域再到地方的三级体系，并第一次步入到立法的层面。第四阶段为 2011 年至今，区域发展由"自上而下"推动转向"自下而上"的自主合作。先后颁布《地方主义法案 2011》（NDO: Neighborhood Development Orders）和《国家规划政策框架2012》（NPPF: The National Planning Policy Framework），致力于解决实现可持续发展过程中的经济、社会、环境问题，取消了区域空间战略，将更多规划决策权力下放给地方和社区，使社区空间组织更加自由，同时赋予地方合作责任，促使提高了跨行政区合作效率。此外，地方企业团体享有中央政府基金支持，可参与区域规划编制，整体形成了以地方规划为主导的空间规划体系。

英国城市规划的发展历史最长，经历了一百多年的发展，不断探索适合本地的发展模式，经验积累丰富。英国作为地方分权的单一制国家，其规划发展史体现了英国规划权力改革过程，体现出了规划作为一种社会制度随着国家体制和时间变迁而动态修正的过程。由于国情不同，英国的规划体系不一定完全适合中国的规划发展，但依然有可借鉴之处。比如，在符合国家对地区的战略发展的要求的同时，加强地方之间在产业、经济、文化等方面的跨区域的合作，促进地区开放水平，增强合作意识，有利于多地区协同发展。此外，英国城市规划体系的公正客观离不开公众参与的基本保障，这也是我国国土空间规划制定实施过程中应该借鉴的规划思想。

2. 德国

德国开展空间规划历史最早，经过长时间发展规划体系较为完整和先进。德国的空间规划系统较为完整，是由不同层面的空间总体规划和专项规划，在不同层次上相互协调和配合构成 ，其发展过程相对动态。21 世纪，德国先后颁布了两版国家级规划，分别是 2006 年的《德国空间发展行动战略》，2016 年的《德国发展的理念与战略》，后者相比前者，更加注重可持续发展，关注能源问题和土地利用，发展重点向更符合时代发展要求的方向更新。德国形成联"邦级、州级、地区级"层次清晰的空间规划体系，形成自上而下和自下而上相结合的具有"双向反馈原则"的规划体系，相关法规制定完善为各层面、各部门的规划实现了空间管理的有效协作。德国的空间规划有许多值得学习的经验，如注重城市均衡发展、绿色发展及建设美丽村庄等。1）注重城市均衡发展：德国只有柏林、汉堡、慕尼黑和科隆四个人口超过百万的城市，全国没有占主导地位的大都市。《德国基本法》第72条要求"保证全国范围内的生活条件平等"，地方通过建立以行动为导向的城市网络进行合作，城市、半城市和农村的生活条件差别不大。2）注重绿色发展：德国森林自然丰富，并且德国的森林资源还对德国的浪漫主义思想文化发挥了作用。德国注重围绕绿色基础设施（GI：Green Infrastructure）理念进行规划探索，GI在德国被定义为"具有自然及半自然环境特征的战略性生态系统网络"。德国的《联邦绿色基础设施概念规划》提出了提升公众的健康和生活质量、适应气候变化、增强城市韧性、保护和促进公众体验生物多样性、促进社会凝聚力和包容性、培育绿色建筑文化等发展目标，这一规划的发布标志着德国的绿色基础设施规划体系开始走向系统化和成熟。3）建设美丽村庄：德国乡村的特定地区文化和身份认同感强，村庄建设美丽，生活质量较高，注重公共服务设施和农村稳定。德国巴伐利亚州食品农林部和环保部门通过开展乡村活力评价观察乡村发展活力，包括建设稳定的居民点结构，强化村庄核心区发展，创造更优的生活环境，保护建筑文化和文物古迹等。

德国空间规划的一些先进经验对于我国国土空间规划发展具有启示作用。地区经济发展不平衡、环境问题、人口老龄化导致的乡村病问题等，同样也是我国国土空间规划中需要解决的问题。德国空间规划为我国探索促进区域内各地区均衡发展、加强城市绿色发展、促进城乡融合提供了许多借鉴意义。

3. 美国

美国空间规划是自由市场经济下的地方自治型的代表，地方自治权力大，规划职能主要集中在地方政府。大都市区为主体的区域规划和地方为主体的综合规划长期占主导作用，规划体系高度自由，地方个性明显。从1909年美国颁布第一个城市规划《芝加哥城市规划》，是美国空间规划的重要转折，自此空间规划发展历经四个阶段：第一阶段为20世纪初至20世纪30年代，各区域开始编制空间规划，美国国土规划步入起步阶段；第二阶段为20世纪30年代至20世纪60年代，美国随着新政实施，人口规模和城市化水平跃升，州和区域规划不断兴起，各大都市区规划逐步完善，空间规划体系初具雏形；第三阶段为20世纪60年代至20世纪末，《政府间合作法案》出台，促进各州之间区域合作发展，空间规划体系基本稳定；第四阶段是2000年至今，美国空间规划进入面向区域可持续发展的综合规划阶段，2006年启动了"2050空间规划"研究，构建国家整体发展框架研究，包括战略框架的总体设计、基础设施远景规划、高速铁路远景规划等专项研究。

纽约作为美国第一大城市，城市规划历史发展久远，规划体制先进，其中规划的区划管制经验和"创新城区"建设，能够为我国国土空间规划提供借鉴意义。"区划"（zoning）是美国引导城市土地开发利用的核心工具，在新城市主义、增长控制、精明增长等新的城市发展理念下，新的区划指标、区划类型和以弹性管制工具为代表的新区划技术逐渐被纳入区划管制体系，适应新形势发展 。弹性用地管制工具具体如特别目的区、激励性分区、叠加／浮动分区、发展权转移等，有效调节了法规和规划之间的矛盾。纽约布鲁克林科技三角区的规划是老城区向"创新城区"转型发展方面的较好案例。规划通过加强老城区交通设施网络提高城区便捷度、对公共活动空间进行创新设计吸引创新人群、优化老城区产业办公空间等方式提高城市创新合理，形成城市创新集群，重塑老城区活力。以上经验能够为我国城市国土空间规划从增加弹性空间、加强弹性管制、促进老城市创新转变等方面提供启示。

4. 日本

日本是亚洲第一个开展空间规划的国家。相关规划随着城市化发展进程大致可分为三个阶段：第一阶段是 1950 年至 20 世纪 90 年代"城市化社会"阶段，期间日本颁布了《国土综合开发法》《全国综合开发规划》等，以系列法规调控城市增量发展；第二个阶段是 20 世纪 90 年代末至 2005 年"城市型社会"阶段，这一阶段进行了《城市规划法》（《都市计画法》）的修订，重点是建成区的再建构、地域活性化、城市个性塑造、生活福利设施的补充等。第三个阶段是 2005 年至今"城市收缩"阶段，日本原有的《国土综合开发法》改为了《国土形成规划法》，修订了《城市规划法》，形成国土利用规划和国土形成计划并行的规划体系，主要目标是"实现集约性城市构造"，并尊重地方公共团体自主管理，注重土地协调利用和保护，发展方向为更均衡、紧凑、网络型。

日本的国土空间利用注重集约和高效，国土空间用途管控体系先进，有较强的借鉴意义。日本 80% 以上的城市制定实施"集约城市"建设计划，《国土的大设计2050》中提出了"集约＋网络"，通过交通和信息网络，将居民在空间上集聚以达到土地集约，提高人民生活质量。日本将国土空间分为城市、农业、森林地区及自然公园区、自然保护区，国土空间用途管制各部门、各层级职权清晰且注重协调工作，国土空间规划与法律体系权威性强，实施刚柔结合的用途管制制度，强调国土空间系统性，用途管制整体性强，为我国国土空间用途管制提供了借鉴意义。

5. 国外经验对我国国土空间规划的启示

通过梳理英国、德国、美国、日本空间规划引领城市和区域发展情况，可以看出各国围绕服务于其特殊的国家体制和不同的城市化发展阶段，通过编制实施空间规划，更好地促进了城市发展进步。尽管国外没有明确提出"五大发展理念"，但在发达国家规划编制实施中都有所渗透和体现，为我国国土空间规划提供了重要启示。

1）国土空间规划注重创新集约，能够有效提升发展效率。日本作为一个人多地少的国家，国土空间规划注重通过提高城市集约度增加效率。土地在我国城市发展中非常珍贵，城市空间过度开发土地必定会挤占生态空间和农业空间，且城市开发的底线思维也要求我国城市国土空间规划集约发展。此外，"创新城区"必定是未来城市国土空间规划的重要方向，从基础设施、公共服务等方面塑造创新城市，有利于吸引创新人才，提高城市活力，促进城市高质量发展。

2）国土空间规划突出上下协同，能够提高指导高质量发展的重要决策传导效率。英国空间规划体系的发展历程变化复杂，现阶段更强调"自下而上"的地方自主，日本的规划更强调中央主导作用，而德国空间规划则形成了自上而下和自下而上相结合的"互惠反馈"机制在很大程度上确保了规划的科学性和合理性 。我国行政管理体系层级清晰，体量庞大，国土空间规划过程中更适合采用上下协同发展的模式，向下传达地区发展的战略目标、划定明确的土地开发边界，向上反馈地方发展的切实需求，通过上下协同的发展模式提高规划效率。上下协同的发展模式对应我国实际情况，体现在国家、省、市县、分区、乡镇等各级规划之间的关系，有利于推动战略决策部署在各地统一迅速执行。

3）国土空间规划强调生态优先，能够促进城市更加生态宜居。欧洲国家对于城市绿色发展较为重视，发起于德国的"欧洲绿带规划"（The European Green Belt）至 2018 年有 24 个成员国参与。德国制定了较为系统科学的城市绿色发展规划，增强城市韧性，提高城市品质，有效促进城市适应气候变化，培育城市绿色文化。同时，美丽乡村的建设也应该作为我国土空间规划中促进绿色发展的一个方面，在乡村发展中应挖掘乡村的独特文化，可借鉴德国对于乡村活力评价的思路，强化乡村内生发展。

4）国土空间规划强化区域间合作，能够促进城市发展更加协同均衡。加强区域之间的合作关系在英国、德国、美国、日本的空间规划发展过程中均被重视，英国赋予地方政府之间的"合作责任"，德国强调各地"生活条件平等"，美国注重各州之间的合作发展，日本由于东京极化发展的现实，强调东京带动周围发展，构建形成"广域地方圈自立协作发展"的国土空间结构。我国制定实施国土空间规划也应不断促进城市对外开放，通过构筑更宜交流的基础设施和公共服务设施，加强与其他地区之间在经济、文化等方面的沟通交流。地区协作发展除了体现在城市之间外，还应充分体现在城乡之间的协同发展。

5）国土空间规划突出共建共享，能够增强城市发展的公众参与感、获得感。在城市规划的过程中融入公众参与，在很多发达国家中已探索多年，我国城市规划近年也进行了有益探索。强化城市国土空间规划中的公众参与，有利于吸收各界对于城市发展的宝贵意见，了解民众对于城市发展的需求。但也应注意在提升规划中公众参与的同时，保障政府主导作用，以免规划发展无序。

6）国土空间规划加强刚柔结合、弹性用地管控，能够促进城市发展空间高效利用。美国和日本在对于国土空间管控的手段中都采用了弹性管控。在加强国土空间规划监管时，考虑刚柔结合的用途管制制度，既注重土地弹性管控，又考虑长久发展的弹性空间，是适应时代发展的国土管控途径。

（二）国内空间规划引领城市和区域发展相关研究

近年来，我国围绕构建符合时代需求、引领城市和区域发展的空间规划的相关研究不断增多，主要集中在空间规划发展阶段性划分、存在问题、理论方法创新，为国土空间规划发展奠定了基础，对构建引领高质量发展的国土空间规划起到了推动作用。

1. 我国空间规划发展阶段相关研究

不同历史发展阶段，空间规划占据着不同地位。顾朝林将空间规划体系演进分为五个时期，一是计划经济时期，以发展规划为主，城市规划作为辅助，规划体系层次较为清晰、分明；二是改革开放后，构建形成了发展规划、城市规划和土地规划三类规划并行的规划体系；三是市场经济时期，城市和土地规划逐渐出现冲突，规划体系开始出现混乱；四是经济全球化时期，环境问题日渐突出，环保规划的出现进一步加剧了各规相对独立的局面；五是经济新常态下，国家不断深化空间规划"多规合一"改革，以期理顺规划体系，实现科学可持续发展。此外，诸多学者将规划体系下划分三个阶段，王磊认为，一是新中国建立初期，由中央统一严格控制管理，以区域规划和城市规划为主导；二是改革开放初期，随着分权化和市场化的深度影响，区域规划、城市规划、土地规划在发展中相继占据主导地位；三是"十一五"规划以来，区域规划主导地位得到进一步强化，更加有利于中央对空间分类管理和约束地方发展。胡序威则认为，三个阶段分别是以区域规划为主、国土整治规划为主、城镇体系规划为主的不同阶段。沈建法等也提出相近观点，认为分为三个阶段，一是上世纪 80 年代以前，城市规划只是发展规划的依附；二是 1981 至 2005 年，为便于中央对地方调控，出现了土地规划，对城市规划的地位造成了冲击；三是 2006 年至今，伴随着市场经济扩大化，出现规划体系混乱，统一协调管理难度加大。规划体系演进过程中，"多规"主导地位的争夺，加速了目前国土空间规划"多规合一"的历史必然。

2. 我国空间规划存在问题相关研究

1）规划目标性问题。不同类型规划目标各不相同，杜澍认为，城乡规划目标是科学合理地安排城乡建设用地，土地规划目标是落实耕地保护、控制建设用地，加强土地用途管制。各地普遍存在制定过高的发展规划目标的问题，导致其与土地规划的目标难以融合，与规划控制建设用地的要求不符。

2）规划法定性问题。不同规划依据不同法律，发展规划、城市规划、土地规划、环保规划分别对应以宪法、城乡规划法、土地管理法、环保法为依据。各规划依据法律不同导致效果不同，在我国的规划体系中，按照法律地位强弱排序，看分别是发展规划、城市规划、土地规划、主体功能区规。各个规划法律地位不同，规划编制和规划审批主体分散，增大了目前规划协调实施的难度。

3）规划技术性问题。主要包括分类标准、数据来源、测算方法、坐标尺度、统计指标以及年限上。比如，以城乡规划的用地、土地利用现状分类标准为例，林坚等认为，两者在侧重点、内涵、适用范围等方面差异显著，给规划之间衔接造成一定困难。

王国恩强调基础数据来源存在问题，不同规划基础数据来源不同、收集手段差异，导致规划之间衔接的难度加大。蔡云楠从测算方法角度提出，土地规划在用地上"以供定需"，而城市规划则"以需定供"，由于不同的测算模型和方法，也会造成各个规划难于协调实施。杨郑鑫等认为，各规划一般为 5 年到 20 年不等，用年限较短的发展规划指导其他规划影响整体前瞻性、多规协调。

围绕空间规划演进过程中问题产生原因，大多认为集中在政府层面，可以分为央

167

地之间与地方内部两方面。央地之间方面，冯广京等指出，各个规划"多规难融"由于中央和地方的利益博弈，主要表现是国家层面运用宏观规划，通过撤县设区（市）等各类形式对行政区划进行调整。地方内部方面，姚佳等提出多规冲突主要是由于负责规划编制的单位部门"各自为战"，没有统筹考虑其他部门的用地需求。张安录认为由于政治、区域经济竞争等原因，导致现有规划关注经济指标增长和城市空间扩张，规划约束地方发展冲动存在困难。谢英挺认为各类规划法律依据差异、规划部门职权交叉重叠等也是多规难融的原因。除此两方面此外，一些地方出现党政"一把手"规划专权，法律保障过于薄弱，规划思维、技术与方法的固化僵化等也被认为是我国各类规划越位、缺位、错位的重要原因。

3. 我国空间规划理论方法相关研究

1）关于转变传统规划理念。随着社会进步发展，规划理念的转变极为重要。徐振强等提出规划编制需要以可持续发展理念进行指导，优化空间资源配置。王凯强调在市场经济体制下，规划更应体现国家顶层设计和战略部署，需要结合时代转变传统的规划理念。林坚认为空间规划要统一价值观，保障"三生"空间。规划编制中需要树立公众参与的理念，引导各类主体参与规划编制，赋予公众关于规划的知情权。

2）关于进一步完善现有规划。段进主张将各类规划修订编制成一个国家空间整体规划，促进空间协调发展。还有人认为通过明确和协调各规划的层次结构、权责范围，避免内容重叠和冲突，实现多规融合。比如，蒋跃进主张保留原有规划体系，通过统一的空间规划平台，实现各类规划融合。焦彬等人主张融合各类规划，构建统一的发展目标和空间发展蓝图。朱健认为，空间规划要"多规合一"，总体分为三层：一是作为一种规划编制的理念贯穿各个阶段，通过规划间的协调来实现对原有规划体系的优化；二是以一种包含多种规划的内容的综合性规划代替现有规划体系；三是作为一种协调各规划部门的活动，使各部门能在统一的框架下编制规划，并兼顾其他部门的利益。

3）关于强化规划协调衔接。主要遵循明确目标、理顺关系、分步实施的思路，蔡云楠主张发展规划确定目标，土地规划确定规模，城市规划确定布局，主体功能区规划确定政策，各规划目标相互协调，各有侧重。韩青等认为，通过建立"年度实施计划－近期五年规划－中长期规划－远景规划"的思路，坚持分阶段衔接。

4）关于完善规划法律制度。谢英挺主张强化规划法律保障可以基于现有规划体系，制定修改规划相关法规，通过"按规修法"保障规划协调。宋拾平指出，强化规划法律保障应当包括规划基本法、配套法和专项法之间相互配套，保证规划的严肃性。

5）关于优化规划管理体制。苏文松等提出试点多部门并联工作机制，规划编制实施过程中，强化部门管理和沟通协调。薛富智认为，可通过按照高层级政府牵头、多部门联席会议、常务会议决策、部门分解实施任务的工作机制实现规划的充分协调。王伟进一步提出，要进行政府部门改革和整合，明确中央和地方的事权，由一个部门编制综合性空间规划，合理安排空间布局，中央向地方简政放权，提高行政效率。

6）关于统一规划技术手段。冯国芳主张整合基础数据、统一用地规模、协调划定空间边界、合理安排用地布局和时序。朱江认为，技术手段上的统一是规划融合的基础。何子张指出构建统一的空间规划信息平台，实现信息互联互通。魏广君提出规划技术手段协调应包括规划期限、标准指标、数据信息、统计规范、辅助技术等方面。

第二节　基本概念和相关研究

一、基本概念

（一）国土空间规划

国土空间规划是对一定区域国土空间开发保护在空间、时间上作出的安排，是将主体功能区规划、土地利用规划、城乡规划、海洋功能区规划等空间规划融合统一后形成的全新空间规划，在国家规划体系中居于基础地位。按照《若干意见》要求，国土空间规划体系包括"五级三类"，本文基于相关文件，分析给出了对应关系。（如图 6.1）

图 6.1　国土空间规划"五级规划"与"三类规划"对应关系架构图

《若干意见》的出台是基于新时代背景，结合我国多年来在空间规划领域研究、改革探索成果，立足高质量发展需求做出的重要部署。《若干意见》出台以来，自然资源部先后发布系列文件，明确了国土空间规划"多规合一"工作要求、报批审查要点，以及依法依规编制、监督实施等相关要求，使得我国规划发展趋势更加清晰。

（1）规划指导地位将更加突出。国土空间规划作为国家中远期空间发展战略的具体体现，不可随意变更调整，国家进一步突出国土空间规划的指导地位，推动现有各相关规划进行统一整合、协调、统筹，纳入国土空间规划体系下，能够加强规划衔接，避免规划"打架"，更好地引领区域高质量发展。

（2）规划法律保障将更加健全。国土空间规划的实施和管理需要强有力的法律支撑和保障，未来国家将不断加强对国土空间规划的法律支持，保证规划的顺利实施，使其更加具有权威性，保证国土空间规划的有效贯彻落实。

（3）公共管理模式将更加完善。各地根据本地实际情况和发展需求，制定适于高质量发展的国土空间规划，通过审批、监督、技术要求和指导、公共项目投资、规划咨询等方式，全面丰富规划内容，同时在规划过程中增强公共参与度，能够切实保障公共利益，推动实现高效能治理。

（二）城市高质量发展

高质量发展的概念在 2017 年党的十九大被首次提出，会议表明"中国经济由高速增长阶段转向高质量发展阶段"。习近平总书记明确指出"高质量发展就是能够很好满足人民日益增长的美好生活需要的发展，是体现新发展理念的发展"。城市高质量发展是中国城市发展的"升级版"，是以新发展理念为指导，以改革创新为动能，通过城市发展质量、效率提升，更好满足人民对美好生活需求的城市发展模式和路径。城市高质量发展不仅仅是经济领域，还体现在产业业态创新性、城乡之间以及经济与其他领域之间的协调性、生态资源开发利用的可持续性、经济发展对外开放性和城市发展成果可共享性。因此，城市高质量发展是生产、生活和生态功能的有机结合，主要特征是城市发展理念先进、创新动能强劲，经济水平发达、空间布局合理，城市开放融合、环境生态宜居，城乡发展协调、居民生活富裕。

（三）新发展理念

新发展理念，即创新、协调、绿色、开放、共享"五大发展理念"，概念于2015 年 10 月党的十八届五中全会被提出。习近平总书记在 2016 年省部级主要领导干部学习贯彻十八届五中全会精神专题研讨班开班式上，对新发展理念作出了系统阐释，指出创新是引领发展的第一动力；协调既是发展手段又是目标，也是评价发展的标准和尺度；绿色发展是要解决好人与自然和谐共生问题；开放发展是主动顺应经济全球化潮流；共享发展是坚持以人民为中心的发展思想。

二、我国城市与区域高质量发展相关研究

2017 年以来，我国对于城市和区域高质量发展的需求促使了相关研究盛起，城市和区域高质量发展相关研究的发文量持续增多。相关研究主要集中在城市和区域高质量发展合理评价及路径研究。

（一）城市与区域高质量发展评价相关研究

2017 年，中央经济工作会议提出形成推动高质量发展的各项体系以来，一些学者进行了高质量发展评价体系构建研究。许多高质量发展的评价体系直接或间接以新发展理念进行评估，或将这五个方面体现在指标评价中。如张国兴等在对黄河流域中心城市进行高质量发展评价体系研究中，提出从经济结构优化、创新驱动发展、生态适度宜居、资源配置有效、公共服务共享 5 个维度，进行评价体系构建；李金昌等从经济活力、创新效率、绿色发展、人民生活、社会和谐五个方面，探索了高质量发展评价指标体系；刘惟蓝从产出效益、结构优化、科技创新、开放合作和绿色生态五

个方面，建立了高质量评价体系［71］；徐银良等从经济、创新、协调、绿色、共享、保障等方面，进行评价准则设计，并对山东省各市高质量发展水平进行了评价；孙豪等基于新发展理念构建高质量发展指标体系，并测度 2017 年中国省域经济发展质量 。"五大发展理念"在地方高质量发展评价体系构建的实践中也得到充分体现，如湖南省高质量评价体系在"五大发展理念"基础上，增加了综合质量效益，确立 6 个一级指标和 34 项二级指标；广东省也在"五大发展理念"之外增加了综合，确立了 6 个一级指标和 39 个二级指标。

（二）城市与区域高质量发展路径相关研究

城市与区域高质量发展路径着重考虑区域之间的协调发展，同时在发展的过程中，也会考虑到创新、生态等因素。蔡之兵从区域优势互补的角度，对我国不同地区的区域比较优势与产业结构演变关系进行了匹配分析，认为各地区应根据当前区域优势与产业结构的匹配关系来制定具有针对性的发展战略，从而推动高质量发展的区域经济布局。李华军从创新驱动角度考虑，认为在新发展阶段，区域需要构建创新链、教育链、人才链、资本链和产业链多维度融合的创新驱动发展模式促进其余协同高质量发展。陆琳忆等关注绿色发展对长三角城市群经济增长的关系，认为生态环境问题是高质量发展的制约因素之一。方一平等提出长江上游地区高质量发展路径，可以从建立新时代国土空间多元适应体系、缩小城镇体系首尾级差的剧烈分化、填充成渝经济圈西南向生产力塌陷、锻造生态成色分区分级的经济门类、铺设经济带高质发展的支干协同道路等战略思路等角度进行。

城市高质量发展的研究与区域相比，在考虑与区域内其他城市协调发展促进高质量发展的同时，也考虑许多更加微观视角，注重城市内部的居民生活环境和生活品质。原春芬在研究郑州市作为黄河流域重要节点，高质量发展的路径可以从创新、协调高质量发展的治理模式，建立高质量发展的多元共享公共服务体系和协调高质量发展各主体间的利益关系的角度进行。王丽艳等从更加微观的角度，研究城市更新、创新街区，从优化创新空间布局、驻留创新企业与人才、推进创新系统循环三方面提出城市发展的对策建议。邹波针对无锡城市建设的实际情况，从提升城市建设项目管理水平、提高项目建设质量、建设生态宜居的家园等几个角度，提出无锡高质量发展的方向。方创琳认为新型城镇化高质量发展的内涵是高质量的城市建设、基础设施、公共服务、人居环境、城市管理和市民化的有机统一。张文忠等认为，中国城市高质量发展的未来导向应该为提高城市生态宜居水平、建设高效完善的公共服务体系、提升城市文化内涵、积极应对不同人群的差异化需求。

（三）城市与区域高质量发展经验和启示

通过梳理近年来国内对于城市和区域高质量发展的相关研究，可以发现城市和区域高质量评价体系和发展路径均有涉及对于新发展理念的贯彻，也可以发现新时代背景下的城市和区域高质量发展，不仅是经济高质量发展，也覆盖了民生、城市建设等各个范畴。结合国土空间规划要求来看，对于空间开发保护现状评估，明确要求应结合新发展理念构建指标体系，找出区域发展与高质量要求的差距，因此，新发展理念能够支撑城市和区域的经济社会高质量发展，对新发展理念从适应城市和区域发展的方向进行思考和落实，有利于从国土空间规划的角度引领城市高质量发展。

通过梳理相关研究成果发现，目前国内外关于空间规划引领城市与区域发展等方面已经形成大量研究成果和实践成果。国外相关经验做法为我国构建引领城市高质量发展的国土空间规划提供了启示，包括国土空间规划注重创新集约，能够有效提升发展效率；突出上下协同，能够提高指导高质量发展的重要决策传导效率；强调生态优先，能够促进城市更加生态宜居；强化区域间合作，能够促进城市发展更加协同均衡；突出共建共享，能够增强城市发展的公众参与感、获得感。加强刚柔结合、弹性用地管控，能够促进城市发展空间高效利用。

国土空间规划符合城市高质量发展需要，学习国外空间规划的经验，对于构建引领 CC 新区以及其他城市高质量发展的国土空间规划具有启示；明确国内空间规划相关研究情况，对探讨国土空间规划制定实施具有借鉴意义；了解新发展理念对于我国城市和区域高质量发展的重要意义，可以为构建能够引领城市高质量发展的国土空间规划提供方向。

当前，我国国土空间规划处于推进实施阶段，相关研究成果也日趋丰富，但结合城市高质量发展构建国土空间规划相关内容还相对较少。从我国城市发展趋势和需求来看，城市高质量发展相关议题、国土空间规划引领下的城市发展等还需要进一步研究、补充和拓展。对此，本研究基于高质量发展要求，以 CC 新区为例，在研究相关概念的基础上，结合国内外空间规划引领城市和区域发展的相关研究，从新发展理念视角，探索国土空间规划引领下城市高质量发展，并结合 CC 新区实际，研究讨论 CC 新区国土空间规划实施机制、国土空间规划引领下 CC 新区高质量发展的路径，将进一步补充相关领域研究成果。

第三节　国土空间规划引领下城市高质量发展的基本框架

一、国土空间规划的新方向和新手段

（一）新方向

从国土空间规划的意义看，国土空间规划不仅是推进生态文明建设的必要手段，也是实现高质量发展的重要保障、实现高品质生活的必要途径、推进高效能治理的有效载体。因此，国土空间规划的新方向，是以生态文明建设优先为基本前提，充分体现高质量发展和高品质生活要求、促进高效能治理的规划。

（1）强调生态文明建设优先。从国家深化机构改革，将自然资源保护利用及国土空间规划相关职能集于自然资源部，可以得出国土空间规划的重要任务是推进生态文明建设，这也是新时代城市发展的重要方向。因此，国土空间规划需要充分体现生态优先，以推进可持续的绿色发展为重要目标，需要更加强调生态保护、节约集约，侧重严格控制增量、着力盘活存量。通过科学合理划定"三区三线"，进一步强化底线约束，划定空间管控边界，加强对风险防范和应对，从而全方位提高国土空间规划韧性。

（2）强调高质量发展。国土空间规划是以人民为中心发展思想的具体体现，在高质量发展成为新时代城市发展目标和主题的前提下，通过制定实施国土空间规划，更加突出"五大发展理念"，可以从空间开发保护的角度出发，统筹生态保护、城乡开发格局，提出应对我国社会主要矛盾变化、解决发展中遇到的新问题的应对策略，从而实现高质量发展，为实现"两个一百年"目标提供保障。

（3）强调高品质生活。通过编制实施国土空间规划，从更高维度和层次上科学统筹、合理配置居住、就业、文化、休闲、娱乐等空间功能，进一步完善城市和区域的基础设施，推动公共服务配套合理化、均等化布局，解决人民群众对衣食住行以及生态环境方面的需求，打造更加宜居宜业、和谐幸福的城市发展环境，在生产空间、生活空间、生态空间等维度上，实现集约高效、宜居适度、山清水秀，建设能够满足和保障人民群众对美好生活的向往的美好家园。

（4）强调高效能治理。国土空间规划改革是规划体系与管理体制的改革。构建国土空间规划体系，是国家基于新时代发展要求实现治理体系现代化的有效载体。国土空间规划应当充分结合本地、本区域实际进行编制实施，保障国土空间规划不仅符合高质量发展要求，也能体现地方发展特色、满足解决发展问题的需要。国土空间规划既需要理清政府内部权责，明确编制和管理关键点，优化规划、建设、管理各个环节的行政审批流程，确保空间治理的高效运行，也需要在政府引导下，适度让市场和社会发挥作用，参与空间治理，提升国土空间治理水平。

（二）新手段

（1）"多规合一"。"多规合一"是联合各类空间规划的有效载体，需要贯穿于国土空间规划的整个过程。国土空间规划强调"五级三类"、上下传导，需要以"多规合一"为手段，吸取以往 "多规合一"经验，对原有的各类规划进行有机整合、协调衔接，以上下传导、落实总规等为原则，对各类规划成果进行充分梳理、完善，使各类规划成果协调统一。同时，可以在技术标准、坐标系、用地指标、用地分类、规划期限等方面，构建统一的技术标准体系，保障国土空间规划编制实施。充分发挥"多规合一"信息平台技术优势，将各级各类审批统一到国土空间信息化管理平台中，形成全域"一张图"，实现基础信息共建共享、国土空间共建共治。

（2）"三区三线"。调整优化"三区三线"是确保国土空间规划体现生态优先的基本前提，也是统一国土空间开发与保护的首要条件。"三区三线"划定管理，应当充分考虑区域现有资源禀赋、环境承载能力、国土空间开发适宜性基础条件以及未来发展，基于已有调查评价成果，利用新的技术手段方法，以主体功能区为导向，科学统筹生态保护、农业生产和城镇建设等空间布局，划定生态保护红线、永久基本农田。充分体现节约集约的思想，严控区域开发强度，科学划定城镇开发边界，明确资源环境保护底线和开发利用上限，形成"三区三线"错落协同、相互衔接的空间格局，促进城镇发展向内涵提升转变，进而保障国土空间开发利用高质量、高效益。

（3）"双评价"与"双评估"。制定实施国土空间规划需要对区域资源环境承载能力和国土空间开发适宜性进行评价（简称"双评价"），对国土空间开发保护现状和未来风险点进行评估（简称"双评估"），这是科学统筹划定"三区三线"的前提，核心是摸清资源和规划发展现状底数，明确规划总体方向，对制定实施国土空间规划具有重要意义。其中，在"双评估"过程中，应重点加强对区域现状自然资源利用的绩效评估，以及对未来发展面临风险的安全评估。

二、国土空间规划引领城市高质量发展的理念

基于前文研究，"五大发展理念"是高质量发展的重要理念、标准和特质，进入新发展阶段，"五大发展理念"成为新时代高质量发展的新要求，能够作为城市高质量发展的评价准则。同时，城市高质量发展不仅是经济高质量发展，还应体现在经济社会全域、全覆盖的高质量发展。因此，探索国土空间规划引领下城市高质量发展，新发展理念既需要体现在规划制定实施方面，也需要体现在国土空间规划确立的城市空间布局、发展策略上，为城市高质量发展提供空间保障。

（一）突出创新发展

从城市高质量发展需要上看，创新是必不可少的发展动力。培育创新型市场，发展创新型产业，吸引创新型人才，打造更加优质、便利的创新创业平台，提高自主研发创新水平等，都是城市创新发展的途径。只有不断提升城市的创新能力，才能为经济长久高质量发展注入源源动力。此外，创新在城市发展的过程中，不应只体现在经济发展上，城市建设方面都应贯彻创新理念，如创建创新街区、创新城市设计等。

从国土空间规划制定需要上看，城市国土空间规划在制定及实施过程中，应不断创新思路，制定国土空间规划是新时代对于规划发展的新要求，需要各地不断探索国土空间规划制定框架和思路，相关创新思想和创新目标应在国土空间规划中体现。国土空间规划的实施经验尚且不足，对于如何保障国土空间规划有效实施、长久服务城市高质量发展，需要不断探索创新管控机制、实施保障机制等。

（二）突出协调发展

城市发展中的协调发展主要体现在区域内城市间的协调发展。区域内城市间可以通过增强交通、信息、产业等的交流协作，形成区域内部之间的交通网络、信息网络，完善的产业链结构、城市之间产业网络，从而促进区域内各城市之间均衡发展。而对于城市而言，做好与周围城市的协调发展，同样能够借力区域内其他城市，提高自身的高质量发展水平。

城市国土空间规划的协调理念体现在国土空间规划的制定过程中，从规划层次上来看，城市国土空间规划向上应协调好国家、省、地区对城市的战略发展要求和国土空间规划要求，向下应协调好与分区规划、县级规划、乡镇级规划的有效传导。从规划尺度上看，城市国土空间规划应协调好总体规划与专项规划。从规划时间进展上看，年度行动计划、五年规划、近期建设规划等也应做好协调发展。

（三）突出绿色发展

城市绿色发展能够提高城市环境品质，生态优先、绿色发展的理念思想应贯穿于城市国土空间规划中，实现绿色发展理念下的高质量发展。在城市经济建设发展中，应该积极培育绿色产业，推行绿色生产，开发绿色能源，减少工业污染，推进循环经济，将绿色发展意识始终融入于经济建设中。在城市基础设施和公共服务设施建设时，应倡导绿色环保市政设施，积极推进雨污分流、海绵城市等的建设。在居民生活品质上，应努力创建宜居的绿色社区，建设生态公园，提高绿化水平，积极推进垃圾分类回收，打造绿色生活，注重合理配置城乡绿色空间。

制定实施国土空间规划应通过"双评价"与"双评估"等手段，科学划定管控"三区三线"，动态评估监测、严格保护生态资源环境。同时，需要制定绿色城市评价指标体系，制定高质量发展绿色评价体系，将生态优先、绿色发展理念体现在城市国土空间规划中，提高城市绿色发展水平。

（四）突出开放发展

开放是高质量发展的必由之路。城市对外开放体现在建立对外开放的良好平台，如联通域外的铁路、公路、机场等交通设施的建设，包括建设交通和物流枢纽、对外贸易平台、金融平台，在体制机制上，应积极营造国际化便利化的营商环境，吸引外地企业在本地投资。在加强区域合作上，应该加强与省外、国外的经济联系、贸易往来、产业链合作、政府合作等，加强城市的对外联系。

在国土空间规划中，应融入开放的理念，树立"开门做规划"的开放性、包容性思维，广泛征求各方意见，同时需要在规划中强调城市对外开放发展的需求，规划重点对外开放平台的具体发展方向。

（五）突出共享发展

共享理念体现在城市高质量发展上，应重点考虑以人为本、产城融合，规划建设更高质量的基础设施、公共服务设施，打造更宜居的城市环境，服务本地居民生活，吸引外来人口定居。并在规划中体现城市与乡村基础设施和公共服务设施的共享，强调城乡融合，缩小城乡差距，促进城市和乡村协同发展。

从城市国土空间规划制定及实施过程中看，共享理念主要体现在规划的公众参与，强化共谋共建共享"三共思维"，在政府统筹与引导下，适时、适度向社会公示规划方案，及时完善规划成果，合理分配权责，促进提升空间治理水平。

三、国土空间规划引领下城市高质量发展的思路框架

结合以上研究，构建国土空间规划引领下的城市高质量发展的思路框架（如图6.2），可以基于新时代城市高质量发展要求，结合"五大发展理念"，落实国土空间规划新方向、实施新手段，从规划制定实施需要、城市发展需要两个角度探索。即国土空间规划引领下的城市高质量发展，应充分落实国土空间规划新方向、实施新手段，既需要将"五大发展理念"体现在规划制定实施方面，也需要体现在国土空间规划确立的城市空间布局、发展策略上，以"高水平规划"引领高质量发展。

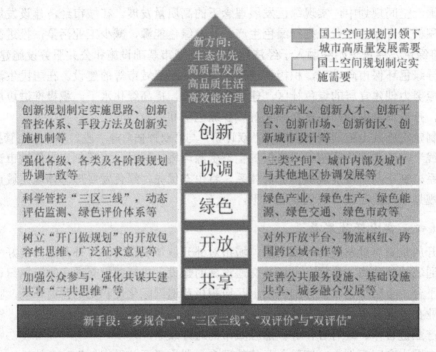

图 6.2　国土空间规划引领城市高质量发展的思路框架

第四节　国土空间规划引领下高质量发展基础与潜力

一、新区综合概况

（一）区域范围

CC 新区是全国第 17 个国家级新区，主体位于 CC 市东北侧，控制区包括 CC 空

港经济开发区、CC高新技术产业开发区、CC北湖科技开发区、长德经济开发区，总面积 1154 平方公里。行政管辖范围约 710 平方公里，下辖 2 个乡、5 个街道、32 个社区、51 个村。国家批复新区规划面积 499 平方公里，包括龙嘉镇、西营城街道、双德乡和奋进乡，现有常住人口约 60 万人。

（二）区位优势

CC新区区位优势较好，位于东北区域地理中心，位于哈大经济带、中蒙俄经济走廊的重要节点，相比东北及 JL 省其他区域，新区所在区域具有 CC 现代化都市圈建设、JL 省"一主六双"产业空间布局、长吉图开发开放、哈长城市群建设、国家"一带一路"建设等国家、省市重大战略叠加优势，充分体现了 CC 新区在国家重大战略布局中的重要地位。

（三）产业基础

CC新区依托CC高新区组建，具有一定的发展基础，区内重点发展先进制造、现代服务业和现代农业，通过园区承载发展产业，积极培育各类特色产业园区，具有高端装备制造、光电信息、生物疫苗等一批优势产业集群，成为国家级汽车电子产业基地、国家专利导航产业发展实验区、国家级文化和科技融合示范基地以及目前亚洲最大的疫苗生产基地。

二、新区现有规划成果

CC新区获批之初，按照"专家领衔、团队合作"模式，聘请国务院研究室、商务部经贸合作研究院等国内一流研究单位的 12 位专家组成智库，由来自英国、德国等地的 20 余家国际一流团队参与，用时 13 个月编制了《CC新区发展总体规划（2016-2030）》，形成了 1 个总报告 +16 个专题报告的成果体系。规划成果突出表现是基本形成了"多规合一"体系、明确了新区发展重点战略任务、构建了空间发展指标体系、确立规划实施的职能体系并进行了人口和用地规划的预测。

（一）基本形成"多规合一"体系

《CC新区发展总体规划（2016-2030）》借鉴了国内各地"多规合一"经验以及发达国家规划理念，具有一定创新性，通过"多规合一"，一定程度上解决了区域原有各类规划缺乏链接，相互冲突等问题，协调区域发展和环境保护的矛盾，实现了空间管控、发展规划、设施布局的空间衔接，总体形成"N+1+N"的空间规划体系。

（二）构建区域发展"一张蓝图"

CC新区通过规划构建区域发展"一张蓝图"，体现在新区发展规划、空间管控、设施布局、单元划定四方面内容。在发展规划上，划定四类城市化主导功能区，呈现各主导功能区现状以及近远期的拓展方向，以功能取代用地弹性。在空间管控上，按照城市、生态、农业不同的单元类型划定"三线"，提出了空间管控的要求。在设施布局上，明确了现状、改建、新建的基础设施。在单元划定上，规划依据主导产业功能，将新区控制范围按照城市、生态、农业、弹性 4 大类，科学划分为 21 个产城融合发展的功能单元，分解总体发展目标指标，通过功能单元精细化治理新区全域。

（三）搭建"多规合一"综合信息平台

CC 新区将发展总体规划、专项规划、控制性详细规划三个层级录入空间规划数据库，将新区地理空间体系图、全域现状测绘地形图、政务版电子地图、历年卫星影像图、城区三维城市模型数据等录入地理信息数据库，成功构建"多规合一"综合信息平台，建立统一空间坐标系。"多规合一"综合信息平台于 2018 年被国家住建部列为科技示范工程项目。

三、新区发展取得的成效

（一）经济与产业规模不断壮大

CC 新区经济实力处于增长态势，连续多年经济增速位于 CC 市开发区第一名，经济总量及增速在全国 19 个新区中保持第 12 位和第 11 位。随着新区建设的推进，固定资产投资和市场主体数量增速有减缓趋势，但增速依然较高，2018 年产业用地出让 204.5 公顷，2019 年出让 108.4 公顷，开发建设持续推进。

在产业发展上，CC 新区依托规划引进项目、推动产业转型升级，汽车零部件、生物医药、光电信息等产业形成一定优势。全区各类特色产业园区已发展到 25 个，入驻企业近千户；规上工业企业达到 172 户，其中年产值 10 亿元以上企业 14 户、亿元以上企业 95 户，体现了 CC 新区早期开发建设过程中具有的资本集聚能力。新区产业集群和项目集聚发展已经初具规模，但规模以上工业产值在 2019 年增速降低，追求高质量发展将成为新区未来发展趋势。

（二）对外开放与创新能力显著提升

新区建设期间立足面向东北亚开放先导区的区位优势，不断推进跨国产业合作开发，通过推进国际陆港、国际空港建设，合作科技园区建设，提高对外开放能力。2019 年新区实现利用内资 187.42 亿元，直接利用外资 8070 万美元，进出口企业增加到 184 户，进出口总额达到 456 亿元，均位列全市第一。

通过引进创新项目、吸引创新人才提高新区创新能力。集聚 JL 大学、中科院光机所、应化所等一批名校名所，13 家国家重点实验室、114 家省部级重点实验室，区内构建各级创新孵化载体总数达到 44 个，孵化企业超过 1000 户。

全区集聚金融机构 200 家，培育上市企业 8 家，"新三板"企业 18 家。新区通过与 JL 省、CC 市共建"人才管理改革试验区"，打造优质的人才发展环境，集聚各级各类人才总数近 6 万人，有 11 名高级人才入选国家级重大人才工程，41 名高级人才入选了省、市高级专家。

四、新区高质量发展的条件与潜力

（一）优势条件

从 CC 新区的综合概况、现有规划基础以及通过实施规划取得的成效可以看出，CC 新区积累形成了加快高质量发展的优势条件：

（1）良好的政策环境。CC 新区作为国家级新区之一，享有"一带一路"、哈长城市群、长吉图、JL 省"一主六双"、CC 现代化都市圈等战略政策叠加优势，2020 年，CC 市提出建设"四大板块"，其中 CC 新区被 CC 市委赋予建设"四大板块"之一的 CC 国家区域创新中心的重任，优质的政策环境和卓越的区位条件，使得 CC 新区有条件通过制定实施高水平国土空间规划，对接融入国家战略需要，引领高质量发展，在区域发展中更好地发挥带动辐射作用。

（2）良好的发展基础。CC 新区经过几年发展，产业基础更加坚实，初步建立起以先进制造、生物医药、航空航天、新材料新能源等产业为支撑的现代产业体系，经济发展增速较快，能够为高质量发展提供动力。新区 2016 年成立以来，城市建设进程迅速推进，目前对外开放平台建设、创新基地建设、产城融合建设均在不断推进，始终向高质量发展方向不断推进，并能够为未来新区借助国土空间规划进一步高质量发展提供保障。另外，CC 新区位于 CC 近郊，管辖范围内本身具有城乡交融的环境基底，能够为新区探索城乡融合发展路径提供先天资源优势，且生态环境较好，有利于未来打造生态宜居的绿色新区。

（3）良好的规划基础。关于 CC 新区规划已经取得了一定的成果，尤其是新区作为规划改革试点，在 JL 省率先进行了"多规合一"探索，基本形成了较为系统的"多规合一"规划体系。除此之外，现有规划也对 CC 新区的重点战略任务、规划职能体系、空间发展指标体系等方面进行确定，为 CC 新区后续的国土空间规划工作的开展奠定了基础。

（二）存在差距

CC 新区依托现有规划，虽然取得了一定成效，但由于新区建设尚处于初始阶段，且尚未编制实施国土空间规划，在与国土空间规划引领城市高质量发展的要求之间，还存在一定差距：

（1）尚未编制实施国土空间规划。目前 CC 新区未编制国土空间规划，而全国其他国家级新区中，有 3 个新区已编制完成国土空间规划，有 6 个新区已经启动编制工作，这 9 个国家级新区分别按照市级或分区级国土空间规划层次进行编制，并在相关批复和编制要求中，提出将最终成果纳入属地市级国土空间总体规划统一报批。因此，CC 新区国土空间规划编制已相对落后于其他新区，需要加快编制实施。此外，在国土空间规划的制定实施机制等方面还应不断创新思路，形成富有新区特色的规划体系。

（2）开发建设土地指标紧张。随着新区现有规划深入实施，经过几年开发，截止 2019 年末，农业用地面积约为 391 平方公里，建设用地约为 168 平方公里，分别占总面积的 68%、29%，而未利用地仅为 17.95 平方公里，占总面积的 3%，土地指标出现严重短缺，特别是新区所管辖的 CC 高新区可利用土地仅为 0.44 平方公里，占总面积的 1%，可开发利用空间所剩无几，按照目前 CC 新区土地供应和开发建设速度，难以满足新区高质量发展需要。CC 新区若要实现既定经济发展目标，至 2030 年规划期末，地区生产总值达到 4650 亿元，财政收入占 GDP 比重达到 10%，人口规模达到190万人，需要至少 16804 公顷建设规模增量指标（该指标不包含存量用地）。因此，迫切需要加快编制和实施国土空间规划，调整优化土地利用，为新区发展提供空间保障。

（3）现有规划内容落实不够充分。几年来，由于 CC 新区所辖的空港和长德两个开发区基础设施建设较为滞后，开发建设需要大量资金投入。但受近年来国家金融政策趋紧影响，部分规划建设及已启动的 PPP 项目有所放缓，因此限制了原有规划内容的落实，原规划的部分重大功能项目进展较慢，既说明现有规划内容落实不够充分，也说明现有规划已不适应新形势下新区发展实际，需要编制实施国土空间规划来优化空间布局。

（4）公共服务设施空间布局不均衡。目前，CC 新区范围内公共服务设施空间分布情况表现为不均衡。高新南区（即 CC 高新区）的公共服务设施较多，高新北区（现 CC 北湖科技开发区）和空港开发区有部分公共服务设施的集聚，但相对较少，较分散，长德开发区（现长德合作区）公共服务设施较极少，距离满足高质量发展的"共享理念"要求尚有一定差距。

（5）绿色生态水平不够高。尽管 CC 新区按照"人文、绿色、智慧"的标准落实规划，推进区域开发建设，但现行规划指导新区绿色发展的水平还不够高。本文根据国家住建部《绿色生态城区标准 GB／T 51255-2017》，采取评价与等级划分对新区绿色生态水平进行评价，评价指标包括控制项、评分项，控制项结果分为满足与不满足；评分项为百分制，根据条款规定赋分或不得分。技术创新项为加分项。评价指标体系中共有 Q1-Q8 八类指标，评分项分值除以总分值后乘以 100。

根据目前 CC 新区建设状况的调查结果，主要情况包括土地利用：小学、中学服务半径分别为500m、1000m 范围内，覆盖用地面积占居住区总面积50%，生态环境综合物种指数达到基本指标 0.5，本地木本植物指数达到 0.9，绿化率达40.5%，园林绿地优良率达到85%，城区湿地资源保存率达80%。生态环境：防洪设计符合现行国家标准，控制城区的城市热岛效应强度低于 3.0℃，环境噪声质量符合国家规定，且达标覆盖率80%。绿色建筑：通过绿色建筑星级认证的建筑改造项目面积占比 10%，装配式建筑面积占比 27%，单体建筑装配率超过 30%，获得绿色施工示范工程的建筑项目数量 1 项。资源与碳排放：居民生活用水量低于现行国家标准上限与下限的平均值，再生水供水能力及其管网覆盖率30%，再生资源回收利用率70%，生活垃圾资源化率35%，建筑废弃物管理规范化，综合利用率达到30%。产业与经济：GDP 能耗及水耗低于省市目标，相对基准年的年均进一步降低率达到0.3%，工业"三废"100%达标排放、处置。绿色交通、信息化管理、人文、创新等项均无达标项。综上，在落实现行规划基础上，CC新区目前绿色生态水平可得25分，距离一星级生态城区50分还有较大差距，需要通过构建国土空间规划，进一步突出生态优先的发展方向，推进实现更可持续的绿色发展。

（三）发展潜力

基于CC新区现有优势条件，综合分析能够看出新区具有加快高质量发展的巨大潜力，通过以高质量发展为方向编制实施国土空间规划，能够引领城市高质量发展。

（1）具有建设成为JL省对外开放高地的潜力。CC新区具有良好的区位条件和政策优势，CC国际港、国际空港、中白合作科技园区建设已经具有一定的建设基础，中俄科技园、中日智能制造产业园等对外合作工作进行较好，具有建设对外开放高地的发展潜力。

（2）具有建设成为优质创新创业基地的潜力。CC新区目前已经获批启动了国家科技成果转移转化示范区核心区，成立了中国知识产权运营服务中心、华为研究院及联合创新中心等创新平台，通过"长白慧谷"英才计划吸引创新型人才，不断探索协同创新途径，提高创新发展能力，具有建设成高质量发展的"双创"基地的潜力。

（3）具有建设宜居共享的新城区的潜力。目前CC高新区已基本建成现代化新城区，CC北湖科技开发区以绿色智慧为特征的现代化科技新城初具规模，长德经济开发区已经具备了承接战略性新兴产业转移和大项目落位的基础，CC空港经济开发区正在加快建设临空经济示范区，城市建设不断推进，基础设施和公共服务设施不断完善，产城融合不断推进，对于建设具有依据共享的新城区有一定的发展潜力。

（4）具有建立协调发展的国土空间规划体系的潜力。新区已经在"多规合一"方面进行了有益探索，取得了一定规划成果，并且形成了较为科学、完整的"多规合一"体系，对于国土空间规划探索也在持续推进，有能力建立协调发展的国土空间规划体系。

第五节　高质量发展要求下新区国土空间规划实施机制

CC新区基于高质量发展要求制定实施国土空间规划，需要认真落实《若干意见》要求，结合国土空间规划"一优三高"新方向，综合运用"双评价"与"双评估"、"三区三线"、"多规合一"等新手段，重点围绕规划管控、规划反馈、规划传导、规划推进四个维度，全方位构建多元立体的国土空间规划实施机制，保障CC新区国土空间规划有效实施，符合国土空间规划改革方向，发挥引领新区高质量发展的作用。

基于前文研究提出的思路框架,CC新区构建国土空间规划实施机制，应坚持以"五大发展理念"融入规划思维，贯穿、融入规划制定实施全过程，其中，从创新、绿色理念出发，应在科学实施"双评价"与"双评估"基础上，创新规划管控体系、反馈机制，严格管控"三区三线"落实情况，动态评估监测新区发展状态；从协调理念出发，应着重强化各级、各类及各阶段规划协调一致，形成"多规合一"体系，保障新区高质量发展"一张蓝图"；从开放、共享理念出发，应树立"开门做规划"、共谋共建共享"三共思维"，加强公众参与，发挥多元主体作用，保障规划既科学权威，又务实可行，推动新区国土空间的高效能治理。

一、基于科学统筹"三区三线"，构建实施规划管控体系

合理划定"三区三线"是科学统筹 CC 新区国土空间的前提，需要 CC 新区以推进落实"双评价"与"双评估"工作为基础，精准识别新区现有自然资源禀赋、空间开发利用实际情况。从"双评价"角度，新区应以可持续、高质量发展为目标，在目前长德开发区划入中韩（国际）示范区的前提下，对实际管辖范围内的资源环境承载能力、国土空间开发适宜性进行重新梳理、综合评价，确定既体现生态优先，又保障高质量发展的人口活动适宜规模与程度。结合"双评价"推进"双评估"，应对标高质量发展要求，对新区目前空间开发保护的弱项、短板进行评估，系统分析例如本文提出的现有规划落实不充分、公共基础设施不均衡等问题，预判新区未来发展的潜在风险。同时，需要对现有新区规划实施情况进行评估，既需要借鉴现有规划成果、制度体系，也需要评估现有规划空间布局不足，进而对"三区三线"进行综合校核、科学修正、合理完善。

在合理划定"三区三线"基础上，CC 新区需要重点围绕科学统筹"三区三线"，保障空间集约合理利用，从"分区、用途、指标、名录"四个维度，创新构建规划管控体系，进一步增强 CC 新区国土空间发展的高效性、可持续性。其中：分区是国土空间规划的重要载体，可以构建新区全域覆盖的主导功能分区执行体系和系统；用途是管控对象，分区最终需要落实到土地用途；指标是管控的量化手段，按管控目标划分，可以分为内核和外延两类指标，按管控方式划分，可以分为约束性指标与预期性指标；名录是管控的重要手段，主要包含重点项目名录、建设项目的正面清单和负面清单等类型。

（一）分区管控

CC 新区国土空间规划分区应以"三区三线"为核心，在遵循全域全覆盖、不交叉、不重叠的原则下，结合国土空间规划战略意图确定的"三区"功能导向划分分区，将规划管制意图相关的关键资源要素划入同一分区，同时也要明确各分区对应的国土用途类型，以及用途管制制度准入的国土用途；若分区划分出现可叠加或交叉的情况时，应依据管制规定从严选择规划分区的类型，以优先保障生态空间为前提，选择更有利于实现规划意图、更有利于保护生态资源的分区类型。CC 新区国土空间规划分区还应通过国土空间用途控制制度，针对不同分区对应的国土空间规划用途设立对应的管理制度，实现国土空间规划政策有效传导和差异化管理。在分区过程中，应考虑融入

CC新区发展建设目标，综合考虑CC新区内涵特征，并进行差异化战略研究。

本文结合CC新区发展导向，从落实"三区三线"要求角度，对CC新区进行主导功能分区和国土空间规划基本分区。考虑CC新区发展导向，主导功能分区可划定为居住主导区、工业主导区、物流主导区以及中心功能区 [94]。结合新区资源禀赋条件，对CC新区国土空间规划分区基本分区划分为核心生态保护区、永久基本农田保护区、生态保护修复区、自然保留区及城镇集中建设区、城镇有条件建设区、特别用途区、农业农村发展区等。

结合新区实际，在分区的过程中应完整、准确体现城市集中建设区发展总体空间规划结构及规划管控意图，突出各功能分区空间范围内的规划主要城市功能导向，便于通过详细规划进一步传导和落实规划意图、细化城市建设用地规划分类，进行精细化管理，可将城镇集中建设区进一步展开，细分为居住生活、综合服务、商业商贸、物流发展、绿地休闲等区域。

对于农业农村发展区，可采用农业农村利用功能规划分区方式，细化落实规划发展要求，既要体现农业农村发展规划意图和管控要求，同时也要突出农业、林业、牧业等生产主要利用功能导向，进行差异化管理。因此，可将农业农村发展区划进一步细分为村庄建设、一般农业、林业发展等区域。

（二）用途管控

用途管控主要指土地用途管控。CC新区可以根据"三区三线"划定，差异化制定三类空间土地用途管控规则。在城镇空间方面，可以根据现行规划法相关要求，以城镇土地用途管控规则为基础，按照"三区三线"中划定的城镇空间及开发边界要求，调整完善城镇空间用途管控规则。在农业空间方面，将土地用途区中基本农田保护区、一般农业区的划定方法和用途管控规则作为基础，按照"三区三线"划定的农业空间和永久基本农田边界的要求，调整、完善、强化用途管控规则。在生态空间方面，可以考虑借鉴自然生态空间用途管控试点经验，探索土地用途管控规则，实行分层、分级、分类管理模式。

CC新区在规划过程中，可以通过构建用途转用机制实现用途管控。用途转用机制应以生态环境保护为主，充分考虑各个要素发展存在的基本特征，结合CC新区目前现状，按照"三区三线"管控规则，在各要素用途管控规则上体现差异性，针对三类空间用途之间，同类空间内部用途之间的相互转换，需要建立差别化的国土空间用途转用机制。

（三）指标管控

按照管控目标划分，指标管控可以划分为内核指标和外延指标。内核指标是由CC新区国土空间规划主导制定的管控指标，外延指标是在CC新区国土空间专项规划、详细规划等下位规划中具体体现的管控指标。内核指标需要体现出综合性、总体性的特征，对应于"三区三线"管控和基础设施建设，如城乡建设用地规模、建设用地总规模、基本农田保护红线区及生态保护红线区之间的比例、绿化覆盖率及道路网密度等。外延指标要呈现出更加具体、细致的管控目标，如各项人均公共服务设施用地面积、步行率、新增绿地建筑比例等。

按照管控方式划分，指标管控可分为约束性指标和预期性指标。CC新区需要结合底线管控、结构效率、生活品质设置约束性及预期性指标。约束性指标可以体现"三区三线"管控的"刚性思维"，应用于底线管控，如城乡建设用地规模、耕地保有量、基本农田保护红线区及生态保护红线区面积等不得突破规划目标。预期性指标在设置时，可以体现管控的灵活性和可操作性，即"弹性思维"，可被应用于结构效率、生活品质的衡量。

（四）名录管控

名录包括重点项目名录、建设项目正面清单和负面清单等类型。重点项目建设作为规划实施具体环节，是促进CC新区高质量发展的载体，具有带动和支撑的作用。正面清单作为国土空间规划的准入主体，应采取全面鼓励的方式进行划定。而负面清单作为国土空间规划的禁入主体，应结合生态文明背景下国土空间规划"三区三线"管控要求，采取严格禁止的方式进行划定。如居住区层面，鼓励区级以下公共服务设施、创新产业正面清单建立，严格禁止污染产业负面清单进入；农业发展层面，全面鼓励现代高效农业正面清单准入，严格限制畜禽屠宰业负面清单进入；工业发展层面，鼓励新能源应用、新材料产业等正面清单准入，严格限制石油加工、造纸业、一般化工产业等负面清单进入；服务业层面，鼓励健康养老产业、电子商务产业正面清单准入等。

二、基于动态评估新区发展状态，构建实施规划反馈机制

国土空间规划中"双评价"和"双评估"与规划监测、评估、预警是底线思维的体现，两者相互交织，围绕国土空间规划编制和实施全过程，互相指导、反馈。CC新区既需要通过"双评价"与"双评估"，科学划定、统筹管控"三区三线"，也需要落实《若干意见》建立长效机制的要求，可以从规划"体检评估"、"监督考核"、"论证预警"三个层面，构建实施新区规划反馈机制，通过对规划引领高质量发展的动态评估监测，综合评估监测结果与新区高质量发展实际状态，对规划进行适度调整、及时完善，保障规划更加长期、灵活的指引新区高质量发展。

（一）建立"年度体检，五年评估"机制

"年度体检"工作一年开展一次。"一年一体检"以平台为支撑，以"1+4+N"的体检报告体系为基础，按照四个阶段、六个流程全面检测CC新区年度运行状态和质量，动态化把握新区规划运行基本状况和规划实施情况。依据部门体检数据表和年度体检数据总表，对CC新区管委会绩效办考核各责任部门进行年度体检。体检全过程分为"四个阶段"，分别为计划阶段、填报阶段、体检阶段和运用阶段；"六个流程"为制定部门计划、填报部门进展、形成体检数据表、年度综合体检、年度专项体检、成果运用。年度体检能更好掌握新区演变的动态机制和规律，进而能更好地预测

新区发展趋势，对现行规划提出实质性的修编建议。年度体检作为规划动态维护的前提条件，侧重强调各类底线的保护、规划编制计划和重点项目计划的评估，能及时有效地发现规划实施过程中遇到的与高质量发展不相符的问题，为各责任部门调整制定下一年工作计划提供参考依据，也为未来五年的评估工作积累基础数据。

基于"年度体检"的评估结果，CC新区可每五年开展一次评估工作。"五年一评估"可以以平台为支撑，以"N+1"的评估报告体系为基础，按照四个阶段、六个流程全面检测CC新区五年运行状态和质量。五年评估的主体和对象为CC新区管委会绩效办考核各责任部门，考核的主要依据是五年综合评估报告，全过程分为"四个阶段"，分别为数据阶段、评估阶段、意见征求阶段和成果审议阶段；"六个流程"为整理基础数据、阶段专项评估、阶段综合评估、部门意见征求、上政府常务会、上人大常委会。

规划实施五年评估对于保障CC新区规划依法、合理、有效实施具有重要作用，五年综合评估报告将作为指导CC新区规划建设的重要参考依据，评估结果将纳入责任部门实施惩戒、部门干部使用以及市管领导干部考评中。五年评估工作更注重于更加全面的对过去五年CC新区高质量发展过程以及规划的实施成效进行评估，可以科学的评价出规划阶段性实施工作中暴露的新区发展问题，为未来规划实施工作提供参考依据，也为下一步修正新区发展方向、调整体制机制、实现规划动态维护、制定下一个五年实施方案等提供参考依据。

（二）建立规划核心指标落实监督考核机制

CC新区应加强对国土空间规划"三区三线"约束性指标管控落实情况的监督考核，首先，层层分解目标责任，从新区主要领导到科室负责人，再到下属单位，分层次、分项目、分指标实行分级落实监督管控，要求各责任人、各责任单位按计划认真扎实的组织推进和实施，建立目标指标管控的重要基础。

其次，建立实行"周通报、月绩效考核、年考评"的管理制度，每周对目标指标完成情况进行统计、汇总，并进行通报，对未完成目标的要说明原因，并提出改进措施和意见，持续跟踪落实，保证规划实施工作达到预期效果。计划重在落实行动，监督部门应进行全程跟踪、监督与督促，保障各项指标高效高质量落实到位。

再次，建立目标指标落实与绩效考核挂钩机制，将确定的核心目标指标任务与负责人的绩效工资挂钩，实行每月一统计、考核机制，奖优惩劣，并将年终考评结果，作为干部激励提拔任用的重要依据，以促进规划项目的顺利实施，保障规划目标有序、高质量的实现。

（三）建立规划论证预警机制

为规范CC新区国土空间规划重大问题解决流程，对国土空间规划实施过程中潜在的问题风险及时作出研判、预警，可制定重大问题论证预警机制，促进规划实施过程中重大问题依法、科学决策，及时妥善解决。

一方面，委托具有规划编制甲级资质、国土空间规划编制经验丰富的专业单位，开展"双评价"与"双评估"工作，编制CC新区国土空间规划。同时，与长期跟踪服务、熟悉 CC 新区情况的地方设计单位组成联合体，共同负责新区国土空间规划编制。

另一方面，组建专家委员会，由各个领域国内外资深专家以及熟悉开发区工作的专家组成，定期召开新区规划相关工作会议，参与研究讨论新区规划制定执行相关事项。①对于规划相关重大问题，需要对其是否科学、合法及可行性论证的，应当向专家或第三方机构咨询论证；②专家进行论证的对象无严格限制，可以是决策方案整体，也可以是其中的一部分；③实行重大问题执行备案、评价、审计"三制"管理规定。其中，"备案制"是对重大问题进行审批备案，登记入库统一管理；"评价制"是对重大问题开展可行性评价，由法定机构进行科学、客观的评价；"审计制"是查明规划实施的财务状况，提出审计报告，做出客观公正的评价。

三、基于强化多规协调一致，构建实施规划传导机制

CC 新区构建实施规划传导机制，是保障国土空间规划权威性、指导性的重要手段，也是国土空间规划"多规合一"的基本要求。CC 新区应落实国土空间规划"五级三类"体系要求，既需要对上加强与国家、省市上级规划的衔接，对内加强总体规划与分区规划、单元规划之间的传导，也需要加强总体规划、发展规划、专项规划之间以及近期规划、年度行动计划之间的协调一致，破解规划"打乱仗"问题，发挥规划对高质量发展的引领作用。

（一）强化规划纵向传导与横向传导

CC 新区可落实 CC 市"总 - 分 - 单元"的规划传导体系，构建国土空间规划传导体系。从区域尺度来看，即纵向传导上看，CC 新区国土空间规划处于承上启下的位置，向上传导国家、JL 省级及 CC 市级国土空间规划的管控要求，传导如"一主六双"产业空间布局、CC 现代化都市圈等战略规划对新区的规划要求，协调 CC 市层面各级规划对 CC 新区发展的要求，形成在规划期内对 CC 新区的城市建设、生态保护等各项工作的统筹安排。对下主要为各类规划提供指导依据，做好规划实施路径设计、规划单元指引、近远期发展时序安排等内容，并作为编制实施下一层次功能单元规划的重要依据。

从新区尺度来看，即横向传导上看，形成"总体 - 分区 - 单元"的规划传导体系。总体规划即 CC 新区国土空间规划，分区规划即各开发区的规划，单元规划中功能单元的划分既可以是对特定农业、生态空间的细化分解，也可以是对开发边界内的城镇空间细分或混合单元划分，由于城镇、农业及生态三种空间并不是完全集中连片，同时考虑管理需求，除特别重要的生态功能区及农业功能区，可以采用混合单元制，即单元内含两种及以上功能。其中混合单元细分主要依据：一是结合自然分界线，包括主要交通道路、重要自然要素（山体、河流）等；二是结合行政区划范围（街道、乡镇、村界线）；三是充分考虑已划定控规管理单元范围界线；四是充分结合功能分区及其他特殊管控要求，突出功能的完整性。

（二）强化年度行动规划与专项建设计划传导

年度行动规划主要是分解各个层次规划的实施目标，结合CC新区工作重点，形成每一年度的实施目标，以年度行动规划统筹新区全域的城市建设。根据CC新区规划建设要求，年度行动规划应当通过对年度用地总量、分项指标的调整管控，加强对每年项目建设用地规划管理的引导，做好各个年度间的综合平衡，立足形势发展确定年度工作重点，明确重大工程、重点项目、重要任务的年度实施要求。专项建设计划规划应当分类施策，以问题导向、务求实效，CC新区各类专项建设计划应当围绕高质量发展需要，重点聚焦产业发展、基础设施、生态环节等板块。

（三）强化近期建设规划和年度行动规划传导

CC新区可以分阶段落实国土空间规划的目标任务，加强新区国土空间规划由"蓝图式"向"过程式"管理转变。通过构建"国土空间规划－近期建设规划－年度行动规划"的规划实施序列，完善规划的"滚动"实施机制。

年度行动规划采用滚动编制模式，每一轮年度行动规划的编制内容包括两年的内容，第一年的内容为"实"的，可以落实实施的内容；第二年编制"虚"的内容，即战略性和指导性的内容。在每个实施年度，对CC新区的年度行动规划实施过程及效果进行追踪检测和分析评估，在此基础上，对下一年度行动计划与行动目标进行适度调整，形成第二轮年度行动规划，以此类推，形成滚动编制的机制。

针对每轮近期建设规划，应编制五轮年度行动规划，以保障近期建设规划和新区部门管理目标的实现。根据上一年规划实施情况调整下一年度行动计划的目标和指标，指定新一年新区年度行动计划，新区城市建设管理部门依据城市发展变化需要，协调各种关系，根据新区建设状况及时调整和控制建设重点与发展方向，促进各项功能保持动态平衡，从而实现国土空间规划对新区高质量发展的动态引导和管理。

四、基于促进新区高效能治理，构建实施规划推进机制

CC新区应以制定实施国土空间规划，作为检验新区空间治理成效、推进提升新区空间治理水平的契机。在规划制定实施过程中，破除"为规划而规划"思想，树立"为治理而规划"观念，以共谋、共建、共享"三共思维"构建目标一致、齐谋共治的规划推进机制，切实调动和发挥空间范围多元主体作用，加强公众参与，保障规划既科学权威，又务实可行，推动新区国土空间的高效能治理。

（一）政府主导

CC新区管委会在国土空间规划制定实施过程中，应当发挥好导向者、建设者和服务者作用。导向者是新区管委会应当结合国家赋予新区的战略定位和上位规划，根据各级法律法规，对CC新区国土空间使用进行合理的引导和控制，确保CC新区的各项建设在"三区三线"控制范围内，符合新区高质量发展目标要求，保障国土空间规划的有效实施。组织者是新区管委会应当根据国土空间规划的部署，加强国土空间规划工作领导组织，有计划地组织分配新区人力、财力、物力保障规划落实，推进CC

新区重要基础设施和工程建设。服务者是新区管委会应当强化政府服务意识，基于国土空间规划改革"多规合一"，加大新区"放管服"改革的推进力度，从有利于高质量发展、有益于企业和群众办事角度出发，对涉及规划审批事项梳理、整合，推进规划建设同质同类相关事项"一窗办结"，提高规划及建设审批效率，创造良好的政务环境，体现对国土空间治理能力的提升。

（二）部门协同

从新区内部协同看，CC 新区需要按照结构性和程序性协同机制划分理念，设计构建跨部门的组织载体，搭建统一的规划组织以及协调平台，实行统一编制规划的管理组织模式，可以成立区级国土空间规划领导小组，由新区管委会"一把手"亲自担任组长，管委会领导班子和各开发区主要领导任副组长，成员应当由各相关部门、各个开发区主要负责人组成，必要情况下也可以包含街道（乡镇）负责人。领导小组主要负责组织领导、统筹、审议国土空间规划相关的重大事项，决议重大问题。领导小组可以下设办公室，办公室设在新区规划与自然资源局，负责统筹推动"双评价"与"双评估"、用途管控等涉及国土空间规划的相关工作，落实工作领导小组决策部署、协调各相关部门，保障 CC 新区国土空间规划制定实施有组织、有效率。同时，还要建立跨部门技术问题的程序性衔接机制，制定印发程序性管理文件，建立规划信息平台、专家数据库、法律体系等功能载体。在机制协同层的作用下，CC 新区各个相关部门通过结构机制和程序机制可以相互作用、互相影响，从而提高整体对空间资源的配置效率，使国土空间规划的部门管理系统从多头、竞争、交织走向统一、合作、有序。

从新区外部协同看，CC 新区应完善重大项目选址决策机制，构建与省市密切衔接、互动联动的规划基础平台，建立形成新区各部门、各开发区与省市的国土空间信息共享平台。同时，需要结合省市国土空间规划安排，与省市部门加强对接，强化各部门在财政投入、项目建设及土地供应等方面相互协调，合理确定年度安排和行动计划，实现省市区三级部门联动、同步高效。

（三）社会参与

国土空间规划的出发点和落脚点应是满足空间人口活动需要。CC 新区国土空间规划制定实施过程中，应当考虑适时、适度公示规划方案，结合新区产业发展功能定位，应重点面向企业征求意见，提高产业空间布局、招商的针对性。

对公众意见应当加强分析整理，逐条对照研究，了解公众利益取向，同时应把公众参与适度融入"双评价"与"双评估"以及规划实施的评估监测预警，有选择的采纳公众意见建议，科学确立指标，并在国土空间规划中加以体现，修改后的规划成果交由专家评审，实施严格监管。

同时，还应规范实施规划公示听证机制，不断健全听证制度，定期开展公示听证会，明确规定听证代表的具体数额、分配遴选标准、遴选方式及确认结果，保证公平公正、公开透明，促进国土空间规划好用、实用、管用。

第六节 国土空间规划引领下高质量发展路径

CC新区构建实施国土空间规划是落实《若干意见》要求的需要，其核心目标是推进新区空间高效利用，引领新区高质量发展。通过本文研究分析，CC新区经过几年规划建设，具备良好的发展基础条件，具有高质量发展的潜力，国土空间规划引领下新区高质量发展路径是本章研究的重点。

结合上文提出的城市高质量发展概念、国土空间规划引领下城市高质量发展的思路框架，国土空间规划引领下CC新区高质量发展不应局限于经济高质量发展，而应体现在经济社会全域、全覆盖的高质量发展。具体路径应是结合高质量发展需要，既需要在规划实施机制上体现新发展理念，落实国土空间规划的新方向、实施新手段，也需要在国土空间规划确立的新区空间布局、发展策略上体现新发展理念，以规划全面提升新区国土空间"创新、协调、绿色、开放、共享"水平，实现引领新区经济社会全域高质量发展。

一、强化区域创新功能，增强新区高质量发展内生动力

CC新区高质量发展需要依靠创新优化存量，推动产业、经济转型，促进经济从"数量"向"质量"转变。新区在制定实施国土空间规划过程中，需要在现有创新优势基础上，强化创新功能规划布局，加快集聚各类创新要素，为市场主体生产经营、研发创新提供优质、便利条件。

（一）规划布局创新创业载体

CC新区目前已经规划建设了中关村创新中心、CC科技大市场等创新载体，在此基础上，应当在基于"双评价"，在具备条件的功能区，规划布局一批创新创业载体，瞄准世界科技前沿，主动承担国家重大战略部署，争取重大创新平台在新区落户。在JL大学、中科院CC分院周边区域，可以规划布局建设"双创城"，围绕生物学、光学工程、微电子、精密机械、遥感技术、化学等优势领域，积极申请建立一批国家重点实验室、制造业创新中心、工程研究中心等国家级创新载体。预留高校发展空间用地，规划开展高端院所引聚工程，通过建设联合实验室、产业技术研究院、人才培养基地等，吸引中国科学技术大学、中国科学院大学等高校院所在CC新区落地。

（二）规划建设金融服务平台

金融资本是CC新区空间主体创新、经济高质量发展的重要基础保障。CC新区在制定实施国土空间规划过程中，应加强对金融发展空间的专项规划，可以借鉴学习深圳经验，规划建设金融发展功能区，依托区内龙翔国际商务区、海容广场等高端商业

楼宇建设新区金融中心，吸引更多的金融服务机构或者类金融机构落户新区，打造金融机构聚集、产品多样、服务高效、生态良好的金融发展区域。同时，在政策、机制层面，需要不断创新政府资金投入方式，设立专项产业投资类、创新创业类子基金，构建统筹优化、协同高效的基金架构。推动政、银保担合作，联合银行等金融机构探索推出更多创新型融资产品。

（三）规划建设人才引育高地

CC新区应立足提升高层次人才在人口规模的比重，为空间开发建设提供高水平智力支撑，规划建设国际化的人才城，为人才发展定制化引进建设国际实验室、研究院、科学家工作室等，支持科研人员到企业担任技术顾问、战略科学家，重点推动以大学生群体为代表的高素质人才留长回长就业，吸引一批具有重大原始创新能力的科技领军人才到新区创新创业。同时，可以通过政府购买服务等方式，探索引进专业机构团队开展市场化运营，积极争创国家级人力资源服务产业园，在人才激励、评级与服务保障等方面，开展改革试点示范工作，充分激发高层次人才的创新创造积极性。

二、推进区域协调合作，加强新区高质量发展内外联动

CC新区制定实施国土空间规划，既需要从空间功能角度，科学划定统筹"三区三线"，促进生态保护、空间开发，也需要从战略实施角度，合理规划布局各开发区建设发展任务、指标，同时，需要从推动落实省市上级规划、战略高度出发，加强与省市其他空间区域的联动合作，构建空间协同联动合作、共促新区高质量发展的空间格局。

（一）加强域内空间错位发展

CC新区应以国土空间规划为契机，加强对目前行政管辖的三大开发区的资源承载力、开发现状、开发适宜性等评价评估，在总体规划中制定差异化的发展策略，各开发区应以总体规划为遵循，制定落实性的专项规划、详细规划。本文结合前文对新区现状分析，尝试探讨高质量发展要求下各开发区空间开发的侧重点，其中，CC高新区应加快推进"腾笼换业"，深入实施创新驱动、内涵提升和集约高效发展，加快构建以创新为支撑的经济体系和发展模式，打造成为区域创新核心引擎。北湖开发区应加速完善基础设施和高端居住休闲配套，坚持项目园区化、产业集群化、土地集约化，加快提升全产业链水平，培育产业生态，加快建设现代化科技新城。空港应在保护好河湖资源、基本农田基础上，适度进行开发建设，构建以航空运输业、高端装备制造业为主的产业体系，建设临空经济示范区和城乡融合发展示范区。

（二）加强空间板块优势互补

从目前CC市"四大板块"新发展布局看，CC市将把建设"四大板块"作为其市级国土空间规划的重点。CC新区作为板块之一，应从强化与市级规划衔接、传导角度出发，规划布局与其他三大空间板块联动协同的载体、模式，强化各空间板块优势

互补，支撑 CC 市构建"极核引领、多点支撑"的空间格局。其中，可以与国际汽车城板块在智能新能源汽车方面加强合作，规划无人驾驶汽车开放区域，联合开展智能网联汽车、无人驾驶汽车研发与试验。与国际影都板块可以探索规划共建科技与文化融合发展示范区域。与中韩（CC）国际合作示范区板块可以联合共建对外合作创新平台、产业载体，在对韩合作中发挥创新支撑作用，共同推进国家自贸区申报工作。

（三）加强空间区域战略合作

CC 新区应从对接长吉图战略、JL 省"一主六双"空间布局角度出发，在国土空间规划中，从总体规划及产业空间布局规划、基础设施专项规划等方面加强与全省战略结合，可以深化与全省其他开发区的产业协同、创新协同，牵头组建省产业园区协同发展联盟、省级产业创新联盟，通过规划共建跨域"飞地园区"、园区管理模式输出等方式带动省级科技园区发展。同时，可以争取将德惠市临近北湖、公主岭市临近 CC 高新区的区域纳入新区范围，一方面，扩展新区开发建设空间，推动新区高质量发展，另一方面，盘活周边区域存量空间，推动 CC- 公主岭同城化协同发展和 CCJL 一体化协同发展。

三、推动空间绿色发展，优化新区高质量发展生态环境

生态优先是国土空间规划改革的核心要义。CC 新区需要强化底线思维，基于严守生态保护红线、划定管控生态空间，在空间规划中，可以结合本文前文研究的绿色生态城市评价标准进行生态环境评价，有针对性地制定实施国土空间规划，规划布局重点生态工程，同时，需要将绿色发展理念融入产业发展、城市基础设施建设等各个领域，走绿色环保、生态优先的可持续发展新路。

（一）严格保护生态环境

CC 新区应在国土空间规划中，明确布局推进区内饮马河、富裕河、永春河治理等重大生态工程，加大对不达标的劣质水体的综合治理力度。基于现有规划实施完成的伊通河北北段污染治理、北湖湿地公园两大重大生态工程，可以规划"园河相连"的生态"绿楔"。同时，需要加大企业排放"三废"的监管，强化污染的源头防治。加强对区内建筑工地扬尘、裸露地面、老旧地区市容环境整治，全面清除区域生态环境卫生死角。

（二）集约节约利用资源

CC 新区应树立精明增长、"紧凑城市"理念，严格空间水资源、土地资源管理，促进资源高效利用。在制定实施国土空间规划过程中，可以倡导应用节能环保材料、工艺推进空间开发建设，推广绿色低碳建设运营模式。健全完善地下水监测系统，开展地下水超采综合治理，完善水资源定价机制，在雨洪资源利用方面加大力气，建设"节水型新区"。同时，探索优化建设用地结构，加强耕地保护，强化建设用地开发的控制。

（三）构建绿色生态系统

CC新区城市设计等专项规划应以国土空间规划总体规划为指导，规划"蓝绿空间网络"，可以结合人口集聚规模，在CC高新区规划布局建设CC生态公园，系统设计自然景观、人文活动等主题板块，打造CC市南部城区的"中央生态公园"。塑造以河湖岸、公园、道路为一体的绿色景观系统，运用建筑物外立面、楼宇屋面等进行绿化，丰富和充实城市绿色景观网络。推动景观体系、开放空间和人文活动板块的有机融合，布局一批绿色步道、体育广场等，打造功能复合绿色新空间。

四、促进空间外向发展，提升新区高质量发展开放活力

按照国务院对CC新区定位及新区区位，可以看出CC新区在国家、省市开放战略中具有一定地位，因此，需要在国土空间规划中充分体现开放的目标任务。CC新区应当立足弥补自身发展空间地处东北内陆、不沿江、不靠海的实际，面向国际规划布局开放平台，打通对外开放通道，积极主动融入全球经济循环，提升高质量发展活力。

（一）规划建设对外开放平台

CC新区应以获批国家临空经济示范区为机遇，根据目前龙嘉机场规划修编情况，在示范区内规划布局国际快件海关监管中心、保税物流园区B型等航空物流功能设施，打造东北亚门户枢纽机场。同时，在国土空间规划基础设施规划上向区内CC国际港倾斜，从构建"空铁联运"无缝对接物流通道出发，可以在CC国际陆港规划建设货运集散中心，探索推进贸易业态模式创新，总体形成"港区联动"的空间开放格局。

（二）创新区域战略合作模式

CC新区可以通过与发达地区规划共建异地分园，植入发达地区成熟园区品牌，探索与东南沿海城市的"飞地经济"模式，拓展与长三角、京津冀、粤港澳大湾区的对接合作，开拓CC新区国内区域战略发展空间。同时，可以支持本地龙头企业在先进地区建设异地研发中心，试点在企业意向区域集中规划建设异地研发园，柔性整合先进地区高端要素。

（三）拓展国际空间合作范围

CC新区可以通过在主体功能区规划布局国际合作区、建设若干跨境合作产业园区，推进东北亚区域产业合作平台建设，强化与俄、日、韩等东北亚国家的国际合作。依托建设中日智能制造产业园，嫁接日本高端制造技术与国内优质网络信息服务，开拓智能制造服务市场，导入日本先进生产制造技术和经营管理理念。依托建设中俄科技产业园，开展国际科技合作、跨国技术转移，举办或承办中俄高新技术工业展览会等活动，同时拓展与斯洛文尼亚、捷克等中东欧国家的经济科技合作。

五、提高空间宜居品质，推进新区高质量发展成果共享

提升空间宜居品质，为人民群众缔造高品质生活是国土空间规划改革的出发点和

落脚点，CC新区在制定实施国土空间规划过程中，需要突出共享理念，从人民需要出发，加强新区现代化基础设施、公共服务设施规划布局建设，推进城乡融合，打造以人为本的宜居共享新城区。

（一）完善基础设施规划布局

CC新区应基于对人口规模现状、人口发展预测的评价评估，科学制定基础设施规划，可以探索推进"快捷新区"建设，规划高效畅通的路网工程建设，有效增强新区与城市中心通达性，推动形成"内连外通"基本格局。新区国土空间规划应基于长远考虑，超前规划布局地下水电气等管廊，积极推进"海绵城市"建设。同时，可以对接"一主六双"和CC现代化都市圈建设，新区交通发展规划应与JL市和公主岭市协同对接，交通工程建设同步推动，支撑"CCJL一体化"和"CC公主岭同城化"发展。

（二）优化区域公共服务配套

CC新区需要结合"双评价"与"双评估"与动态评估预警，适度超前地规划布局、有序推进一批高端教育、医疗、文化体育、养老等公共服务配套，梯次完善供水、供电、供热等设施，增强公共服务供给能力。基于目前新区部分区域尚缺少高品质商圈、艺术馆、图书馆等设施，应加快规划建设、补齐短板。同时，新区应统筹城乡融合一体化发展，进一步推进城乡、区域间公共服务均等化，满足人民群众生活需要，提升人民群众的获得感、幸福感。

（三）加强智慧新区建设管理

CC新区需要同步推进国土空间规划信息数据平台与"智慧新区"建设，规划建设智慧城市传输网络、云计算中心等信息基础设施，运用大数据、云计算等现代科学技术，智能响应城市服务和公共安全等各种需求，实施智慧市政、智慧生态、智慧城管、智慧政务等系统工程建设，打造东北领先的"智能新城"。

第七章 国土空间规划背景下实用性村庄规划编制

第一节 研究背景以及国内外动态

一、研究背景

（一）乡村振兴战略需求

农村地区作为决定国家发展水平、实现小康社会的关键一环，其发展与建设逐渐受到国家及各行业的关注。近年来，国家出台了多项政策与中央文件，推进农村地区的发展，同时强调要加强对农村地区的管理与建设，并多次提及村庄规划对乡村发展的重要促进与引领作用，肯定了村庄规划为乡村发展带来的积极影响，也强调了新时代发展背景下村庄规划的必要性，尤其是在乡村振兴战略提出之后，习总书记明确指出，要坚持规划先行、有序推进的乡村振兴战略实施，从政策层面奠定了村庄规划"乡村振兴第一道工序"的重要地位。

（二）空间规划体系改革

当前我国正处于空间规划体系改革的探索阶段，自 2014 年国家提出开展"多规合一"试点工作、将"多规合一"从地方实践上升至国家战略以来，多个市、县已完成"多规合一"规划编制工作并总结出了相关的编制技术与方法上的经验。随着国土空间规划工作的开展，预示着"多规合一"模式下的规划编制必将推行至各个层次，在此背景下基于"多规合一"的村庄规划编制也将成为必然趋势。2019 年 5 月 28 日，自资部印发相关通知要求省市各级全面开展国土空间规划工作，并提出要结合县和乡镇级国土空间规划编制，全面考虑村庄发展的各项物质与非物质环境，落实乡村振兴战略，优化村庄布局，编制实用性的村庄规划。

二、国内外动态

（一）国外村庄规划研究综述

1. 德国村庄更新规划

德国的村庄更新规划起源于上世纪八十年代，随着城市化与工业化水平的逐步提升，村庄人口逐渐减少，农业生产地位也逐渐下降，但其自然景观与居住环境水平却在不断提升。在之后的郊区化过程中，越来越多的城市人口迁移至农村，这时的村庄不仅作为居住空间、农业生产空间，还承担起了休闲娱乐、旅游服务的功能，村民开始自发进行建设改造与道路拓宽。由于缺乏相应规划及法规的引导，造成村庄传统肌理与自然环境的破坏，在此背景下，相关学者提出村庄更新规划，规划目的以保护村庄肌理、传统风貌、自然景观、文化传统为主，同时提出完善村庄各项设施建设，增强村庄发展的内生动力，实现村庄自治与经济提升。

德国的村庄更新规划有着独立的编制地位。在行政体制上，德国是"地方分散型"的联邦制国家，由"联邦 —— 州 —— 市镇"三级构成，市镇包括城市与乡村，二者属于平级的关系，乡村地区并不从属于市县地区，而村庄规划自然也就不从属于城市规划，而是与城市规划平级；在法律法规上，相关法律规定德国城市规划工作属于地方自治型工作，上级政府不能直接干预，村庄更新规划作为与城市规划平级的规划类型，自然也不受联邦、州政府的直接管控，故而德国的村庄更新规划首先在编制层面有着相对独立的地位。

德国的村庄更新规划还有着规范严谨的法律法规保障。其基本法律之一《空间秩序法》作为协调城市规划上层次区域空间发展的法律，明确将国土空间划分为"密集型空间"与"乡村型空间"。此外，由于德国的城市规划属于地方自治型事务，为了体现自治原则，另有基本法律《建设法典》具体指导规划区的建设活动，范围包括建设用地与农业用地，分为土地利用规划与建设规划两个层级，分别负责土地类型的划分与各类土地利用的落实，具有强制性作用。针对农业用地的建设活动安排，德国还出台有《田地重划法》，对规划区域的自然景观、水资源、各项农业基础设施等进行管理与保护，有权对建设规划中农业用地的相关规划进行调整，同时负责处理建设用地侵占农田的补偿协商事务等。

在公众参与和规划管理层面，《建设法典》明确了村庄规划公众参与的具体程序，指出从规划目标的提出、方案的讨论、修改到规划审批、成果公布，都需要公众代表参与意见。在规划管理层面，由于乡村地区有着大量的农田等非建设用地，对其进行规划管理相比于城市地区较为复杂，对此，《建设法典》中详尽规定，对土地利用的管理具体到每一块用地的用途，对建设活动在空间划分出外围地区，规定此区域不得进行除农林业生产及重要基础设施建设外的其他活动，有效保障了建设活动与农田保护的协调发展。

2. 英国村庄发展政策与规划

英国是世界上较早进行城市规划研究的国家，也是较早提出应将城市与乡村作为一个整体进行研究，提出城乡统筹发展的国家，其村庄规划经历了耕地保护、自然景观保护及综合发展规划三个阶段：①耕地保护阶段：二战结束之后，战争原因致使德国对英国实行贸易封锁，造成英国面临粮食短缺的农业危机，这让长期依赖农产品进口的英国开始意识到自给自足的农业经济的重要性，为了保证粮食生产，英国开始提出一些村庄发展政策促进对耕地的保护，这一时期的村庄规划也是以农田、耕地的保护为主；②自然景观保护阶段：1970 年代到上世纪末，"逆城市化"现象导致人口大量迁入农村，打破了农村地区宁静、和谐的生活，村庄自然景观遭到破坏，传统的村庄肌理与结构也面临威胁，针对这一现象，这一时期村庄发展政策提出要合理平衡乡村发展与自然景观之间的关系，村庄规划既要满足人们日益增长的休闲娱乐需求，也要注重对自然景色的保护；③综合发展规划阶段：进入 21 世纪之后，有关学者提出集经济、社会、环境于一体的村庄综合性可持续发展规划，规划内容包括了住房、交通、基础设施、农业和生态空间等多方面，目的是在指导乡村地区农业保护、自然环境保护、经济发展，同时改善居民的居住环境与生活水平。

英国的城乡关系与城乡发展与其行政建制密不可分，其作为中央集权国家，中央政府拥有较强的规划管理权力，其行政区划总的来看分为"大区——郡——地区——教区"四级，大区之下划分为都市郡与非都市郡（即"郡"一级），各自再向下划分为都市区与非都市区（即"地区"一级），由此可见，英国在行政建制上虽有城、乡之分，但并无隶属关系，而是将城乡作为一个整体统筹考虑，追求城乡一体化发展。

英国的村庄规划一直都是其空间规划体系中的重要组成部分，对此，英国在法律层面有着明确规定，突出了村庄规划的重要地位与作用，在空间规划层面对城乡融合起到了促进作用。在"国家——区域（次区域）——地方"的三级空间规划体系结构中，村庄规划即地方层级的非都市区规划，包括发展型与保护型两种，针对发展型空间规划，其编制与管理的主要法律依据是 2004 年颁布的《第 7 号规划政策文件》（以下简称《第 7 号文件》）；针对保护型空间规划，依据《乡村地区利用规划》、《城市与乡村规划法案》等法律规定，对农村地区的非农业开发建设活动进行限制，并提出了三种空间保护规划方式，保护农村土地与景观。

英国农村地区能够呈现出完整的传统肌理与景观格局，与政府对农村地区的管理与政策保护密不可分，尤其体现在政策与相关法律的同步制定上，例如早期提出的三种土地保护机制，每种都有相应的法律法规保障政策的落实与实施，此外还有《乡村法》、《乡村和乡村道路法》等法律文件，对村庄各方面资源提出保护与建设要求。

3. 法国村庄开发与村庄建设

法国同我国一样，也是农业大国，其农业土地约占全国用地的 55%，二战结束后，法国虽然没有遭遇像德、英等国的粮食危机，但其城市与乡村都遭到严重破坏，迫切需要进行城市与村庄建设。其村庄规划大致可以分为四个阶段：第一阶段为农业振兴时期，重点在推进农业发展与农村基础设施的建设与完善上，目的是疏解大城市人口；

第二阶段是村庄整治时期，这一时期"土地荒漠化"与"逆城市化"现象突出，村庄整治的目的是防止居民对传统村落肌理与格局的继续破坏，保护农村生态自然景观；第三阶段是乡村复兴时期，随着城镇化水平的提升，村庄承担的功能也在逐渐转变，不再是单纯的农业生产空间，也是提供休闲娱乐、乡村旅游的多功能产业空间，这一时期在乡村复兴理念的指导下产生许多新型村庄；第四阶段是分类发展时期，根据农村不同地区发展特点制定不同政策，引导村庄分类分区发展。

在行政体制上，法国也是中央集权制国家，行政划分分为"国——大区——省——市镇"四个层级，但并不存在因此区分城乡地区，而是在每个层级都涵盖城市地区与乡村地区，实行城乡一体化管理。此外，法国一直沿用"中央与地方"分权的双重管理制度，在规划管理体制上也是如此，各级政府有着明确的规划任务与要求，国家层面制定全国土开发战略与发展计划、大区层面编制和实施区域性规划、省级层面负责行政区内的农业用地调整规划与自然空间规划、市镇层面则主要在上位发展要求的基础上，进行规划的细化与落实。

在规划编制上，法国的村庄规划由村庄开发与村庄建设两部分组成，村庄开发对村庄土地利用、非农产业发展、公共设施布局配置、自然环境保护等方面的内容，是引导村庄发展的重要手段；村庄建设则主要涉及村庄开发物质空间环境建设方面的内容，是实现村庄开发目标的重要方式。

在规划管理上，从法律法规来看，由于村庄建设包括居民点物质空间建设与农业建设两方面内容，前者与城市建设内容基本相似，需要遵循《城市规划法典》的相关规定，而农业建设主要与农业空间相关，故而需遵循《乡村法典》的相关规定与要求，同时，村庄规划还需符合各上位规划及法规的要求与规定[48]。从部门管理上来看，法国除负责制定全国国土开发政策的国土规划部门之外，还设有具有专项管理职能的农业部，负责农村地区开发建设与管理，从机构设置的角度促进了村庄规划建设的管理。

4. 日本村庄建设与规划

二战结束之后，同德国、英国等国家一样，日本也将重心放在粮食生产与农村耕地保护上，村庄建设主要集中在土地整理、农地拓展一级农业基础设施建设方面，目的是实现粮食的自给与农业的现代化发展，还没有正式意义的村庄规划。随着城市化工业化的发展，大量人口从农村迁出，导致农村地区开始出现过疏化现象，致使农村地区经济发展低迷，针对这一问题，日本政府很快调整农村发展政策，提出乡村经济振兴政策并制定《农振法》等相关法律，尝试探索利用村庄规划实现乡村复苏的发展路径。对于农业与农村地区到底应该怎么发展，日本从自上而下与自下而上两方面进行了探索与研究，在顶层涉及层面，政府制定强调村庄建设要可持续发展，注重乡村文化的传承、人居环境的改善以及村庄特色与魅力的塑造，推进实施"村镇综合建设示范工程"，并在 1982 年成立日本农村规划一级学会，开展对村庄规划相关理论与实践系统性的研究；在基层实践层面，民间逐渐展开"一村一品"等乡村运动，居民广泛自主参与，深入挖掘村庄特色与优势，实现"生态保护、文化传承、特色引领、振兴经济、提高收入"的村庄发展目标。

在行政体制上，日本有很强的地方自治权，国家行政机构由中央政府与地方自治团体两级构成，地方自治团体又可分为"都、道、府、县"与"市、町、村"两级，这两级在行政级别上没有严格的从属关系，各级别之间也均为平级关系。日本的"村"相当于我国的行政村，在"村"之下还有"集落"，相当于我国的自然村，不具有行政功能。

在规划体系上，宏观上分为国家层面规划与地方层面规划，涉及村庄规划的主要为地方层面的市町村综合计划，其按照时间可分为基本构想、基本计划与实施计划三种，按照规划内容又可分为与农村人口、经济、组织制度相关的抽象计划以及与土地利用、设施建造相关的具象计划两类。在规划管理上，日本的村庄规划工作主要由国土交通省的规划部门与农林水产省的农振规划部门两个机构负责，前者主要负责空间建设与土地利用相关事宜，而后者主要负责产业的发展与振兴，指导村庄选择合适的农产品种植，以及农业用地的合理发展。

在法律法规上，日本当前农村地区还未形成较为成熟的法律体系，只是提出将市町村综合规划作为村庄规划编制的依据，并符合农林水产省颁布的《农振法》的相关要求，对于在规划过程中涉及的农业用地与非农业用地之间的调整置换，还需符合《国土利用计划法》、《农地法》等相关法律的规定，且这些法律会根据需求灵活修编与补充，满足当下时代发展的需求。

日本村庄规划的最大特点是注重村民参与，从上世纪 60 年代开始，日本村庄规划就开始了自下而上的规划探索，以保护日本传统乡村为目标的"造町运动"就是村民自发组织的标志性运动；到 70 年代，"一村一品"运动的开展更是取得了良好的效果并对很多国家乡村发展有着重要的借鉴意义；80 年代开始，日本的村庄规划就逐渐由政府主导完全转变为村民主导，村民参与规划的方式不仅仅是局限于提出意见、参与审批，而是自己动手做规划，参与规划方案的制定，并且在建设过程中出钱出力，保证规划成果的落实。

5. 韩国村庄空间规划

韩国从 20 世纪 70 年代以来，一直在积极探索村庄空间规划的合理路径，其村庄规划建设经历了三个关键阶段：伴随着第一次国土规划的"新村运动"开始，当时韩国村庄规划建设的重点在村庄面貌的提升与基础设施的完善上；之后随着新技术革命的发展，韩国政府在农村地区推广先进的农业技术，积极引导乡村农业产业结构的调整，推行小城镇发展规划；进入 21 世纪以来，伴随着第四次国土规划的开展、《国土基本法》与《国土规划法》的颁布，韩国城乡"二元化"管理模式的打破，进入城乡"一元化"格局，村庄建设发展也逐渐倾向人居环境的改善与自然生态环境的保护。

从"新村运动"到小城镇规划，从第一次国土规划到第四次国土规划，韩国在村庄空间规划的探索道路上，逐步形成了一套较为完整的乡村空间规划体系，包括村庄建设综合计划、空间整顿计划、土地利用计划以及各项利用计划。其中乡村建设综合计划是乡村空间规划体系当中的最高计划，规划内容涉及土地开发、布局、整顿等多个方面；乡村空间整顿计划属于特别计划，土地利用计划是基本计划，其余为细节计划，相当于专项规划，各层级规划均有相关法律指导与支撑。

韩国的乡村空间规划体系成熟完整的特征，与其完备的法律法规体系的保障有着密切关系。在国家层面，《国土基本法》作为指导空间规划的最高法律，保障了国土规划的统领性地位；《国土规划法》作为土地利用规划编制的基本法律，确定了城乡"一元"格局下土地利用规划体系。在村庄层面，各个层级的规划都有相应的法律法规作为支撑，并且具有一定的权威性与时效性，有效推动了村庄空间规划的发展。此外，韩国城乡统筹发展的理念与思想也是影响乡村地区快速发展的重要前提，在 21 世纪之前，韩国空间规划体系的直接审批权都在建设部门，空间规划内容更多关注的是城市与城市基础设施的建设，对农村及农业地区关注与保护不足，面对城乡二元体制所带来的农村地区发展滞后、村庄规划建设不受重视等问题与矛盾，韩国适时进行了管理体制改革，建立"一元化"管理模式，乡村迎来了新的发展契机，村庄规划与建设也进一步得到重视。

6. 国外村庄规划研究小结

通过上述对德、英、法、日、韩等国村庄建设与规划发展历程及编制体系的系统性分析，笔者认为编制国土空间规划背景下的实用性村庄规划，首先需要在顶层设计层面树立以下意识并做到相关保障：

（1）城乡统筹的村庄规划发展理念

城乡统筹国外大多数发达国家在行政体制上并无城、乡之分，城市地区与农村地区是平级关系，仅在人口容量、产业类型等方面存在区别。随着"田园城市"理念的提出，推进了各国针对城乡一体、城乡统筹的研究，这也是我国当前农村工作、村庄规划、农村资源配置需要树立的基本思想。在规划层面，积极推进村庄规划的研究与探索，包括农业用地与非农业用地，规划范围覆盖乡村行政管辖全域，在资源配置上，努力实现村庄与城镇的均等化发展。

（2）健全完备的法律法规保障制度

完善的法律法规制度是保障村庄规划有效编制与实施落地的基础，在法律法规的制定上，英国、日本、韩国有着很强的借鉴意义。以英国为例，在《城市与乡村规划法案》的基础上，针对村庄规划编制还颁布有专门的法律文件，如《第 7 号文件》；针对三种土地保护机制，有各自相对应的法律文件；针对乡村地区建设活动，有《乡村法》、《乡村和乡村道路法》等。此外，据有关学者统计，日本有十五部针对村庄建设规划及管理的法律，而韩国针对村庄发展与建设、农业产业与环境保护规划方面的法律更是多达七十余部。

（3）全面系统的村庄空间规划体系

系统全面的空间规划体系的建立是指导各层级规划按需编制、依序编制的前提，当前多数国家都已经建立了相对完善的城市规划体系，但对农村地区空间规划体系的研究还处于摸索阶段。韩国在经历了 40 年的乡村空间规划探索之后，建立了一套层级分明、全面系统的村庄空间规划体系，规划内容覆盖国土利用、经济产业、自然生态、文化资源、物质建设等多个细节，有效指导了村庄地区空间规划的编制，为村庄空间规划发展提供了扎实的制度基础。

（4）部门合作的规划编制协调手段

乡村相比城市地区而言，除了居民点建设用地之外，还涉及农田用地、生态用地等多种非建设用地以及区域基础设施等建设用地，这就要求在编制村庄规划时进行多部门之间的协调合作，按照各部门的要求与规定对全域空间进行统筹安排。比如德国的村庄规划管理强调城市规划部门与土地管理部门的合作，其中城市规划部门主要负责居民点建设用地的调整及规划工作，土地利用部门主要负责居民点外部广阔农业生产用地的建设活动与开发。再如日本在进行村庄规划时，需要在国土交通省与农林水产省两个部门的指导意见下编制规划，以实现农村地区环境、社会、经济的全面发展。

（5）地方优先的村庄规划管理体制

发达国家的村庄规划之所以能够取得良好的效果，很关键的一点就在于他们有着强有力的地方自治权，地方建设相关事务由地方政府直接管辖，中央或上一级政府只有指导权而没有决定权。例如在德国，为了体现规划事务的自治原则，颁布《建设法典》指导规划区的建设活动，强调地方在村庄规划管理工作中的优先性。而在我国，由于国情及行政体制的限制，乡村级甚至县镇级政府事权范围小，导致在村庄规划建设工作的开展以及乡村建设工作的实施上力不从心。

（6）自下而上的村民主导规划方式

自从进入 20 世纪以来，城市规划思想发生了很大的转变，规划工作逐渐由"精英决策"转变为"公众参与"，1977 年《马丘比丘宪章》中也明确强调了公众参与规划的重要性，各国也都在探索公众参与规划的合理手段与形式。农村地区作为发展历史悠久、社会关系复杂、处于动态变化的地区，在规划过程中往往难以靠短时间的调研准确判断村庄发展的根本矛盾与问题，这就更加需要村民主动参与规划，从村民自身的角度看待村庄问题，并提出规划建议。例如日本、韩国，都有过村民自发组织的自下而上的村庄建设活动，且都取得了相当成功的规划与建设效果。

（二）国内村庄规划研究综述

1. 村庄规划建设及政策发展历程

农村地区作为我国数量、规模巨大的重要区域，历来以"自治"为主，其选址建设多遵循"风水"理论，在进入近代社会之前，国家层面很少介入农村管理，也并未对乡村进行过相应的规划。进入民国时期之后，国家关注重点倾向于工业建设，忽略了传统农业的发展，受到经济与城市发展建设的影响，农村衰败落后，农民日渐贫穷，直到此时，出于复兴乡村地区的考虑，民间自发开展"乡村建设运动"，自此农村地区的发展与建设开始在外界干预下进行。

新中国成立之后，国家逐步介入农村管理，在国家的全面干预下，乡村规划与建设开始进入起步阶段，重点是解决村民住房问题；改革开放以来，各项农村经济制度的出台促进了农村经济的复苏，农村建设自主权也逐渐恢复，农村建设活动也开始活跃，大多数农民开始自发性地建设住宅，但由于缺乏相应政策管理与约束，导致农房侵占耕地现象时有发生。从这一时期开始到进入 21 世纪，为规范农村地区自发建设行为，国家相继出台一系列法规文件，并陆续在各省市组织村镇规划工作，规划内容以住宅建设用地为主。

进入 21 世纪之后，随着国家对"三农问题"关注的日益提升，城乡矛盾问题越发凸显，中央层面逐渐意识到城乡发展差距带来的严峻局面，并于 2003 年正式提出"统筹城乡发展"，从这一时期开始，农村地区从被边缘化转变成国家战略核心与重点关注区域，在各项政策及法规的指导下，形成了多种类型的村庄规划。

2. 村庄规划现存问题梳理总结

通过梳理我国村庄规划的发展历程以及对现阶段各地开展的村庄规划实践的研究，笔者发现以往我国村庄规划存在以下几点问题：

一是由于我国长期以来的城、乡二元体制，导致城乡发展在一定程度上出现"重城市、轻乡村"的现象，对于乡村地区规划与建设的研究相对城市而言起步较晚，在法规制定、规划理论、编制体系、编制方法、实践等方面都还处于探索阶段。

二是我国当前编制的大多数村庄规划都是以相关国家政策为支撑，是处于法定规划之外的规划类型，一方面缺少上位规划的指导，另一方面由于缺乏法律支撑，村庄规划难以得到落实。而且根据我国村庄规划建设的发展历程与现状来看，我国村庄规划一直以来主要是在中央政策或者住建部的指导管理下进行的，且关注重点多倾向于居民点建设用地，缺乏与其他相关部门例如国土、农业部门的协调合作，对于农田用地、生态用地等非建设用地的规划管制也相对考虑较少。

三是随着市县"多规合一"工作的有序开展与成功实践，"多规合一"村庄规划也逐渐成为规划的热点研究领域，但在实际编制过程中，由于"多规"特别是村庄规划与村级土地利用规划在编制主体、编制背景、发展目标、空间布局、建设规模指标等方面诉求存在较大差异，导致规划编制工作存在一定困难。

四是在规划实施上，一方面由于农村地区存在诸多矛盾，且这些矛盾多是历史积淀与发展过程中逐渐积累形成的，规划人员在现阶段短时间的编制周期背景下，难以做到深入了解农村现状与发展诉求，虽然在规划前期进行了实践调研，规划编制过程中与方案完成后也会征求村民与村委会领导意见，但往往流于形式，难以突出村庄实际问题，导致实施成果不佳。另一方面，农村地区的土地政策与城市不同，土地权属与流转问题复杂，加之村庄规划缺乏相关法律支撑，导致村庄规划多数情况下只是作为响应国家政策的面子工作，并不能起到指导村庄发展的依据。例如农村申请宅基地建设时，只需经村民会议讨论、乡镇级政府批准并获得相关证件便可进行建设，这一过程并未将村庄规划具体方案考虑在内。

3. "多规合一"村庄规划相关研究综述

在理论研究上，张可云等人在早期的研究中就指出未来的规划体系会从"各自为政"走向"整体划一"，考虑将村庄规划与其他规划统筹协调编制，例如武汉与重庆开展了村庄规划与土地利用规划协调编制的探索；王兵认为以往的村庄规划是引领发展的建设规划，土地利用规划是保护耕地的管控规划，二者各有利弊、缺乏协调，希望通过"多规合一"村庄规划编制对村域产业发展、村庄建设布局、资源环境保护、文化传承发扬等进行综合性安排，同时提出"多规合一"村级规划要具备时代性、综合性、实施性、多样性的特点；秦淑荣提出将国民经济与社会发展规划和两类空间规划"三规合一"进行编制；此外还有学者指出实现村庄发展一体化规划应将两类空间规划与产业规划、生态规划等"合一"编制。但也有学者认为村级 "多规合一"难以实现，因为重大基础设施的布局往往需要在较高层级进行统筹；刘馨月也认为"多规合一"工作的重点在县域层面，通过县级层面确定宏观的乡村发展目标、空间管控分类、管理实施与技术协同平台，乡镇级、村级规划在此指导下进行细化即可。

在规划地位上，徐峰、黄京等以晋江市石龟村土地利用规划与建设规划项目为例，指出作为"两规合一"的村土地利用与建设规划是处于村庄布局规划与村庄建设规划之间的一种新的规划类型，在整个村庄规划体系中起到承上启下的作用，规划内容主要包括村庄发展方向与定位的确定、村庄各类用地发展边界的管控、重要基础设施的配置与管理。黄峥等人提出村级两类空间规划联合编制的新模式，并指出该规划作为国家空间规划体系改革下一种新的规划类型，编制内容覆盖"两规"全部内容，成果获批后可直接替代传统的村庄建设规划与村级土地利用规划。而重庆市某村村庄规划编制则由国土与规划两个部门共同负责推进，该村庄规划即是城乡规划体系中的村庄规划，也是国土部门的村级土地利用规划，是以往两个规划的集成合一。

在编制思路上，任梗睿、周小伟、郝一龙等提出以空间布局、土地利用为重点，划定生产、生活、生态三类空间，考虑产业发展、农田保护、乡村旅游等需求，进行村庄土地利用规划与村庄建设规划的思路，引导村域空间合理利用和与发展。孙思敏在晋江市长埔村村庄规划多规合一方法探索中，提出了规划协调、底线控制、空间规划、管理保障的基本规划思路，其中规划协调包括定位协调、规模协调、布局协调等；底线控制即通过农田、生态两条保护线与建设边界线进行刚性管控；空间规划中对产业空间规划与生活空间规划进行了细化；保障措施中提出开展地籍与房屋调查，并建议加快进行农村宅基地制度改革。

4. 国内村庄规划研究小结

通过对国内村庄规划相关文献与实践的研究，笔者发现无论是城乡规划领域还是土地规划领域，都在尝试完善与优化各自领域村庄规划的内容，并提倡与其他部门的合作，或与其他相关规划进行统筹协调，尤其是村庄规划与村级土地利用规划的联合编制，表明"多规合一"研究工作已逐渐由市县层面延伸至乡村领域，这为笔者进一步探索以"多规合一"作为重要手段的国土空间规划背景下实用性村庄规划相关问题提供了一定的理论与实践基础。

第二节　相关概念理论

一、相关概念

（一）村庄含义及分类

从行政体制上来说，村庄是若干个由农户自然集中居住形成的集聚区域组成的国家最低一级行政管理单元，也称为乡村。值得注意的是，乡与村庄是有区别的，乡是与镇同一等级的行政单元，二者只是在人口数量指标以及工农业在国民生产总值中所占比重指标上有所区别，而村庄则是更低一层的管理单元，从具体含义上来说，村庄包含居住、生产、服务等功能，是村民居住、进行农业生产及其他产业活动的空间场所。按照功能与性质的不同，克里斯塔勒中心地理论将村庄分为中心村与基层村，中心村相比基层村有着更为完善的公共服务设施，兼具为周围村庄提供服务的功能。按照村庄特点、发展水平、资源要素、区位要素等的不同，根据乡村振兴战略要求，村庄可分为城郊融合、特色保护、搬迁撤并、集聚提升等四类。

（二）集聚提升类村庄

集聚提升类村庄乡村振兴战略要求下确定的四大类型村庄之一，主要指在未来一段时间将持续存在并有着一定的发展潜力的村庄，包括一些规模较大的中心村以及自身发展优势良好的基层村，这类村庄一般农业资源特色较为突出，能够依托良好的农业基础发展二产及三产，完善村庄产业链条，促进村庄经济提升，实现村庄发展与复兴，是乡村振兴的重点村庄，也是本文研究的主要村庄类型。

（三）国土空间规划

国土空间规划是对一定地区的国土空间资源保护与开发所做的长远谋划与安排，是基于"多规合一"理论，为解决以往空间规划存在的诸多问题与矛盾提出的空间规划改革方案，是对传统城乡规划、土地利用规划、主体功能区规划等空间规划的融合统一。总体分为"五级三类"，既国家、省、市、县、镇（乡）五个等级，各等级又分为总体规划、详细规划以及相关专项规划三类，其中村庄规划属于市、县、镇（乡）层面城镇开发边界外的详细规划，是"五级三类"中的重要环节。

（四）实用性村庄规划

实用性村庄规划作为国土空间规划"五级三类"体系中村庄层面的详细规划，其与传统村庄规划相比有着很大区别。

传统的村庄规划大多由城乡规划部门和土地规划部门负责，二者在对其含义与内容的界定上有所不同，城乡规划领域的村庄规划指对村民聚居的自然村或行政村进行的合理安排与发展构想，在空间上强调对居民点内建设用地的利用与设计。在法律法规层面，《城乡规划法》明确指出村庄规划是与城镇规划有着同等地位的法定规划，但未对村庄规划编制给出详尽的说明与规定，只在第五条、第十八条、第二十二条以及第二十九条对其编制依据、内容、审批、实施进行了粗略的概述。在规划编制层面，村庄规划分为总体与详细规划两个阶段，前者在镇、乡层面进行村庄布局规划，对村庄的规模、选址、发展方向以及重要基础设施的配置给出指导意见，后者主要对村庄内部居民点的具体建设规划做出相应安排。土地利用规划领域的村庄规划一般是指村级土地利用规划，是对乡、镇级土地利用指标的具体落实，以保证耕地保有量、保护永久基本农田为主，对农村地区的农业与生态环境保护提出要求与控制，突出强调对非建设用地的管控，保障村庄土地资源的合理利用以及村庄未来建设与发展的可持续。

国土空间规划背景下的实用性村庄规划，从规划范围上包含村庄全域空间，是对村庄全域土地利用、产业发展、生态资源等进行的综合部署与规划安排，是对以往村庄规划与村级土地利用规划的系统整合，其实用性重点体现在两个方面：一是规划内容要有侧重，针对乡村振兴战略背景下确定的四种类型村庄，根据现实状况与实际要求，有所侧重的制定不同的编制框架与方案；二是规划实施性要强，以往村庄规划作为政府政绩考核的一项重要指标，很大程度上是按一定的模式批量编出来的，而且受领导或开发商主观意识的影响，村庄发展目标的制定往往过于超前，严重脱离实际，导致规划项目难以落地，国土空间规划背景下的实用性村庄规划作为法定规划，需要从村庄实际出发，依据村庄发展的不同需求制定不同的规划细则与实施策略，指导规划的有效实施。

二、相关理论

（一）"多规合一"理论

"多规合一"理论是当前国土空间规划编制需遵循的基本理论，"多规合一"的提出本身就是为了解决我国以往规划类型繁多、规划内容重叠、管理实施困难等问题，旨在协调或统筹编制各类规划，包括政策指导型的战略规划，空间部署型的城乡规划、土地利用规划等总体规划以及特色保护型的生态环境保护规划等专项规划。"多规合一"本质目的是对国土空间进行合理布局，优化城镇、农业及生态空间结构，重点强调对永久基本农田的保护、重要生态资源的保护以及城镇建设用地的控制，可以说是实现国土空间规划得以实施的有力推手。

在理论层面，苏涵、陈皓认为"多规合一"的本质是一项规划协调工作，而不是规划编制工作，其成果"一张图"不是在数量上实现合"一"，而是在技术标准、基础数据、空间统筹、管理实施上实现合"一"。也有学者认为要从根本上解决"多规"之间的矛盾，就需要编制一个能够起到统领作用的规划，先从编制部门、相关立法、监管机构等顶层管理角度实现"合一"，进而编制"多规合一"规划，实现对空间的统一管控。

在实践层面，自"多规合一"工作开展以来，取得了一定的实践经验与成果，也形成了几种典型的"多规合一"实践模式：一是以上海、武汉为代表的机构整合型"多规合一"，将城乡规划管理部门与土地利用规划管理部门进行合并，分别成立规划和国土资源管理局与国土资源和规划局，在行政管理上为两规实现"合一"提供了可能；二是以广东、四会为代表的综合空间规划型"多规合一"，该类型规划以各级战略型规划为依据，在其政策指导下整合编制各类空间规划，形成综合性的空间规划，从根本上解决同一空间"多规"并行造成各类矛盾与冲突问题；三是以广州、宁夏为代表的行政统筹型"多规合一"，"多规"独立编制，但在行政管理上设立单独的议事机构，解决发展改革部门、规划部门与国土部门三者在规划目标、发展方向、土地利用等方面存在的矛盾与冲突，对"多规"编制工作在技术标准统一、空间结构分布、规划边界划定等方面进行协调，实现"多规合一"；四是以海南、四川为代表的上位规划型"多规合一"，即在现有规划编制体系的基础上，将"多规合一"规划作为空间规划体系的顶层规划，作为一种战略型规划，从顶层协调各方利益，统筹各类规划编制与实施。

对于城市地区来说，影响其发展的规划因素众多，所涉及的规划种类也较为复杂，必须通过"多规合一"统筹各类规划，以便更好的指导城市发展；而对于农村地区来说，引导其建设与发展的主要是村庄规划与村级土地利用规划，这两类规划在本质上都是在国民经济与社会发展规划的指导与要求下对土地资源的安排，都属于空间层面的用地部署规划，国土空间规划背景下的实用性村庄规划也重点强调要将村级规划与土地利用规划"两规融合"。此外，相比于城市地区而言，乡村地区利益关系较为简单，领导管控与决策更为集中，故而在乡村地区，以"多规合一"基础性规划理论，作为开展实用性村庄规划研究的理论依托，确保实用性村庄规划编制成果落地实施，有着更大的可行性与必要性。

（二）可持续发展理论

1972 年第一次世界环境大会上，针对当时城市发展对自然、生态环境带来的影响与破坏，相关学者提出了"可持续发展"这一城市发展理念，实践证明，当时提出的这一理念有着一定的前瞻性、科学性与创新性，其理念内涵成为后来各国城市发展与建设的首要原则。自可持续发展理论提出至今，其思想已拓展至社会学、经济学等多个学科领域，在指导乡村规划与发展层面，对其思想的应用侧重于自然资源与生态环境的保护，在长期的探索与实践中，各界学者围绕这一思想提出了生态村、文化村等相关规划理念，并有效指导了德国、英格兰、日本、韩国等国家的乡村规划建设。《中国 21 世纪议程》中也强调要实现"农业与农村地区可持续发展"，加大国家对农村地区的关注与投资，探寻乡村可持续发展路径与策略。

通过研究各国乡村地区可持续发展的做法与策略，可以总结出可持续发展思想对国土空间规划背景下实用性村庄规划的几点要求：一是以自然资源和生态保护为基础，要求无论是城市还是乡村，其发展与建设应首先遵循尊重自然、保护生态的原则，协调人口、社会与环境的关系，实现村庄建设与生态保护的统筹发展目标，营造和谐永续的人居环境；二是以经济增长与产业发展为动力，农村地区要想实现可持续发展，不能单纯依赖国家政策的支持与资金的投入，必须要寻求符合地方需求的适宜产业使其成为村庄发展的自生动力；三是以创造美好的人居环境为核心，包括历史文脉的延续、村庄环境的整治、住房条件的提升、基础设施的完善以及公共服务设施的合理配置等；四是以引导村民参与村庄建设发展、实现村民自治为目标，突出农村地区村民的主人翁地位，村民既是村庄各项服务设施的使用者与消费者，又是村庄经济与社会发展的生产者与服务者，积极培育村民了解相关规划知识，引导村民参与村庄建设自治管理，能够在一定程度上弥补村庄规划在时效性、动态性方面的不足。

（三）人居环境科学理论

对人居环境的研究最早起源于西方国家，工业革命后以英国为代表的发达国家经济增长迅速，城市化水平快速提升，但由于城市资源水平跟不上城市发展速度，由此产生城市住房条件下降、环境污染严重、土地资源紧张等问题，导致随后大量城市又出现逆城市化现象，出现城市建设侵占耕地、农村自然环境遭到破坏等问题。从本质上来看，城市化与逆城市化现象的发生都是源于人们对美好的居住、生活环境的追求，当城市能为人类居住、生活、就业提供更好的服务与环境时，人们选择在城市定居，相对地，当城市的环境恶化、资源供给不足、住房条件下降时，人们又开始向往美好的乡村生活环境，开始去往村庄聚居。在此背景下，各国学者开始探寻人类聚居的内在需求与聚居环境的持续发展，并由道萨迪亚斯正式总结形成人类聚居学的概念，在此基础上，吴良镛先生又将其发展为人居环境科学理论，成为指导建筑建造与城市规划建设的重要理论基础。该理论将人居环境从横向上划分为自然、人类、社会、居住、支撑五大系统，从纵向上划分为全球、区域、城市、社区（村镇）、建筑五大层级，提出应以问题为导向，采取"融贯"的思想分解问题，从而进行凝练与螺旋式上升研究，最终达到解决问题的目的。该理论按照地域不同，划分城市与乡村人居环境，从理念内涵上来看，乡村居于人居环境纵向结构的第四层级，在对乡村人居环境进行研究时，可按照"融贯"的思想，从五大系统对其进行分类研究，从而有效解决人居环境矛盾与问题。此外，有研究表明乡村人居环境评价与提升策略研究是当前乡村人居环境建设与可持续发展的重要内容，是统筹城乡一体化发展的关键因素，也是落实乡村振兴战略必不可少的工作，对此，我国目前也已经出台了相关政策，强调村庄建设与人居环境整治工作的开展与落实。

三、村庄规划发展历程

乡村是具有自然、社会、经济三种特征的地域综合体，承载了生产、生活、生态以及文化等多种功能。村庄规划以行政村为空间对象，进行全域规划，是城镇开发边界以外地区的详细规划，与国土空间规划体系的层次结构相一致，也具有宏观、中观、微观三个层次。从宏观层面对于乡村发展的引导，到"多规合一"的实用性村庄规划，再到村庄建设规划，涉及的不仅仅是技术层面的工作，而是从政策、技术以及实践等多元角度科学统筹的工作。

从十六届五中全会提出"建设社会主义新农村"，到2013年中央城镇化工作会议中"望得见山，看得见水，记得住乡愁"的相关文件指引，再到十九大报告提出的"乡村振兴"策略，乡村问题一直都被国家高度关注。随着城市各类配套设施日益完善，大量农村人口选择进城务工，从而加速了城镇化进程，但乡村却出现耕地碎片化、空间布局无序化、土地资源利用低效化、生态质量退化等问题。为了使村庄规划可以在国土空间规划引导下发挥更有效的作用，全域土地综合整治势在必行，这也对传统的村庄规划编制和管理提出了挑战。

从传统的村庄规划来看，类型较多，参与的相关部门较广，比如县域层面现存的就有村庄布局、村庄环境整治、美丽乡村、村庄建设等多种规划，同时存在于一个空间中，从内容到实施流程上都存在着重叠性，由此引发了村庄规划内容侧重点的重复、深度不足、不能有效发挥指导作用等情况。

四、国土空间规划变革对村庄规划的影响

（一）国土空间规划背景下的村庄规划政策

自2017年首次提出国土空间规划概念以来，我国对乡村政策多次提出相关要求。党的十九大提出"产业兴旺、生态宜居、乡风文明、治理有效、生活富裕"的乡村振兴战略。

2018年9月，《乡村振兴战略规划（2018-2022年）》中提出强化空间用途管制、强化国土空间规划对各专项规划的指导约束作用、推动主体功能区战略格局在市县层面精准落地、健全不同主体功能区差异化协同发展长效机制、实现山水林田湖草整体保护、系统修复、综合治理。

2017年，国土资源部、财政部以及农业部联合发布《国土资源部 财政部 农业部关于加快推进农村集体土地确权登记发证工作的通知》提出：加快地籍调查，强化证书应用，充分发挥农村土地确权登记发证工作成果在规划、耕保、利用、执法等国土资源管理各个环节的基础作用。2019年，国务院《关于建立国土空间规划体系并监督实施的若干意见》提出：在城镇开发边界外的乡村地区，以一个或几个行政村为单元，由乡镇政府组织编制"多规合一"的实用性村庄规划，作为详细规划，报上一级政府审批。国务院印发《关于促进乡村产业振兴的指导意见》对促进乡村产业振兴作出全面部署，明确了乡村产业是姓农、立农、兴农的产业，明确乡村产业"抓什么""怎么抓"等问题，是今后一个时期指导乡村产业发展纲领性文件。中共中央办公厅、国务院办公厅印发了《关于在国土空间规划中统筹划定落实三条控制线的指导意见》提出：至2020年底，结合国土空间规划编制，完成统筹划定落实生态保护红线、永久基本农田、城镇开发边界三条控制线，协调解决矛盾冲突，纳入全国统一、"多规合

一"的国土空间基础信息平台，形成一张底图，实现部门信息共享，实行严格管控；至 2035 年，保质保量划定永久基本农田；已经划定的永久基本农田中存在划定不实、违法占用、严重污染等问题的要全面梳理整改，确保永久基本农田面积不减、质量提升、布局稳定。

2020 年，《中共中央国务院关于抓好"三农"领域重点工作确保如期实现全面小康的意见》提出"开展乡村全域土地综合整治试点，优化农村生产、生活、生态空间布局"。农业农村部办公厅《2020 年乡村产业工作要点》中提出：对标对表全面建成小康社会目标，牢固树立新发展理念，以实施乡村振兴战略为总抓手，以农村一二三产业融合发展为路径，聚焦重点产业、聚集资源要素、强化创新引领、突出集群成链、培育发展新动能，大力发展富民乡村产业，为全面小康和乡村振兴提供有力支撑。自然资源部办公厅关于加强国土空间规划监督管理的通知（自然资办发〔2020〕27 号）：要依法依规编制规划，监督实施规划，防止出现违规编制、擅自调整、违规许可、未批先建、监管薄弱以及服务意识不强、作风不实等问题，切实"严起来"。

（二）政策解读

近年来国家对乡村振兴发展工作越发重视，相继出台了很多促进乡村发展的政策，范围涉及乡村振兴策略、国土空间规划、国土资源整治、乡村产业等，重点如下：

（1）强调了乡村振兴工作在未来国家发展战略中占有非常重要的地位；（2）对未来村庄规划提出明确的手段也是路径，即"多规合一"；（3）农村土地确权登记发证工作、全域土地综合整治工作、土地永久基本农田控制线的划定对土地资源管理有着非常重要的作用；（4）村庄规划要遵循国土空间规划确定的约束性指标，不得违背国土空间规划的刚性管控要求；（5）规划的修改必须严格落实法定程序要求，不得以城市设计、工程设计或建设方案等非法定方式擅自修改规划、违规变更规划条件；（6）农村地区要有序推进"多规合一"的实用性村庄规划编制和规划用地"多审合一、多证合一"，加强用地审批和乡村建设规划许可管理，坚持农地农用；（7）不同层级的国土空间规划对乡村发展的引导和管控侧重点不同，如省级层面着重目标战略的指定；市县层面着重做好村庄分类和底线管控；乡镇层面的重点是土地的集约利用和用地布局；村庄层面抓好具体的规划建设实施。

五、国土空间规划对村庄规划技术的影响

传统城市规划以土地利用、功能布局、交通网络系统构建为主；村庄规划以提升乡村环境和乡村建设为主；国土空间规划以土地政策、农田改造等为主。在未来的规划中，三者之间要融合，多规合理，以产业和功能为先导，以土地管控实现政策衔接。从国土空间规划与乡村群建设的角度来看，强调乡村间统筹发展，不再以单个的村域边界来作为规划的范围，而是建立"乡村统筹单元"，在村际实现资源共享，创立品牌，发挥联动效应。

（一）村庄规划主要技术手段

（1）双评价：即资源环境承载能力和国土空间开发适宜性评价。"双评价"是国土空间规划编制的前提和基础，其技术核心思想是"空间叠加"，即包括空间量化、空间计算、空间统计。

（2）多规合一：即建立国土空间规划体系并监督实施，将主体功能区规划、土地利用规划、城乡规划等空间规划融合为统一的国土空间规划。国土空间规划背景下的村庄规划需要将原村庄规划、村庄建设规划、村土地利用规划，以及土地整治规划等进行整合，实现"一张图"指导规划建设管理。

（3）三调：即为全国第三次土地调查。"三调"的目的是全面查清全国城乡范围内每块土地的利用现状和权属状况，获取国土资源管理专题数据，专题分析自然生态状况、建设用地等，调查评价耕地质量等别。

（4）三线：即为生态保护红线、永久基本农田、城镇开发边界三条控制线。划定原则：三条控制线出现矛盾时，生态保护红线要保证生态功能的系统性和完整性，确保生态功能不降低、面积不减少、性质不改变；永久基本农田要保证适度合理的规模和稳定性，确保数量不减少、质量不降低；城镇开发边界要避让重要生态功能，不占或少占永久基本农田。

（5）永久基本农田控制线：永久基本农田是为保障国家粮食安全和重要农产品供给，实施永久特殊保护的耕地。控制线的划定需要依据耕地现状分布，根据耕地质量、粮食作物种植情况、土壤污染状况，在严守耕地红线基础上，按照一定比例，将达到质量要求的耕地依法划入。

（二）村庄规划编制探索

全国各地积极开展对于国土空间规划编制的探索，北京、广州、上海、浙江等地出台了试行标准，但国土空间规划目前仍处于探索与完善阶段，因此国土空间规划的整体架构搭建极为重要。国土空间的规划需要借助大数据、GIS等先进的规划手段。

传统村庄规划没有标准，属于概念规划或者详细设计之间的一种规划。首先，当前规划成果应该具有一定统一性，做村民看得懂的规划，图、表、书形成标准体例和规范；其次，对于有需求的自然村庄，应根据村庄的分类不同确定相应的规划建设方法；第三，规划内容的选择要弹性化，因地制宜、因村制宜，结合必备内容和选作内容，进行菜单式选择。

乡村发展设计的多维要素中，建设用地空间的需求变化受各方面的影响较大。针对乡村建设的不确定性，可以思考白地、机动指标预留等弹性规划方式的实践应用，保持村庄规划具有一定的弹性。面向实施主体，创新规划成果表达，要吸引人、看得懂、记得住，要能落地、好监督，鼓励采用"前图后则"，即规划图表结合管制规则的成果表达形式。

六、国土空间规划对村庄规划实践的影响

规划价值的发挥在于实施，规划运行的制度建设包括加强乡村地区政策法规、实施管理等运行机制的建设。在确立村庄规划为法定规划的基础上，需要完善形成各部门与"多规合一"相配套的法规政策体系，如土地利用控制政策、基础设施建设管理政策、农业发展扶持政策、自然环境保护政策、村庄建设投资分工政策、乡村居民参与政策制定和建设管理的政策等，明确实施主体和实施责任，推动、保障村庄规划最后落地。

（一）融合刚性原则和弹性政策

国土空间规划的前提是人的需求导致人与自然、资源发生关系，重点是协调三者的关系。国土空间规划在明确不突破底线原则的前提下，通过市场机制保护、调配空间和资源，并与社会经济发展并进。通过建立底线思维，实现最大限度的集约利用的同时，严格遵守保护红线范围，界定开发边界。此外，在政策上留有空间，可以通过改革实现存量资源的再利用和提高利用效率，可以压缩征地空间，更好地利用集体建设用地资源的大量闲置空间，甚至可以鼓励未来的有偿置换。

（二）协调资源管理和利益分配

当前，土地资源存在的最大问题是过度占用和滥用，在2019年《国土资源部 财政部 农业部关于加快推进农村集体土地确权登记发证工作的通知》上也提出：加快地籍调查，强化证书应用。充分发挥农村土地确权登记发证工作所获得的成果在规划、耕地保护及利用、执法等国土资源管理环节的作用。通过何种方式对存量闲置资源进行结构调整，减少资源的滥用成为国土空间规划以及乡村振兴策略需要考虑的重要问题。

（三）平衡规划设计与村民自治

村民和管理实体是村庄规划的实施主体，规划应该具有可读性、落地性，因此需要深入挖掘地方价值，整合地方资源，促进乡村产业多元化综合发展。农业转型升级的关键是需要因地制宜的策划、产业形态的科学定义，以及培养乡村内生动力。通过产业吸纳劳动力促进乡村发展，创造经济价值，提高农民收入；重视乡村在经济、文化、政治、生态方面的自主性，规划应该体现乡村自身的价值观和特殊性，同时充分发挥国土空间规划中政策与规划的引导力与控制作用。国土空间层面应做好顶层设计，地方和乡村社区层面则需要"还权赋能"，提高乡村自组织的自治能力。

同时，在政府与乡村间建立协商机制，增强包容性和参与性，鼓励乡村自主探索创新。如构建一套多元主体参与，上下、内外结合的"网络化"发展型治理模式；探寻田园宜居模式等。在我国，传统文化根植于乡村，乡村蕴藏着历史积累的生活智慧，只有深度挖掘地方性文化资源，通过"文化激活""意义建构"等方式提升乡村宜居环境，才能达到乡村振兴的目的。村庄规划目前重点关注历史文化传统村镇的保护与维护，严格划定历史文化街区和民居的保护范围，确保历史文化建筑与环境的完整原真性不受破坏。

第三节　国土空间规划背景下实用性村庄规划理论研究

一、实用性村庄规划职能与地位

（一）实用性村庄规划的职能

在国家乡村振兴战略的指导下，越来越多的乡村着力充分挖掘自身潜力优势，寻求独具特色的村庄发展路径，例如打造以乡愁体验、休闲服务为特色的生态乡村，从而增强内生发展动力，提高社会文化活力。然而村庄基础设施、公共服务设施等物质空间环境的不足、产业发展知识的匮乏，在一定程度上导致村庄发展缓慢甚至衰退，实用性村庄规划作为一项公共政策，能够为乡村发展起到支撑与引导的作用，通过对村庄的调查，全面诊断村庄人居环境、物质空间、产业发展等方面存在的问题，并为村庄全面发展提供思路与策略。其次，国家空间规划体系改革不仅为了实现土地利用的高效利用，优化国土结构，也是为了提高国家全面治理水平与治理能力，而广大村庄地区作为国家空间治理的重要区域，更加需要通过一定的空间规划作为治理抓手，在此背景下，借助实用性村庄规划的编制，能够为村庄治理提供相应的平台与手段，提高政府的治理能力。例如通过土地用途管制，明确村庄土地使用行为，为政府采取"底线约束"方式治理空间提供基本依据，加强政府对自然资源的监管。

（二）实用性村庄规划的地位

国土空间规划背景下的实用性村庄规划不仅有着重要的战略地位，也有着强有力的法律地位。在政策地位上，自党的十八大以来，村庄规划对促进乡村地区发展与建设的作用越来越明显，从 2013 年到 2019 年，连续七年中央一号文件均对村庄规划提出要求，在乡村振兴战略提出之后，更加明确了村庄规划"乡村振兴第一道工序"的重要地位。

在法律地位上，在新时期国土空间规划体系改革的过程中，明确规定"多规合一"的实用性村庄规划是城镇开发边界外具有法律效力的详细规划，这一规定在 2019 年 5 月 24 日自资部印发的文件中也给出了明确说明，这是村庄规划在新的国土空间规划体系构建过程中，首次被明确为法定规划。

二、实用性村庄规划性质特点

（一）综合性规划

从国家空间规划体系上来看，实用性村庄规划作为详细规划，在经济条件和行政等级上受限，无法像城镇规划那样有足够的资金编制其他专项规划，对整个规划体系进行详细的完善与补充，这就需要国土空间规划背景下的实用性村庄规划在满足底线约束和空间优化的前提下，尽可能多的涵盖乡村振兴战略要求以及优化村庄发展的多方面要素。

从国家政策上来看，以往的村庄规划是在某一具体政策指导下编制的目标单一的规划，例如村级土地利用规划，规划重点在于对村庄土地指标的落实与调整，再如农村人居环境整治规划，重点在于整治村庄物质空间环境，而当前实用性村庄规划是以往土地利用规划、人居环境整治规划、村庄建设规划等的融合，要求涵盖村庄社会、经济、文化、产业、生态、用地、建设等多方面内容，具有很强的综合性。

（二）精准性规划

从规划编制上来看，我国村庄数量众多，各个村庄发展阶段、生态环境等要素差异较大，这就要求村庄规划编制因村而异，结合村庄特色编制针对性较强的具有地域性特色的实用性规划方案，避免"千村一面"。

从规划方法上来看，以往的村庄规划多为自上而下的形式，规划方案的确定多以政府领导或开发商为主导，规划师的主要任务则是将他们的需求落实到村庄这一地域空间，而对于在这一地域上生存的村民的意见考虑较少。国土空间规划背景下的实用性村庄规划注重村民在村庄规划中的主体地位，强调村民广泛深入的参与规划，充分参与到规划组织编制、规划设计、规划评审、编制审批、监督实施的各个阶段。

从成果表达上来看，面向不同对象制定不同的精准化成果文件，例如针对规划专业人士，制定包括图纸、说明书及相关资料的技术性成果文件，用于规划审批与管理；针对村庄规划的主体对象——村民，规划成果的表达形式则应尽量简单化、通俗化，制定由主要图纸、效果图、村规民约等通俗易懂的公示性文件。

（三）约束性规划

国土空间规划的基本原则之一是底线思维，在保障城市发展空间需求的基础上强调对国土空间的约束与管控，强调存量规划，而广大村庄地区，作为国家生态空间与农业空间最为集中和重要的地域空间，兼具生产、生态、生活功能，其规划区别于城市建成区以空间优化和布局以及开发边界管控为核心的思路，应优先考虑生态环境的保护以及耕地指标的落实，制定约束性的规划。

三、实用性村庄规划编制原则

（一）以人为本，优先村民诉求

以人为本是当前城乡发展所要遵守的基本原则，也是国土空间规划编制的基本原则。对于广大乡村地区来说，村民是村庄的主人，因而未来实用性村庄规划中，需要首先考虑村民的利益诉求，优先考虑村民最为迫切需要解决的问题，将其作为规划的重点与近期建设要点，其次通过向村民普及、宣传规划知识，提升村民参与规划的热情，引导村民参与规划，突出村庄规划公众参与的重要作用，从而编制村民认同、村民参与、村民满意的村庄规划。

（二）城乡统筹，实现协调发展

长期以来"重城轻乡"、"城乡分治"的国家发展观念与做法是导致我国农村地区发展落后的重要因素之一，规划资源的分配也是以城市建成区为主，对乡村地区关注较少。国土空间规划背景下的村庄规划深入贯彻城乡一体化、城乡协调发展的政策要求，统筹优化城乡发展空间和规划资源分配，对于乡村地区在村域空间管控、村庄规划建设、产业发展研究、规划实施管理、公共资源配置等方面进行系统性考虑，从而实现城乡融合协调、主体功能约束、公共服务均等、生态环境永续的协调发展格局。

（三）因地制宜，分类编制规划

正如前文提到的，乡村振兴战略将村庄根据各自特点分为四大类，在进行国土空间规划背景下的实用性村庄规划编制时，可根据各自类型特点，分类施策，有所侧重的安排规划内容，例如针对特色保护类村庄，重点编制保护规划方案，提出特色保护措施，对于搬迁撤并类村庄，则重点编制居民点选址规划与搬迁撤并计划等；其次对于同类型村庄，应尽量避免编制"大而全"的有着统一"范式"的规划，建议根据村庄各自特点及现状发展水平有所取舍的安排规划内容，例如对于一些基础设施较为完善的村庄，则可酌情减少基础设施布局规划的篇幅，简化规划内容，编制适合村情的有针对性的规划；最后对于发展背景相似的村庄，在规划中要充分挖掘其各自的村庄特色，例如历史文化、资源优势等，尽可能的创新发展路径，避免村庄规划的"同质性"。

（四）生态优先，集约节约发展

无论是城市规划还是村庄规划都应遵循生态优先原则，在进行国土空间规划背景下的实用性村庄规划编制时，一要尊重村庄生态资源，严格管控生态底线，保护生态环境；二要在规划编制中注重村庄用地的集约节约，在充分保障耕地指标的前提下，尽可能集约合理安排建设用地；三要对规划涉及的建筑建造、建筑改造、道路建设、市政管网铺设等，在适应村民生活方式、突出村庄特色风貌、体现地域文化的基础上，贯彻经济美观原则。

四、实用性村庄规划编制理念

（一）规划思维：技术性向社会性转变

对于大多数城市规划而言需要规划师在充分理清现状的基础上明确发展目标，以技术手段为主导编制规划，而村庄规划不同于城市规划，其地域尺度范围较小，地缘关系复杂，内部联系千丝万缕，因而在规划时不能单单考虑村庄发展空间布局的合理性与秩序性，还要注意村庄规划多元主体的关系与利益诉求，例如政府的村庄发展诉求、村民的建设诉求以及投资者的经济诉求等，这就要求规划师在进行实用性村庄规划编制时摒弃以往的技术性规划思维从而向社会性思维转变。

（二）规划目标：单一目标向综合目标转变

过去城乡规划体系中的村庄规划，重点在于安排村庄建设用地，主要对居民点用地进行相应规划布局；而土地利用规划中的村级规划，则是重点关注村域非建设空间，强调耕地的保护与各类非建设用地的管控。由此可见无论是哪一种规划类型，其规划目标都较为单一，即便规划内容都能够落地实施，也很难实现村庄的可持续发展。国土空间规划背景下的实用性村庄规划强调将多种类型规划进行融合，涉及空间、产业、土地、建设等多方面内容，是一项有着综合目标的规划。

（三）技术方法：发展式向管控式转变

传统的规划大多是以扩张为主的增量式规划，而在国土空间规划背景下，侧重强调存量规划，强调底线控制原则，要求规划设置发展底线，以空间管控为着手点制定发展目标。实用性村庄规划作为国土空间规划体系中的一项详细规划，应当与国土空间规划相统一，做到在底线管控的基础上，展望发展上限，并做好"三区三线"的划定工作，立足实际、着眼未来，基于管控、面向发展，实现村庄各要素资源的可持续。

（四）成果要求：蓝图式向实施型转变

实用性村庄规划强调编制"一村一图"、"一乡一图"的"一张蓝图干到底"的规划，但这里的"蓝图"并不是以往的"纸上画画，墙上挂挂"的终极蓝图式规划，而是指在"蓝图"目标的指引下，逐步实现村庄各项目标得以落地的实施型规划，将蓝图作为发展方向，制定分期规划，引导各项任务与计划的实施与落实，逐步完善村庄建设、改善人居环境，从过去传统的蓝图式规划理念转变为以有效落地为目的的实施型、实用性规划。

五、实用性村庄规划编制思路

以往的村庄规划存在模式化编制、脱离村庄实际、成果落地困难等问题，编制思路单一，难以实现精准规划。实用性村庄规划应以解决村庄实际问题为基础、以满足村民切身需求为前提、以实现村庄发展目标为根本、以保障规划成果实施为目的，形成以问题、需求、目标、行动这四方面为导向的更加全面的规划编制思路（图7.1）。

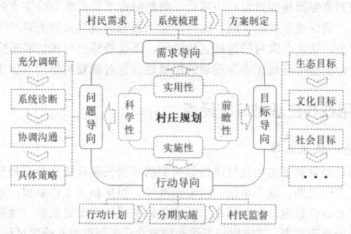

图7.1 实用性村庄规划编制思路图解

（一）以解决村庄实际问题为基础

村庄规划最基本的任务是解决村庄发展过程中所面临的瓶颈与问题，这些问题的产生可能受历史、文化、社会关系等的长期影响，这就需要规划师充分了解村庄，从多元视角对村庄进行深入调查与研究，通过自身的体验结合与村民的访谈交流，系统性的诊断村庄发展所面临的关键问题，并针对问题进行详细研究，并与村民、政府等利益主体进行协调沟通，准确把握村庄发展要点，作为后续规划方案编制与实施策略制定的基础。

（二）以满足村民切身需求为前提

作为村庄的主人，村民参与规划的程度对村庄规划的实用性与实施性有着很大影响，以往村庄规划多采用"自上而下"的模式，规划内容更多侧重于政府所认为的村庄需要解决的问题，而忽视了村民的切身需求，导致村庄规划村民满意度不高，规划实施效果不佳等问题。实用性村庄规划则需要以村民为主体，充分考虑村民的切身需求，对村民关心的问题进行系统的归纳整理，有所侧重的编制规划内容，从而保证规划成果令村民满意，规划实施受村民支持。

（三）以实现村庄发展目标为根本

无论是城市规划还是村庄规划，其根本目的都是为了在规划期末实现最初设立的规划目标，规划的实施过程也就是逐步实现规划目标的过程。国土空间规划背景下的村庄规划在国家乡村振兴战略的指导下，对乡村地区生态、经济、产业、社会、文化、建设等多方面提出了全方位的要求，相对应的也应当树立全方位的目标，并根据村庄发展的阶段性要求突出重点，分步实施、分步完善。

（四）以保障规划成果实施为目的

村庄规划作为村庄治理的一项手段，其治理能力与治理水平的体现与规划实施的程度有着很大关系，故而实用性村庄规划要想充分发挥乡村治理的作用，就需要制定一系列行动规划来保障规划内容有序落地，例如制定项目清单与分期实施计划，明确项目建设时序，确保规划按期实施。此外，应当加强对规划知识的普及和规划成果的宣传，同时对公示性文件向村民进行宣传讲解，不仅能够使村民切实感受到村庄发展的目标与前景，也能提高村民参与规划的积极性以及对规划实施的监督作用。

六、实用性村庄规划编制要点

（一）统一技术标准

国土空间规划背景下实用性村庄规划编制的首要任务是统一一系列技术标准，包括基础数据、工作底图、规划年限、用地标准等。根据相关文件要求，基础数据采用第三次全国国土调查数据；在此基础上结合土地利用年度变更数据、地形图、高清遥感影像图及现场调研数据，完成规划工作底图制作；规划年限的确定可结合上位规划、村庄发展目标要求确定，同时与乡村振兴战略年限相协调，根据不同村庄的不同需求弹性确定；用地分类标准则应充分考虑实用性村庄规划空间全域覆盖以及空间管制的要求，在原有村庄规划用地分类的基础上进行相应调整。

（二）确定发展目标

国土空间规划背景下的实用性村庄规划是一项综合性规划，其发展目标可分为定性与定量两方面，其中定性目标主要指乡村振兴战略要求下的村庄人口经济目标、产业发展目标、物质建设目标、生态环境保护目标等各类社会发展目标等；定量目标主要指在全国国土空间规划体系下，上位规划对村庄国土空间管控的各类底线约束性硬性指标要求，主要包括永久基本农田规模及范围、生态保护红线范围等内容。

（三）空间布局管控

国土空间规划背景下的实用性村庄规划成果要求中最主要的就是涉及空间布局管控的规划总图，它不仅是村庄用地布局的基础，也是空间管制的综合概括。在规划编制中需根据实际调研结果与村庄发展目标，统筹安排村域各类活动，落实上位规划中确定的各项管控指标，并在空间上做出具体表达，从而促进村庄生态发展可持续。

七、实用性村庄规划空间管控方法

新时期国土空间规划背景下的实用性村庄规划在空间管控上采用刚性管控与弹性管控相结合的方式。其中刚性管控在村域层面结合上位规划要求，划定村域"三区三线"（"三区"即生态空间、农业空间及建设空间；"三线"即生态保护红线、永久基本农田保护线以及建设用地边界线），以及建设用地"三界"（建设用地规模边界、扩展边界和禁建边界），形成四类建设区（允许建设区、有条件建设区、限制建设区和禁止建设区），具体内容在下文展开论述。

实用性村庄规划的弹性管控手段具体可分为三方面，首先是规划内容的弹性，根据《关于加强村庄规划促进乡村振兴的通知》（自然资办发〔2019〕35号）的要求，村庄规划编制内容需根据村庄实际需要进行取舍，增强规划的实用性，从而节省一定的规划资源；其次是规划期限的弹性，对于总体规划，当前国土空间规划要求各层级总体规划规划期上下保持一致，但是对于村庄规划未作出相应说明，即村庄规划可以在上级国土空间总体规划的期限内，采用先近期后远期的方式进行编制，可在动态掌握村庄发展水平的基础上及时做出规划调整。第三是规划用途的弹性，实用性村庄规划提出规划"留白"机制，即在规划时预留一定的建设用地指标，但不进行用地性质与用途的确定，为村庄后续村民住宅、公共服务设施或商业休闲设施等的建设提供用地指标。

第四节　国土空间规划下实用性村庄规划编制策略

一、实用性村庄规划的内涵及思路

（一）实用性村庄规划的内涵

实用性村庄规划中的"实"指的是针对乡村的实际情况，以解决问题、满足需求为根本进行规划；"用"主要是指通过具体的操作实施后达到村庄规划的最终目的，实现理想的规划效果。与以往村庄规划相比，实用性村庄规划更注重对国土空间的统筹与协调，统筹村域永久基本农田和其他自然资源的开发利用，协调国土空间保护与开发的平衡。在空间转型的新形势下，不仅要协调各类发展规划，实现多规合一，更要突出综合性，在土地使用上要合理确定各类图斑的用途，为空间治理和生产、生活、生态空间发展提供支撑；在开发建设上要切实考虑乡村生产、生活方式的转变，管控开发建设容量；在空间形态上要优化空间格局与功能，管控村庄整体风貌；在此基础上，更加注重项目落地，管理各种项目的具体建设。

（二）实用性村庄规划的编制思路

现阶段村域层面的国土空间规划仍处于实践探索阶段，没有典型的样例示范，而大多数村庄规划试点仅仅是在原村庄规划的基础上增加部分国土空间管控的内容，而对规划的实用性欠缺考虑，缺乏对村庄全过程、全生命周期的规划。编制实用性村庄规划必须兼顾多元主体的需求。规划是为多元主体提供的"产品"，以发展问题为导向，以解决村民诉求为根本，并兼顾其他主体需求；同时要对规划的理念和方法进行创新，建立"全域全要素管控"的工作思路，在编制框架上探索"简洁化、模块化"的规划体系，规划框架模块化，成果简洁化，内容精准化，便于理解、实施和管理，以增强实用性和适用性。简而言之就是要突出"好编、管用、易懂"这三个特征，这三点反映了当前对村庄规划的呼声，代表了实践过程中的三个重要方面。所谓"好编"即是编制逻辑适用，可以让规划师迅速进入角色，掌握规划编制的主要内容，而不至于做了大量的工作却找不到规划重点；"管用"即是能够切实解决村庄发展问题，使村庄朝着更好的方向发展；"易懂"即是规划内容能让受众看懂，虽然村庄规划的受众是多元的，但基本以村委和村民为主，只有让他们看得懂，规划才能得到支持、理解与拥护，他们参与村庄建设的积极性和热情才能被带动起来。

因此，本文在研究国土空间规划的基础上，结合前文的理论框架，初步探索村庄的实用性规划策略。首先规划架构采用层次化和模块化的设计方法，以此体现实用性规划灵活"好编"的特征；其次挖掘实用性村庄规划的核心，即凸显农村特色、满足多元需求、落实管控指标、成果简单明了、内容便于实施，体现"管用"的特征；最后，探索通俗易懂的规划成果，公示性成果平民化、去专业化，达到"易懂"的特征。

二、构建"层次化"+"模块化"的规划架构

实用性村庄规划编制策略的第一个特征是"好编"。首先要做到规划架构清晰明确，规划层次由浅至深；其次为了方便规划师根据村庄的自身特色和定位，灵活组织具体规划内容，需要将各个层次继续细分成若干个组成模块，让规划师依据实际情况自由挑选需要的内容模块，以此把握村庄特征、明确规划重点。通过"层次化"+"模块化"的规划架构，突出实用性村庄规划"好编"的特征。

本研究将村庄规划的内容分为两个层次，包括核心层和支撑层，并将每个层次进行详细拆分，共拆分成 16 个组成模块（如表 7-1），依据各模块的主要内容，区分为控制属性和引导属性，控制属性模块是落实国家管控意志和规范日常建设行为的刚性内容，引导属性模块是指导村庄长远发展，体现村庄规划灵活性的弹性内容。

表 7-1　实用性村庄规划架构表

规划层次	组成模块	模块属性	主要内容
核心层	村庄分类	引导	确定村庄发展类型
	三线管控	控制	落实上位国土空间规划管控指标，划定管控边界和范围
	三区划分	控制	
	生态修复	引导	修复生态空间内水系、林网、湿地等
	土地整治	引导	农用地整治、土地复垦、土壤修复等
	用地布局	控制	用地发展方向、用地功能分布
	近期建设	引导	近期建设项目表和具体实施细则

续表

规划层次	组成模块	模块属性	主要内容
支撑层	人口规模	引导	预测未来人口规模
	职能定位	引导	村庄区域发展中村庄的职能和定位
	产业引导	引导	主导产业选择和产业引导策略
	支撑系统	引导	道路、基础设施、公服设施建设
	农房建设	控制	农房改造措施、新建农房样式
	防灾减灾	控制	防洪、地质、消防等灾害防治
	绿化景观	引导	村口、河道水库、公共空间等景观
	村容村貌	引导	村庄环境清理、街巷空间整治
	文化保护	控制	历史文化保护范围、保护措施

建立实用性村庄规划编制架构，在一定程度上摆脱了城市规划框架的影响；无论村庄处于人居环境改善阶段还是村庄空间治理阶段，都可以从编制架构中选取适应本村需求的规划模块，组成完善且有针对性的规划内容体系，即能满足指导村庄发展的需求，又避免了规划资源浪费。

三、探索实用性村庄规划"管用"的方法

实用性村庄规划编制策略的第二个特征是"管用"，管用是体现实用性的核心。所谓管用，就是村庄面对的发展问题能够通过规划得到良好解决，回顾上文中提到的当前我国村庄规划存在的问题，研究解决问题的规划方法，可以概括为以下几点，即能够紧扣村庄发展诉求、贯彻国土空间管控意志、引导村庄分类发展、落实规划弹性机制、指导规划长效实施。

（一）激活多元主体，紧扣发展诉求

判断村庄规划是否"管用"的第一个标准，是能否解决村庄问题，紧扣发展诉求。紧扣村庄发展诉求，首先要加强规划前期的基础研究工作，在前期的调研阶段，全面且深入的了解村庄发展问题，然后结合调研结果，设计有针对性的规划措施。

村庄规划作为需求型规划，应该以问题导向为出发点，切实解决不同参与主体的发展诉求。村庄虽然是最小的行政单位，但村庄建设却牵涉规划、国土、农业、林业、环保、交通和水利等多个相关部门，每个部门各自为政，各方面难以协调，涉及的问题也复杂多样，导致规划难以统一指导村庄建设。

因此在实用性村庄规划中，应该激活多元主体，联合多部门共同编制规划，调查清楚多元主体的诉求，笔者通过对调查对象的行政职能和社会分工进行分类梳理，将多元主体归纳为地方政府、村民、村委会和开发商四类，建立政府、村委、村民和开发商多部门协作、多主体联合的规划机制。

本研究借鉴英国学者盖德斯在规划设计领域提出的 SAD 规划思路，即"调研

（Survey）—分析（Analysis）—设计（Design）"的三段式规划流程（图7.2），
也就是说要先调查再行动，前期深入调查基础情况，搜集详实的现状信息，总结发展
优势和核心问题，之后对资料进行分析，确定发展目标和方向等，最后再针对调研结
果和资料分析提出设计方法，明管控、定布局。SAD 规划思路的特点就是强调真实
性和完整性，能够很好适用于问题导向和需求导向的实用性村庄规划。

在规划的前期调研阶段，研究方法主要基于社会调查。针对村庄的调研，可以应
用会议座谈法、问卷调查法、实地考察法、入户访谈法等方法初步了解多元主体的诉
求情况。

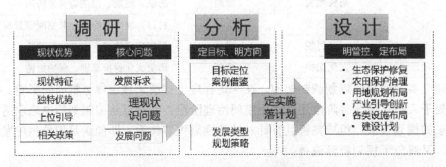

图 7.2 "SAD" 三段式规划流程示意图

在规划的前期调研阶段，研究方法主要基于社会调查。针对村庄的调研，可以应
用会议座谈法、问卷调查法、实地考察法、入户访谈法等方法初步了解多元主体的诉
求情况。

1. 以地方政府需求为指引

地方政府是指市县（区）、乡镇（街道）等多级行政主管部门。村庄规划的编制
主体是乡镇政府，审批主体是县级政府，因此地方政府在村庄规划中扮演着主导者的
角色，承担着最多的责任和义务，负责提供政策、资金等各项支持，并自上而下参与
规划的协调、监督和管理。地方政府希望通过村庄规划提高村庄环境质量、改善村民
生活条件，也希望进一步推进城乡一体化，促进社会发展，因此，地方政府具有最大
的话语权，其决策直接影响整个村庄的发展趋势，把控着村庄的未来发展方向。但地
方政府在参与规划中，必须尊重村民的主体地位，契合村庄的发展诉求，在规划编制
和实施时，调动村委、村民和开发商参与规划的积极性，促进三者之间横向协同。

对地方政府的调研主要包括以下几个内容：1）现阶段试点村庄规划的主要目的
是什么？2）目前国土空间规划下的新型村庄规划会有哪些难题？3)如何对乡镇政府、
村委村民和开发商进行宣传引导？4）村民所提出的利益诉求哪些是合理的、哪些是
可以满足的？需要哪些政策供给？

这四个层次内容包含了地方政府从区域整体利益的角度对村庄规划目的、困难、
态度及对村民利益诉求的综合考虑。

2. 以村民需求为核心

相较于城市，村庄环境更为封闭，社会结构相对稳定，人口流动小，规划的受众人群也基本固定，所以村民对村庄具有强烈的归属感。以往的村庄规划，只有在规划公示和建设中，村民才行使了参与权，但主导权往往很难得到保证，无论在规划中采用村民参与机制还是村民主导机制，村民的规划主体地位是不容动摇的。在规划编制中应真正落实村民参与机制，积极征求村民意见，将碎片化、片面化的征询结果进行整合并达成共识，保障规划的科学编制与顺利实施，并促进村庄关系及组织秩序的构建。

村民意愿调查是村民参与规划中非常重要的环节，一方面要深入调查村庄现状，由乡镇政府牵头，村委组织，村民参与，全面掌握村情民意；另一方面要激发和调动村民参与规划的积极性，促使村民认识到自身主体地位，只有让村民认识到他们在村庄规划中实施者、受益者的身份，意识到编制科学规划对建设美丽家园意义重大，才能真正了解村民亟待解决的问题，并有针对性的制定规划内容。

考虑到村民文化水平普遍较低，缺乏信息获取渠道，思想比较落后等弊端，村民意愿调研阶段可通过召开村民代表大会、发放调查问卷、走访部分村民等方法，以多种方式让村民了解规划，发表意见，唤醒主人翁意识。

1）召开村民代表大会。召开村民代表大会，让村民意识到自己是村庄规划的主体，应该主动为规划提供各个方面的信息，让村民认识到从规划设计到建设实施的整个过程都要以主人身份参与进来，引导村民参与村庄规划决策，广泛吸纳村民意见和建议。

2）问卷调查。问卷调查之前，规划师要与村委协商问卷内容，然后根据村委意见进行修改，使内容具有典型性和全面性等，要做到文字简练，问题通俗易懂。考虑到村民文化水平普遍较低，问题要以选择题或填空题的形式为主，开放性问题会导致村民丧失填写问卷的积极性，而且要尽量增加问卷调查采集数量，样本基数过少则不具备代表性。

3）走访村民。选取家族族长、个体企业业主或高学历者等具有代表性的常住村民进行走访，他们比较熟悉村庄情况，眼界开阔，思考问题更全面，可以保证调查信息的质量。

对于试点村庄的村民调查，问卷调查和入户访谈重点按以下两个层次展开，分别是：1）对本村发展方向的意愿，依据各村村民对本村发展的理解，提出村民认可的未来发展主导方向，大致可从以下四类中选择，如产业集聚类、生态保护类、文化传承类和休闲旅游类；2）对本村生活质量提升的意愿，包括物质生活反面的房屋整治、绿化美化、道路修缮、水电暖气等意愿，以及文化精神层面的公共活动场地及设施、文化活动组织、精神文化传承等的意愿。

第一层次的问题，主要针对村庄产业发展的问题，为后文的主导产业发展策略提供基本信息。第二层次的问题，针对未来居住生活条件诉求的调查，包括居民点更新改造、公共服务实施配套和基础设施建设等的需求，为后文人居环境整治提供基本信息。这两个层次的调研问题包括了村民最关心的规划要点，基本能够代表村民对村庄规划的多方面诉求。

3. 以村委需求为主导

村委会是村庄建设的直接领导者和管理者，通过管理村庄的日常事务，调解内部矛盾以及组织建设来促进村庄的改善。村委会的作用体现在以下两个方面：一是村民需求的代言人，向上级传达村民的声音，在规划过程中要为村民争取更多的利益；二是利益冲突的润滑剂，若规划中出现摩擦，村委要做和事佬，周旋于地方政府和村民、开发商之间，协调上下之间的利益矛盾，消减横向间的冲突。

对村委会的调研主要包括四个方面的内容，分别是：1）村委将用什么方式参与到村庄规划中？2）村庄规划中，对地方政府的政策与资金支持有哪些诉求？3）村民所提出的利益诉求哪些是合理的、哪些是可接受的？4）村庄未来发展中，哪些方面是近期建设中亟待解决的？ 这四个方面包含了村委会站在自身利益的角度对村庄规划的扶持需求、关注点及对村民利益诉求的考虑，基本能够代表村委会对村庄规划的态度。

4. 以开发商需求为支撑

开发商是以控制或介入乡村空间开发与产业经营为主要目的的外部投资主体，以资本对乡村建设的直接投入，换取地方政府与村委的规划政策支持。开发商经市场运作与政府强势结合，往往拥有比村委和村民更高的规划优先地位，在产业建设、资源开发等商业活动中，对用地规模和开发强度等方面有更强势话语权。开发商侧重于投资收益，其诉求以追逐利益为核心，但在村庄建设中追求利益最大化而容易忽视环境保护和村民利益，因此，在村庄规划中，开发商不能仅从村庄中吸取利益，还要承担相应的责任和义务，需在政府、规划师和村民共同引导和监督下，为村庄建设提供资金或技术支持，尊重村庄的长远发展需求。

对开发商的访谈主要包括四个方面的内容，分别是：1）开发商愿意投资到村庄建设中吗？2）开发商将以什么角色参与到村庄建设中？3）投资村庄规划中，对政府、村委和村民有哪些诉求。4）村民、村委所提出的利益诉求哪些是开发商可以满足的？

这四个方面包含了开发商站在自身利益的角度对村庄规划的态度、关注点，及对村民利益诉求的考虑，基本能够代表其对村庄规划的态度。

5. 基于多元主体的需求平衡

在以往的村庄规划实践过程中，许多村庄规划出现难以实施或者烂尾的问题，究其原因，是在村庄建设过程中，由于其各主体的诉求不同，难以相互形成有效的衔接，各方参与却无法形成合力。当村庄规划由多个主体参与运作时，很容易造成利益分配不均的问题，使得各主体互相牵制，而不是互相协同。因此，实用性村庄规划中应追求多元主体的需求平衡。

为了平衡资源的开发与保护，需要对四个参与主体进行利益制衡，在规划编制前期，规划师要发挥自身的专业优势，尽可能全面的了解多元参与主体的规划诉求，通过规划策略解决利益失衡问题，最终推进实用性村庄规划的编制与实施。

在四个参与主体中，村民和村委倾向对土地和文化等资源的"改善、保护"，而政府和开发商则更看重对村庄资源的"发展、利用"。村庄肌理和乡土气息的保持需要空间、文化等多方面的支撑，而这些要素一旦被破坏，将难以修复，甚至消失。所以，对于村民来说，渐进、柔和、节制的建设行动更能顺应这种发展需求。而开发商倡导的大力度开发建设容易超越村庄的环境承载能力，造成生态系统的紊乱，不利于村庄的可持续发展[59]。因此，地方政府与村委要管控和引导开发商，防止过度开发而破坏村庄自然生态环境，引导公共资源合理注入村庄，协调"保护"与"开发"的平衡关系；开发商在得到政府支持的同时，要主动担负起社会责任，保障村民基本权益；村民手握土地等资源作为筹码，要向政府寻求帮助，保障自身与开发商能够平等且合理的分配利益。

（二）引导村庄特色化差异化发展

判断村庄规划是否"管用"的第二个标准，是否能引导村庄"差异化发展"。村庄因自然资源、地理位置、社会、经济、历史文化等多种条件的影响，发展方式也是多样的，确定村庄类型，明确村庄的定位及发展方向，才能深化村庄自我认知，准确指导村庄实现特色化、错位发展。分类引导对村庄发展方向与资源利用具有重要意义，是保障村庄规划实用性的重要前提条件。

1. 村庄类型划分

本文基于不同的村庄空间发展模式，以突出村庄特色、优化村庄发展效率为目标，研究不同类型村庄的建设重点，按照《山东省村庄规划编制导则（试行）》中分类指导的原则，将村庄发展类型分为集聚提升、城郊融合、特色保护、搬迁撤并四个大类，但分类标准过于笼统，本文将以上四个大类进行细分，划分成 7 个小类（见表7-2），并依据不同类型提出不同发展引导重点，推进村庄规划的特色发展。

表7-2　村庄发展类型对比

村庄类型		是否单独编制规划	分类标准
大类	小类		
集聚提升类	集聚发展类	是	主要指村庄现状基础设施和公共服务设施相对完善、经济社会发展基础较好，具有一定辐射带动作用的中心村和农村新型社区
	存续提升类	是	主要指有一定社会经济发展基础，人口规模变化不大，村庄建设规模增长需求不高，仍将长期存续的村庄
城郊融合类	城乡转换类	否	已经被划入城镇开发边界内，在未来建设中，村庄用地将转换为城镇用地指标统一规划，不在原址改扩建的村庄
	改造提升类	是	已经被列入城镇开发边界，未来建设中仍单独存在，但明确采用建设集中社区的就地城镇化形式的村庄
特色保护类		是	历史文化名村、传统村落、特色景观旅游名村以及自然风景、村庄风貌特点突出等具有自然历史文化特色的村庄

搬迁撤并类	整体搬迁类	否	位于生态保护红线、矿产压覆区、重大基础设施建设黄线等控制线内的村庄
	衰减撤并类	否	由于自然环境恶劣、人口流失特别严重、基本丧失发展能力的村庄

2. 分类发展指引

（1）集聚提升类

集聚提升类是县域村镇体系中的发展重点，此类村庄应科学确定发展方向，在现状规模上可适当增加建设用地，有序推进人居环境改造提升，激发产业活力、优化环境治理。

1）集聚发展类：按照人口发展情况适当增加建设用地规模，发挥自身产业优势，开发立体农业或乡村旅游业，形成品牌效益，增强集聚效应和示范作用；

2）存续提升类：严格控制增加建设用地规模，适当缩减用地总量，缩减的用地指标可用于产业发展，在原址进行人居环境改造，避免破坏三区三线格局。

在公共设施建设方面，要有序推进村庄基础设施、公共服务设施的改造提升，合理布局村庄公共服务设施。完善道路交通系统，优化停车场等交通设施布局，提升道路通达性，保障各类设施的服务水平。

（2）城郊融合类

1）城乡转换类：此类村庄不久要并入城镇空间，所以不再单独编制规划，

严格限制用地增长，建设工作以有序向城镇转移人口、逐步缩减用地、为城镇用地腾挪指标为主。

在人居环境和公共设施方面，以维持村民现状生活水平为主，避免没有必要的资金和人力投入。

2）改造提升类：改造提升类村庄一般位于市县主城区附近，此类村庄虽划入城镇建设范围，但不会并入城区，未来仍将独立存在，所以要单独编制规划，规划建设要考虑未来人口增长情况，适当整治闲散用地来增加建设用地规模，鼓励对接城镇功能外溢，加快工业化和城镇化建设，规划建设应遵循城乡等值理念，村庄与城镇等同考虑，规划中应考虑引入用地留白机制，增加弹性建设空间。

在公共设施方面，应考虑与城镇基础设施互联互通、公服设施共建共享。加强与城镇道路系统的衔接，提升道路等级，城镇市政管网应延伸覆盖周边乡村，形成与周边村共建共享的区域协调机制。

（3）特色保护类

此类村庄应统筹好保护与利用、发展的关系，推动特色资源保护与乡村发展良性互促，在加强特色资源保护的前提下，充分挖掘地方特色和地域文化，适度发展文化、旅游服务等特色产业，将资源优势转变为发展动力。

此类村庄未来是乡村文旅发展的重要区域，重点推进农用地流转、乡村民宿营销

等，考虑一二三产业融合发展所需的配套建设空间。在设施配套上，应尊重原住居民的生活习惯，在保护村庄特色的基础上，依据相关法律法规改善村基础设施、公共服务设施。

（4）搬迁撤并类

搬迁撤并类村庄重点在于有序推进搬迁撤并工作。

1）整体搬迁类：此类村庄要在限期内完成整体搬迁任务，将人口转移到周边村庄或另选土地新建，原村庄建设用地应尽快还林或复垦，为生态保护或矿产开发让位。

2）衰减撤并类：严格限制新建、扩建活动，搬迁撤并后的村庄，因地制宜复垦或还林，增加乡村生产生态空间，通过集体用地入市等手段，增加农民收入，严格控制基础设施和公共服务项目建设，除必要，不应继续新建。

（三）贯彻国家空间管控意志

判断村庄规划是否"管用"的第三个标准，是能否贯彻乡村地区空间发展的国家意志。2019 年 4 ～ 5 月，中央密集出台多份文件明确提及村庄规划，一是提出健全城乡统筹规划制度，编制市县发展规划、市县空间规划、村庄规划，表明村庄规划兼具发展规划、空间规划部分功能。二是提出编制国家、省、市县、乡镇国土空间规划和多规合一的实用性村庄规划，表明村庄规划是不同于一般空间规划的综合性规划。

随着我国国土空间规划体系的建立，国土空间规划将实现"横向到边、纵向到底"的全域覆盖。村庄规划作为城镇开发边界外的详细空间规划，必须落实上位总体空间规划确定的各类管控边界及约束指标，将村域空间规划作为村庄空间治理的抓手，才能优化村庄各类空间布局，指导空间用途和开发建设强度，推进国家空间规划体系和空间治理能力现代化，贯彻村庄层面空间发展的国家意志，这样的规划才谈得上"管用"。随着我国城镇化进程的加快，农村人口大量减少，但村庄建设用地总量却不减反增，这是人地资源错配引起的。因此，新时代我国村庄规划尤其要重视"存量规划"和"减量规划"，这也是国家意志对乡村地区村庄空间发展的首要诉求。

本文研究的村庄层面国土空间管控主要包括以下五个方法：落实上位空间管控指标、构建空间融合发展格局、探索空间精细化治理措施和建立数字化智慧管理平台。

1. 落实上位空间管控指标

空间管控指标即生态保护红线、永久基本农田保护线和村庄建设边界，分别是维护国家和区域生态安全、粮食安全和城镇化健康发展的底线。由于村庄土地利用规划的指导性弱，导致村庄用地无序、粗放，没有明确的生态保护边界和建设开发边界的控制和引导，建设用地不断侵占生态用地和农业用地，致使空间整体性遭到破坏，土地碎片化问题严重；有些村庄在发展早期没有编制规划，造成工业用地和设施农用地布局散乱，存在大量点状用地，更加剧了土地碎片化。 进入生态文明建设新时期，村域国土空间规划应当作为城镇开发边界外的控制性详细规划，承担乡村空间的自然资源资产管理职责，落实指标与分区的传导机制，优化村庄空间布局与管控，将三条控制线作为调整经济结构、规划产业发展、推进城镇化不可逾越的红线。

（1）三线划定的原则

生态优先。生态用地的功能难以被其他用地替代，且不易修复再生，划定过程中要将生态环境保护放在突出位置，优先考虑生态保护红线，将保护作为发展的基本前提。

协调发展。三线之间要协调发展，统筹生态、农业和村庄建设之间的关系，并与泗水县的三线范围相衔接。

便于识别。三类空间边界应界定清晰，避免空间上的相互交叉，并做到可管理、易监督，体现实用性村庄规划可落地的特点。

（2）三线划定的方法

生态保护红线。生态保护红线是指"在生态空间范围内具有特殊重要生态功能、必须强制性严格保护的区域"，是保障和维护国家生态安全的底线和生命线。划定生态保护红线，首先要以县城划定的生态红线结果为依据，叠加生态敏感性分析结果；然后参考现状调研的实际地类情况，对上位生态保护红线进行边界处理，调出不符合实际的图斑，若本村生态红线范围无法做到总量平衡，可在邻村或者镇域内，选取符合标准的地类进行跨区域协调，以此划定生态保护线；由于泗水县生态保护红线划定和村庄规划试点是同时进行的，而上位生态保护红线的范围会有所调整，因此涉及到试点村庄的生态保护红线，要根据实际情况动态调整，最终做到生态功能不降低、面积不减少，保证总量加边界控制。生态保护红线划定要尊重自然本底特征，在最适宜生态保护的区域划定与村庄实际相匹配的生态保护红线，既要满足省、市和县对村庄生态保护红线的指标控制，还要将保护的力度集中到需要保护、应该修复的区域。

永久基本农田保护线。永久基本农田是为保障国家粮食安全和重要农产品供给，实施永久特殊保护的耕地，对于永久基本农田的划定和管控，原国土资源系统已经有一套成熟高效的方法，因此比起生态保护红线和城镇开发边界，永久基本农田是管控最成熟的线。划定永久基本农田保护线时，应该和国土部门共同协作，对现状永久基本农田进行全面梳理，对于符合基本农田标准的，要继续保留，不符合标准的应进行调出，保障永久基本农田的质量。按照"总量不减少，质量有提高"的原则，选取村域内符合永久基本农田标准的耕地进行补划，保证基本农田总量不变，指标进行锚定。如果村域内符合永久基本农田标准的耕地数量不足，应该将划出的部分按照基本农田标准限期整治，作为永久基本农田整备区，整治合格后，统一划入永久基本农田保护线。

村庄建设边界。村庄建设边界是为防止村庄规模盲目扩张和建设用地无序蔓延，推动村庄由外延扩张向内涵提升转变，根据地形地貌、自然生态、环境质量和基本农田等因素和村庄在一定时期的发展需求划定的、允许村庄建设用地拓展的边界范围。划定村庄建设边界时，应尊重村庄客观发展规律，引导村庄精明增长。在确定村庄发展类型的前提下，合理预测未来人口规模，并以此为依据，配置村庄生产和生活用地，优化村庄内部功能布局，统筹村庄的居住、产业、交通、基础设施等用地需求。严格执行"一户一宅"政策，对现状宅基地进行梳理。对于村庄外部零星的宅基地，有计划的拆除，并结合周边用地的性质，合理选择复耕或还林；位于村庄内部的，建筑质量较差的多余宅基地，在征得村民协商同意后，修缮或拆除重建，作为零星宅基地搬迁入村安置的备选用地。引导分散式、作坊式的村庄产业集聚发展。

综上所述，通过合理预测村庄用地规模、剔除破碎斑块，整合分散产业用地等措施，划定成较为规整的、易于管理的村庄建设边界。

2. 构建空间融合发展格局

科学划定"三区"空间，是协调经济发展和生态保护相统一、相促进的需要，是落实覆盖全域的国土空间管控的需要，是保障资源高效有序开发的基础。

（1）三区空间划分的方法

生态空间划分。将生态保护红线外的，不参与农业生产的，国土三调确定为林地、草地和水域的连片斑块，划分为一般生态空间，结合生态保护红线，统一划入村域生态空间。

农业空间划分。将永久基本农田保护红线、生态空间和村域建设边界以外的农业生产适宜区和永久基本农田整备区等区域，三调初成果认定为耕地、林地、园地（含可调整园地）、坑塘水面（含养殖坑塘）、农村道路、设施农用地、沟渠等地类分布区，统一划为一般农业空间，并与永久基本农田统一划分为农业空间。建设空间划分。将不属于村庄的建设用地，如城镇建设用地、对外道路设施用地、风景名胜区用地、特殊用地以及留白用地等，共同划为村庄其他建设空间。其他建设空间与村庄建设边界，共同构成建设空间。

（2）三区三线融合发展的措施

"三区三线"融合发展是实现国土空间严格管控的前置条件，是体现实用性村庄规划管用、好用的重要举措。空间融合发展主要包括功能冲突区域判别与备选方案集成、方案校验与反馈修订两个核心步骤。

通过三线划定和三区划分，初步形成了村域的三区三线成果。然而划定过程中，由于专业限制等因素，难免导致三区三线划定成果中存在冲突和不合理之处，因此，研究引入三区三线协同划定机制，联合地方政府管理部门、村民、村委和开发商，提出反馈和修改意见。

重叠区域判别与方案集成。首先将生态保护红线、永久基本农田保护线、村庄建设边界的初步划定方案在 GIS 中叠加，然后裁剪出三线中出现重叠的图斑，根据重叠图斑的三调原始属性，分析三线冲突原因，研究确定重叠图斑的最终属性，最后将其合并到目标图层中，形成三线初步修订成果。

以"三线"初步修订成果为依据，将生态、农业和建设空间初划方案进行叠加，以保护生态环境、有利农业生产和不阻碍村庄建设为原则，对叠加后的冲突区域按照自身适宜程度判定其应该划入的空间，修改"三区"范围，形成三区初步修订成果。

方案校验与反馈修订。方案校验要与县域发展目标和空间发展战略相统一，与村庄分类和发展定位相衔接，落实国土开发保护与社会经济发展的总体目标，生态空间应满足区域生态安全格局建设要求，农业空间应满足农产品供给安全要求，村庄建设空间应满足村庄健康发展的基本要求。

因此，在方案反馈阶段，应用 SAD 方法，进行二次调研，分析地方管理部门的空间保护与开发的意见，协调村委和村民的发展诉求，协商开发商的开发投资意向，收集多方参与者对三区三线初步修订成果的意见，最后在不突破生态保护和耕地保护的底线下，统筹权衡各方利益，对初步方案进行设计调整，完成三区三线最终划定成果。

3. 探索空间精细化治理措施

空间精细化治理，既是对空间资源实施精细、准确的规范与控制，是实现村庄空间可持续发展的必然选择。空间精细化治理，是为了提高国土资源利用率，修复受损的自然资源，整治零星、闲散、低效的土地，唤醒沉睡的资源。"精细化"治理，提倡手术刀式的整治措施，讲究精准定位，"因地施策"，保留村庄原始风貌的同时，优化生态环境。空间精细化治理分为两方面，一是生态资源的修复与保护，二是农田与土地的保护与治理。

（1）实施生态修复与保护

在落实生态保护红线的划定成果后，对生态保护红线内和生态空间内不符合相关标准的图斑，进行生态修复和保护。首先要根据图斑地物的类型明确保护任务和保护要求，然后依据生态功能，划分出生态功能重要区、生态敏感区和生态脆弱区，针对各分区存在的问题，确定生态修复的重点图斑，并结合实际提出具体修复措施，最终形成以护林、修山、治水为核心的生态空间修复治理。

护林。林地必须用于林业发展和生态建设，禁止擅自开垦林地转为其他农用地，在农业综合开发、耕地占补平衡、土地整理过程中，不得挤占林地；禁止擅自改变林地用途、限制林地转为建设用地。

修山。优化山体林地群落结构，改变现有单一树种的绿化方式，选用优良乡土树种，通过林地迹地更新、宜林荒山造林等手段，促使森林资源结构、树种配置结构趋于合理。通过人工造林、林分改良等，营造丰富的山体生态基底。

治水。围绕"加强水安全、提升水环境、打造水景观"的策略，实施水资源修复与保护。通过疏通现有河道、构建潭湖蓄水系统等手段，加强水安全；以加强污染防控、构建人工湿地等方法，提升水环境质量；利用水体景观设计、驳岸修复等措施，打造水景观。

（2）基本农田保护与土地整治

确定永久基本农田保护线和农业空间后，首先要依照村庄产业发展方向和布局，统筹安排农林牧渔等农业发展空间，其次结合用地发展布局提出保护要求和管控措施，然后分析现状图斑存在的土地、土壤问题，最终提出以闲散建设用地整治、破碎农用地整理、土地复垦与土壤修复为主要工作内容的整治和修复方案。

促进零星闲散地整理，提高土地利用率。对闲置地块上乱垦乱种、乱搭乱建、废弃抛荒等环境乱象进行清理、整治、提升；对条件适宜的零星闲置用地进行复垦，耕种，提高土地利用率。

加强田地破碎化整理，促进农田连片化。农业空间内现有非农建设用地和其他零星农用地应当优先整理、复垦或调整为耕地、园地，规划期内确实不能整理、复垦或调整的，可保留现状用途，但不得扩大面积，防止田地进一步破碎，促进农田连片化管理。

提升农田建设要求，改善用地质量。结合农用地"提质改造"等土地整治活动，通过田、水、路、林整治，整理其他农用地和废弃闲散土地，完善农用地配套设施，增加有效耕地面积，提高耕地等农用地质量。

4. 建立数字化智慧管理平台

以往的规划编制过程，往往是国土部门一套系统、现状测绘一套系统、规划成果又是一套系统，导致各部门成果缺乏有效衔接，信息分散，且互相之间存在冲突。建立统一的数字化管理平台，利用"规划一张图"系统，可以统筹资源共用共享，实现规划成果之间的动态联动，方便部门间规划成果的查询调阅。

"规划一张图"是将三区三线规划成果、生态保护与修复区和农田保护与土地整治区等各种空间数据成果，借助 GIS 平台整合在一张虚拟的电子图上，实现信息按地理位置管理与要素分类管控。

"规划一张图"为规划编制设计与规划项目审批提供信息服务，是村域国土空间开发保护利用的管制依据。选择 GIS 数据库平台，可以最大限度地对接国土三调数据，保证规划数据在设计院、编制中心及地方管理部门之间顺畅流动与无缝衔接，方便信息交流利用以及信息的建库维护，更便于规划修编调整，保障空间管控数据的动态更新。通过"规划一张图"系统的建立，打造智慧化、数字化城镇规划管理模式，实现一张蓝图绘到底，一本规划管到底。

（四）指导规划长效实施与管理

判断村庄规划是否"管用"的第四个标准，是规划实施能否扎实推进。村庄规划作为详细规划，必须要落到实处，通过具体政策措施、实际工程计划等方式落实规划意图，指导规划实施。然而以往的村庄规划偏重于问题剖析、目标拟定而忽视具体实施工作，导致规划难以落实。

村庄规划应侧重从目标到行动的传递，以可操作的措施或行动使其落到实处。由于村庄规划时间周期较长，本轮试点规划远期到 2035 年，其建设是一项长期的系统工程，所以未来变数很大，想通过一版规划完成远期的所有建设设想，难度较大。因此本文提出建立村庄行动计划，以小规模、渐进式的方式进行，并根据行动时间划分为近期建设计划机制和长效实施管理机制，"分期建设，逐步改造"，注重近期建设计划实施，将未来 3-5 年的近期建设项目切实落地，规划的实用性也就得以凸显。

1. 近期建设计划机制

近期建设计划里要根据村庄实际需求、用地可操作性和政策引导，形成近期建设项目库。项目库要按照前文提到的村庄规划架构进行分类，如生态修复、农田整治、历史保护、产业发展、基础设施与公服设施建设、人居环境整治等。对于近期建设项目，项目库要明确各项建设的具体空间位置和用地面积，落实责任主体和协作部门，明确管护责任，方便管理与监督检查；近期建设应根据具体建设方法，预估投资规模，并积极筹措资金，以村集资，县、镇帮扶，开发商投资的方式，多方融资，更要做好资金投入公示。

涉及人居环境整治等建筑施工的，要与村庄设计相结合，项目设计深度要达到指导施工的修规程度。如农房建设、广场建设、基础设施建设、景观环境改造等，规划应给出具体施工做法，包括材料、施工做法、施工技术等的做法示意。而且要保证各项经济技术指标，如建筑面积、容积率、建筑密度等符合村庄整体风貌，保护村庄特色。

2. 长效实施管理机制

实用性村庄规划不仅要解决村庄近期发展诉求，更要满足村庄的长远发展需求，探索全生命周期的长效跟踪机制，坚持长效治理，保障规划能够按预期实施。村庄规划的长效实施机制包括以下两点：

（1）转变村庄建设资金的来源渠道

任何规划的实施都是一项长期且复杂的工程，需要来自政府、规划师、施工方和社会其他团体的协作支持，其中资金支持是规划顺利实施的根本保障。以目前的形式来看，村庄建设多数都是以上级政府的专项财政资金作为主要资金来源，如果上级政府的政策发生变化，资金链必然断裂，村庄建设就难逃"烂尾"的命运。建设资金不足和来源单一的问题是影响规划长效实施的主要原因，所以要拓展村庄建设资金的筹措渠道。

拓展资金渠道的方法可以分为对内和对外两个方面，具体方法可以参考以下几点：对内一是要加快村庄产业升级，转变落后的农业生产方式，将产业重心向农副产品加工、乡村旅游服务等二三产业转移，早日实现村庄自我造血能力，促进村民增收致富；二是对内融资，村民以土地、资金等形式入股村庄产业发展，等产业基础稳固后，收益用来改善人居环境和建设基础设施。对外一是建立人才引进和财富回流机制，如本地迁出居民事业有成后回报家乡，在本地投资给予税费减免等政策支持，即能吸引建设资金，又能增加就业；二是吸引社会资金注入，将 PPP（政府和社会资本合作）等多种合作开发模式带入到村庄建设中，帮助村民、政府以及社会团体实现互利共赢。

（2）设立规划师驻村管理制度

以往的村庄规划，规划师编制完成后，其使命就已结束，后期缺少村庄建设层面的技术跟进，对村庄的实施效果把控受限，因此实用性村庄规划应该建立驻村规划师制度，规划师在完成编制任务后，还要兼任村庄发展顾问，作为政府、村委与村民有效沟通的桥梁，平衡他们之间的利益诉求，帮助村民进行村庄建设决策，与村委领导和施工方探讨施工方法，协调施工方与村民的利益冲突，现场指导施工，并根据实际情况及时调整方案等。驻村规划师要对每项工程施工效果严格把关，对工作进度检查监督，最终推动项目的实施。同时还需要成为村庄规划的传播者，让村民全面的了解规划内容和建设进度，成为真正的受益者。

（五）探索村庄规划的弹性机制

判断村庄规划是否"管用"的第五个标准是规划要"有弹性"。村庄规划作为国土空间详细规划，对村庄的每块图斑都指出了具体用途及其管控指标，村庄规划具备一定的灵活性，才能称为"管用"的规划。实用性村庄规划的弹性机制主要体现在规划内容、用途和实施三个方面：

1. 规划内容弹性

一是根据村庄发展类型，提出有针对性的国土空间规划引导内容。对于重点发展的集聚提升类村庄，村庄规划的内容要尽可能全面且深入，能够真正引导村庄发挥自身优势，起到引领示范的作用。对于即将并入城镇空间的城乡转换类和将要被吸纳的整体搬迁类和衰减撤并类村庄，不会有大规模的新的开发建设，因此其空间格局比较稳定，理论上可不编制村庄规划，只对以"三线"为主的国土空间用途和人居环境提升这两方面进行规划管控；或者联合周边村庄做为村庄群，统一编制全面的村庄群国土空间规划，再根据各村庄的类型和分工，确定规划管控内容。

二是在村域整体和村庄两个规划层次，提出不同侧重的规划内容。在村域整体层面，以管控村庄国土空间总体格局、引导产业发展及建设项目布局等内容为主，主要是管控、引导的功能。在村庄层面，以人居环境整治和各类设施配套为主，涉及的村庄风貌引导，公共空间及环境改造提升，道路、给排水、环境卫生和村庄安全等内容，规划内容应满足修规的施工建设要求，强调实用性基础设施配套。

2. 规划用途弹性

在《关于加强村庄规划促进乡村振兴的通知》中，提出探索规划"留白"机制，赋予具体地块的规划用途一定弹性。

在村庄国土空间用地分类表中，增加"留白用地"。在村庄建设边界内，划定某一块或某几块图斑，作为留白用地，留白用地不再强制其具体用途，而是在村庄未来建设中，依据实际发展情况再明确其用地性质并赋予建设管控指标。

3. 规划实施弹性

一是探索规划容错机制。在全面推行数字化智慧管理平台的信息时代，应当允许建设项目与村庄国土空间规划"一张图"存在稍许偏差。在县域国土空间总体规划中，对村庄层面建设边界和建设空间的界定应该是比较粗略的，作为上位规划指导，应当允许这种偏差的存在，承认其符合村庄规划。

二是简化规划修改程序。以往村庄规划由乡镇组织编制，市县级政府批复，但是修编程序繁琐，实操层面往往是要重新编制村庄规划，费时费力又费资金。因此应适当简化规划的修编程序，赋予乡镇政府在村庄规划实施过程中的修改权；但市县级政府在批复文件中，应该明确乡镇政府的修改权范围，避免其破坏村庄规划的整体管控结构。

（六）做好空间规划转型期的衔接协同

判断村庄规划是否"管用"的第六个标准，是做好空间规划转型期的衔接协同。按照我国相关文件的要求，市县国土空间总体规划要在 2019 年底前编制完成，实现全域覆盖。对于新型空间规划，各级没有可以参照的规划标准和成熟的模板，因此，在规划内容上要重新摸索，在时间节点上要求更加严苛。

一是所有的国土空间规划都是以国土三调的数据为基础进行的，而国土三调数据由于需要反复比对和大量的现场对照，最终比较准确的数据成果可能要到2019年底才能形成，所以缺少市县国土空间总体规划这个上位规划依据；二是由于国土三调数据的滞后，导致市县级三区三线管控空间在划定过程中，科学性和准确性不高。

从规划流程上讲，首先作为相关上位指导的市县空间总体规划要编制完成并审批备案后，村庄规划作为详细空间规划才能开始编制，如果严格遵守这种理论逻辑，会滞后村庄发展建设，这与村庄规划试点工作的要求相矛盾。在实际操作过程中，确需编制村庄规划以解决发展问题的村庄，其村庄规划应该衔接市县国土空间总体规划协同进行。县级三线坐标数据落入村庄后，村庄可结合实际情况，反馈上位数据是否科学准确，再根据县空间规划的总体布局要求，调整落入村庄的各类指标的大小，通过县村联动，实现后续村庄规划编制的衔接协同。

四、普及通俗"易懂"的平民规划

村庄规划的成果并不是越详细越好，对于不同的规划受众，成果表达应抓住核心内容，体现不同的规划深度。

村庄规划成果可以分为两种类型，第一种是面向规划评审专家和政府管理人员的专业性成果，应该形成完善且有深度的技术性文本，且文本表述要体现专业性和正规性，方便规划审查、报批和管理；第二种是面向村民和社会的公示性成果，应该体现通俗易懂和活泼亲民的宣传性图件，且图件内容表达要精简凝练，图文并茂，方便村民讨论和反馈意见。

专业性成果应该在现行村庄规划的基础上，删繁就简，保留核心内容，以一书（文本）为法律保障、六图（村域综合现状图、三线管控规划图、三区划分规划图、村域综合规划图、居民建设规划图和近期建设规划图）两表（村域国土空间结构调整表、近期建设项目汇总表）为建设管控核心、一附件（基础资料、GIS 数据文件等）为支撑规划的必要文件。

在公示性成果方面，本文提出探索"规划实施明白纸"的表达形式。"规划实施明白纸"共分为以下三个主要方面，第一个是村庄分类与管控性图文内容，以条目化语言加图示的形式包括村庄类型、发展定位、产业引导和三区三线管控，让村民了解自身定位，知道以后要"干什么"；第二个是借助国土空间规划"一张图"系统的用地布局图表，图表应标明各项用地的具体用途和规模，让村民明白要"在哪建"；最后是指导村庄建设的实施性图表，主要为近期建设项目库、居民点规划图，内容涉及近期建设规划、居民点整治和各类设施建设，让村民明确"怎么建"。规划实施明白纸，更能方便驻村规划师向村民宣传介绍规划成果，普及规划基本知识，方便规划的长效实施。

建立规划成果分类表达的方式，方便相关专业人员的工作，最主要的是让村民看得明白，看得懂，让村民找到主人翁的归属感，才能称得上是"实用"的规划。

参考文献

[1]钟镇涛,张鸿辉,洪良,刘耿,罗伟玲.生态文明视角下的国土空间底线管控"双评价"与国土空间规划监测评估预警[J].自然资源学报,2020,35(10):2415-2427.

[2]朱晓丹,叶超,李思梦.可持续城市研究进展及其对国土空间规划的启示[J].自然资源学报,2020,35(09):2120-2133.

[3]张晓玲,吕晓.国土空间用途管制的改革逻辑及其规划响应路径[J].自然资源学报,2020,35(06):1261-1272.

[4]陈明星,周园,汤青,刘晔.新型城镇化、居民福祉与国土空间规划应对[J].自然资源学报,2020,35(06):1273-1287.

[5]李琳,韩贵锋,赵一凡,郭建明.国土空间规划体系下的"多规合一"探讨与展望[J].西部人居环境学刊,2020,35(01):43-49.

[6]陈明星,梁龙武,王振波,张文忠,余建辉,梁宜.美丽中国与国土空间规划关系的地理学思考[J].地理学报,2019,74(12):2467-2481.

[7]赵燕菁.论国土空间规划的基本架构[J].城市规划,2019,43(12):17-26+36.

[8]朱喜钢,崔功豪,黄琴诗.从城乡统筹到多规合一——国土空间规划的浙江缘起与实践[J].城市规划,2019,43(12):27-36.

[9]叶裕民,王晨跃.改革开放40年国土空间规划治理的回顾与展望[J].公共管理与政策评论,2019,8(06):25-39.

[10]黄征学,黄凌翔.国土空间规划演进的逻辑[J].公共管理与政策评论,2019,8(06):40-49.

[11]孟鹏,王庆日,郎海鸥,蒋仁开.空间治理现代化下中国国土空间规划面临的挑战与改革导向——基于国土空间治理重点问题系列研讨的思考[J].中国土地科学,2019,33(11):8-14.

[12]韩青,孙中原,孙成苗,李丹,刘一萍.基于自然资源本底的国土空间规划现状一张图构建及应用——以青岛市为例[J].自然资源学报,2019,34(10):2150-2162.

[13]甄峰,张姗琪,秦萧,席广亮.从信息化赋能到综合赋能:智慧国土空间规划思路探索[J].自然资源学报,2019,34(10):2060-2072.

[14]郝庆,邓玲,封志明.国土空间规划中的承载力反思:概念、理论与实践[J].

自然资源学报,2019,34(10):2073-2086.

[15] 秦萧,甄峰,李亚奇,陈浩.国土空间规划大数据应用方法框架探讨[J].自然资源学报,2019,34(10):2134-2149.

[16] 张年国,王娜,殷健.国土空间规划"三条控制线"划定的沈阳实践与优化探索[J].自然资源学报,2019,34(10):2175-2185.

[17] 孔宇,甄峰,李兆中,傅行行.智能技术辅助的市(县)国土空间规划编制研究[J].自然资源学报,2019,34(10):2186-2199.

[18] 张雪飞,王传胜,李萌.国土空间规划中生态空间和生态保护红线的划定[J].地理研究,2019,38(10):2430-2446.

[19] 高晓路,吴丹贤,周侃,廖柳文.国土空间规划中城镇空间和城镇开发边界的划定[J].地理研究,2019,38(10):2458-2472.

[20] 樊杰.地域功能-结构的空间组织途径——对国土空间规划实施主体功能区战略的讨论[J].地理研究,2019,38(10):2373-2387.

[21] 徐勇,赵燊,段健.国土空间规划的土地利用分类方案研究[J].地理研究,2019,38(10):2388-2401.

[22] 王开泳,陈田.新时代的国土空间规划体系重建与制度环境改革[J].地理研究,2019,38(10):2541-2551.

[23] 罗小龙,陆建城."十四五"时期发展新趋势与国土空间规划应对[J].城市规划,2019,43(10):9-12+28.

[24] 董祚继.新时代国土空间规划的十大关系[J].资源科学,2019,41(09):1589-1599.

[25] 严金明,迪力沙提·亚库甫,张东昇.国土空间规划法的立法逻辑与立法框架[J].资源科学,2019,41(09):1600-1609.

[26] 城市规划学刊编辑部.国土空间规划体系改革背景下规划编制的思考学术笔谈[J].城市规划学刊,2019(05):1-13.

[27] 林坚,赵晔.国家治理、国土空间规划与"央地"协同——兼论国土空间规划体系演变中的央地关系发展及趋向[J].城市规划,2019,43(09):20-23.

[28] 贾铠阳,乔伟峰,王亚华,戈大专,黄璐莹.乡村振兴背景下村域尺度国土空间规划:认知、职能与构建[J].中国土地科学,2019,33(08):16-23.

[29] 武廷海.国土空间规划体系中的城市规划初论[J].城市规划,2019,43(08):9-17.

[30] 赵智聪,杨锐.论国土空间规划中自然保护地规划之定位[J].中国园林,2019,35(08):5-11.

[31] 杨保军,陈鹏,董珂,孙娟.生态文明背景下的国土空间规划体系构建[J].城市规划学刊,2019(04):16-23.

[32] 赵广英,李晨.国土空间规划体系下的详细规划技术改革思路[J].城市规划学刊,2019(04):37-46.

[33] 赵民 . 国土空间规划体系建构的逻辑及运作策略探讨 [J]. 城市规划学刊 , 2019 (04) : 8-15.

[34] 张洪巧，何子张，朱查松 . 基于空间治理的国土空间规划强制性内容思考 —— 从城市总体规划强制性内容实效谈起 [J]. 规划师 , 2019, 35 (13) : 21-27.

[35] 左为，唐燕，陈冰晶 . 新时期国土空间规划的基础逻辑关系思辨 [J]. 规划师 , 2019, 35 (13) : 5-13.

[36] 黄凯迪，许旺土 . 新国土空间规划体系下交通规划的适应性变革 —— 以厦门为例 [J]. 城市规划 , 2019, 43 (07) : 21-33.

[37] 张茂省，岳东霞，孙萍萍，孟兴民，郭建军，王东，苗俊霞，郑续 . 面向县级国土空间规划的自然资源综合调查与双评价 —— 以延安市延川县为例 [J]. 兰州大学学报（自然科学版）, 2019, 55 (03) : 281-289.

[38] 岳文泽，王田雨 . 资源环境承载力评价与国土空间规划的逻辑问题 [J]. 中国土地科学 , 2019, 33 (03) : 1-8.

[39] 祁帆，谢海霞，王冠珠 . 国土空间规划中三条控制线的划定与管理 [J]. 中国土地 , 2019 (02) : 26-29.

[40] 王唯山 . 机构改革背景下城乡规划行业之 "变" 与 "化" [J]. 规划师 , 2019, 35 (01) : 5-10.

[41] 罗彦，蒋国翔，邱凯付 . 机构改革背景下我国空间规划的改革趋势与行业应对 [J]. 规划师 , 2019, 35 (01) : 11-18.

[42] 李林林，靳相木，吴次芳 . 国土空间规划立法的逻辑路径与基本问题 [J]. 中国土地科学 , 2019, 33 (01) : 1-8.

[43] 袁源，王亚华，周鑫鑫，张小林 . 大数据视角下国土空间规划编制的弹性和效率理念探索及其实践应用 [J]. 中国土地科学 , 2019, 33 (01) : 9-16+23.

[44] 岳文泽，代子伟，高佳斌，陈阳 . 面向省级国土空间规划的资源环境承载力评价思考 [J]. 中国土地科学 , 2018, 32 (12) : 66-73.

[45] 余亮亮，蔡银莺 . 国土空间规划管制、地方政府竞争与区域经济发展 —— 来自湖北省县（市、区）域的经验研究 [J]. 中国土地科学 , 2018, 32 (05) : 54-61.

[46] 林坚，吴宇翔，吴佳雨，刘诗毅 . 论空间规划体系的构建 —— 兼析空间规划、国土空间用途管制与自然资源监管的关系 [J]. 城市规划 , 2018, 42 (05) : 9-17.

[47] 余亮亮，蔡银莺 . 国土空间规划管制与区域经济协调发展研究 —— 一个分析框架 [J]. 自然资源学报 , 2017, 32 (08) : 1445-1456.

[48] 余亮亮，蔡银莺 . 国土空间规划对重点开发区域的经济增长效应研究 —— 武汉城市圈规划的经验证据 [J]. 中国人口·资源与环境 , 2016, 26 (09) : 101-109.

[49] 张衍毓，陈美景 . 国土空间系统认知与规划改革构想 [J]. 中国土地科学 , 2016, 30 (02) : 11-21.

[50] 金贵 . 国土空间综合功能分区研究 [D]. 中国地质大学 , 2014.